KB070822

감정을 마주하고 받아들일 수 있는 용기라는 그의 개념은 기존의 생각을 뒤집는다. 생산성이나 리더십에 대한 또 하나의 흔한 이론이 아니라 우리가 직접 느낄 수 있는 진실이다. 이는 당신의 리더십과 삶에서 갖는 모든 인간관계의 면면에 영향을 미친다. 이 책의 진수는 이것이 바로 중요한 정신적, 감정적 근육을 키워줄 수 있고, 이미 성공한 리더 역시도 더 발전시켜줄 수 있다는 점이다.

— 마셜 골드스미스Marshall Goldsmith, 《트리거Triggers》 저자

용기와 관대함에 관한, 용기 있고 관대한 책. 자신의 감정을 마주하고 받아들일 수 있는 용기는 우리가 원하는 것을 얻기 위한 것이 아니라 남들을 섬기기 위한 것이다. 저자는 이 책을 통해 유용한 마법을 공유한다.

— 세스 고딘Seth Godin, 《마케팅이다This Is Marketing》 《린치핀Linchpin》 저자

직장에서, 혹은 다른 데서 맞닥뜨리는 사람들과의 어려운 관계를 이겨낼 방법을 배우고 싶은가? 실생활에 바로 적용할 수 있는 통찰과 교훈이 가득한 이 책이야말로 당신이 꼭 필요로 하던 책이다.

— 로버트 치알디니Robert B. Cialdini, 《설득의 심리학Influence》 《초전 설득Pre-Suasion》 저자

이 책은 기업에서 별로 언급되지 않는 까다로운 주제이나, 우리 모두가 경험하는 버거운 감정들을 다룬다. 이 획기적인 책에 담긴 조언을 용기 있게 받아들인다면 힘들지만 진정한 변화로 이어질 대화를 시작하고, 더 믿을 수 있는 관계를 구축하고, 다른 이들에게 영감을 주는 사람이 될 수 있을 것이다.

— 다니엘 핑크Daniel H. Pink, 《파는 것이 인간이다To sell is Human》 《언제 할 것인가WHEN》 저자

용기 없이 남을 이끄는 사람은 진정한 리더가 아니다. 브레그먼은 어려운 감정들을 받아들이는 것이 얼마나 강력한 힘을 발휘하는지 설득력 있는 주장을 보여준다.

— 칼 뉴포트Cal Newport, 《딥 워크Deep Work》 《열정의 배신So Good They Can't Ignore You》 저자

자신의 감정을 마주할 수 있는 용기는 곧 감정을 있는 그대로 느끼고 받아들이는 용기다. 리더로서 우리가 반드시 해야 하는 힘든 일들을 해내려면 이것을 극복해야만 하고, 이 용기는 연습할수록 강해진다. 위험을 받아들이고, 의사결정을 내리고, 불편하기 짝이 없는 일도 어쨌거나 해내야 한다. 기존의 하던 일, 하던 방식에서 벗어나 행동하고자 하는 감정적인 자유를 가져야 한다. 더 많은 것을 알고 싶은가? 그렇다면 그 마음을 고수하며 이 책을 꼭 읽어보기를 바란다!

― 켄 블랜차드Ken Blanchard, 《칭찬은 고래도 춤추게 한다Whale Done!》 《경호!Gung Ho!》 저자

매력적이고 시의적절한 이 책은 감정적으로 격앙될 수 있는 상황에 직면했을 때 따라야 할 명확하고도 실용적인 기술을 알려준다. 남의 행동에 휩쓸리기 전에 스스로 자신 있게 행동할 수 있는 원칙과 기술을 제시함으로써 우리에게 두려움에 맞서 굳건히 일어서라고 가르친다. 아주 훌륭한 책이다!

― 스티븐 코비Stephen M. R. Covey, 《신뢰의 속도The Speed of Trust》 저자

이 책은 모든 감정을 있는 그대로 느낄 수 있다면 무엇이든 해낼 수 있다는 사실을 다시금 상기시켜준다. 저자 자신의 용기 있는 솔직함을 곁들인 이 책은 자신감을 쌓고, 다른 사람이 최선을 발휘하도록 돕고, 리더로서 성공하는 데 필요한 감정 용기를 발휘하게 해줄 것이다.

― 리즈 와이즈먼Liz Wiseman, 《멀티플라이어Multipliers》 《루키 스마트Rookie Smarts》 저자

저자는 이 책에서 우리가 정서적 삶이라는 복잡다단한 세상을 더욱 잘 헤쳐 나갈 수 있도록 세심한 조언을 제공한다. 자신과 타인의 마음을 자세히 들여다봄으로써 더 나은 리더, 결과적으로 더 나은 사람이 될 수 있도록 말이다.

― 탈 벤-샤하르Tal Ben-Shahar, 《걱정을 잘라드립니다Short Cuts to Happiness》 《해피어Happier》 저자

이 책은 감정 용기를 키우는 데 꼭 필요한 네 가지 요소를 명확히 보여주고, 주어진 분야에서 자신의 역량을 강화하기 위한 가시적인 훈련법을 제공한다. 더 나은 리더가 되고 싶은 사람 누구에게나 이 책을 추천한다!

― 버니 뱅크스Bernie Banks, 노스웨스턴대학교 켈로그경영대학원 리더십 개발 부학과장

'비겁함'이 사회 전반에 만연해 있는 요즘, 브레그먼이 감정적으로 용감해지는 데 필요한 도구를 선사했다. 리더로서 우리는 조직에 도움이 되지만 차마 꺼내기 어려운 힘든 대화들을 해야만 하고, 그것을 잘 해내기를 바란다. 이 책을 읽고 나면 리더로서 매일 마주하는 여러 가지 어려움에 맞서 싸울 열정을 다시금 느낄 수 있을 것이다. 잘못됐지만 쉬운 것 대신 옳지만 어려운 것을 택하는 것은 리더의 발전 과정에 따르는 성배 중 하나다. 이 책에서 피터 브레그먼은 바로 그 성배를 찾아냈다.

– **토머스 A. 콜디츠**Thomas A. Kolditz, 미 육군사관학교 웨스트포인트 명예 교수

조직을 이끄는 일에서 자신과 동료들의 감정을 고려하는 것이 얼마나 중요한 일인지를 알려주는 솔직한 대화가 흥미롭게 담겨 있다. 이 책이 능수능란하게 설명한 것처럼 로봇이 아닌 '사람'들로 구성된 조직에서 리더에게 던져진 근본 과제는 고도로 감정적인 존재들로 이루어진 다채로운 팀들을 효과적으로 협력하게 만드는 것이다. 그리고 그렇게 하기 위해 리더는 조직 구성원들의 개별적인 니즈에 정면으로 맞서 공통의 목적의식과 유대감을 갖도록 해야 한다. 리더로서 우리는 인정받고 싶어 하는 욕구와 실패에 대한 두려움이 공존하는 동료들 속에서 그들과 상호작용하기 위해 감정 용기가 필요하다.

– **짐 밀스타인**Jim Millstein, 밀스타인&Co. CEO, 미국 재무부 전 최고구조조정책임자

이 책은 무의식의 영역을 의식하게 만듦으로써 우리 자신의 결정과 행동들을 통제할 수 있게 도와주고, 어떤 감정이 촉발될 때 마음을 열고 그것에 호기심을 느낄 것을 요구한다. 나에게도 지금껏 가장 비생산적이고 역효과를 가져오는 감정적 반응들을 건전한 질문으로 바꾸는 데 큰 도움을 주었다. 팀장을 포함한 리더들뿐 아니라 누구에게나 도움이 될 것이다.

– **마이클 대처**Michael Thatcher, 채리티내비게이터Charity Navigator CEO

'어떤 일'을 하는 법을 알려주는 책은 시장에 많다. 그러나 이것은 '어떤 사람'이 되는 법을 알려주는 책이다. 그리고 장담컨대 이 책을 읽고 나면 당신도 브레그먼이 말하는 사람처럼 되고 싶을 것이다. 강력히 추천한다.

– **제임스 M. 쿠제스**James M. Kouzes, 《리더십 챌린지The Leadership Challenge》 공저자, 산타클라라대학교 리비경영대학원장

이 책은 리더십을 한층 더 발전시키기 전에 먼저 자신을 들여다봐야 하는 이유와 방법을 잘 설명해준다. 또 가장 중요한 일을 완수하고 싶다면 꼭 필요한, 주변 사람들과 깊은 유대를 맺도록 도와줄 것이다.
– 제임스 A. 포리즈James A. Forese, 시티그룹Citigroup 회장

저자는 대담한 리더가 될 수 있는 자신만의 강점과 힘을 제대로 갖추고 발휘하는 데 필요한 유용한 도구들을 내어준다.
– 랜들 터커Randall Tucker, 마스터카드Mastercard CIO(최고포용책임자)

이 책을 읽고 나면 동료와 아이들과 자기 삶 속의 다른 이들과 이 책을 나누고 싶어질 것이다. 브레그먼은 철저한 자기 평가와 매력적인 이야기, 견고한 교훈들로 독자들을 끌어당기는 고수다. 이 책은 참고서로 언제나 나의 책장에 남아 있을 것이다.
– 애쉬슈 아드바니Asheesh Advani, 비영리단체 JAJunior Achievement 월드와이드 CEO

우리 스탠퍼드대학교 라이프디자인연구소의 인간 중심 디자이너들은 사람들이 초인이 아니라는 사실을 인지하며 그들이 더욱더 인간적으로 행동하도록 돕는 것을 목표로 한다. 초인은 인간과 아주 다를뿐더러 솔직히 말해 비인간적이기까지 하다. 브레그먼은 남들과 다른 목소리를 낸다. '막대한 견인력 **massive traction-getting**'을 얻으라 외치는 다른 코치들은 성공하려면 남들이 무슨 말이나 행동을 하든 개의치 않아야 한다고 말한다. 나는 학생들에게 위와 모순되는 피터의 아이디어를 배우라는 과제를 내주었다. 이번에는 이 책을 당신에게 추천한다.
– 데이브 에번스Dave Evans, 스탠퍼드대학교 라이프디자인연구소 공동 창립자, 일렉트로닉아츠EA 공동 창립자, 《디자인 유어 라이프Designing Your Life》 공저자

저자가 말한 핵심 개념 '모든 감정을 느낄 수 있다면 무엇이든 해낼 수 있다'는 즉각 삶의 모든 면에서 더욱 생산적이고 보람찬 인간관계를 맺는 데 있어 나의 모토가 되었다. 천재적이고, 직관적이며, 무엇보다도 효과가 있다.
– 제프리 셀러Jeffrey Seller, 뮤지컬 〈해밀턴Hamilton〉 〈렌트Rent〉 〈애비뉴 큐Avenue Q〉 〈인 더 하이츠In the Heights〉 제작자

팀장
감정
수업

하기 힘든 말을 꺼내고, 불편함을 기꺼이 마주하는

팀장 감정 수업

LEAD↑NG

W↑TH

피터 브레그먼 지음
구세희 옮김

EMOT↑ONAL

COURAGE

청림출판

한 그루의 나무가 모여 푸른 숲을 이루듯이
청림의 책들은 삶을 풍요롭게 합니다.

기꺼이 감정을 마주할
준비가 되었는가

어떤 사람과 대화를 나눠야 하는데 그것이 너무나도 어렵게 느껴지고 엄두가 안 나서 시작도 못한 적이 있는가? 지금 그런 순간이 떠오르는가? 그 대화를 왜 못했는지 생각해보자.

무슨 말을 해야 할지 몰라서인가? 장담컨대 하고 싶은 말은 정확히 알았을 것이다.

그 말을 할 기회가 없었나? 이 불편한 주제를 꺼낼 좋은 기회를 이미 몇 번은 놓쳤을 것이다.

어떻게 말해야 할지 몰라서인가? 분명히 완벽한 표현을 찾느라 고생하긴 했을 것이다. 그런데 완벽한 표현은 대체 왜 필요한가? 적절한 표현으로 충분하지 않을까?

자, 다시 한 번 묻겠다. 그 대화는 왜 못했는가?

겁이 나기 때문이다.

생각만 해도 심장 박동이 빨라지고, 아드레날린이 솟구치고, 식은땀이 슬금슬금 배어난다. 상대가 되받아치거나, 방어적으로 나오거나, 되레 당신을 탓하면 어쩌나? 아무 말 없이 당신을 응시하면서 수동적이고 공격적으로 행동하면 어쩌나? 그러고 나서 당신에게 못되게 굴면? 다른 사람들에게 당신 욕을 하고 다니면?

당신은 자신의 반응을 더 겁내는지도 모른다. 통제력을 잃고 버럭 화를 내고 나중에 후회할 말을 해댈까 봐 말이다. 아무리 좋게 보아도 정말 불편한 일이다. 당신은 느끼고 싶지 않은 온갖 감정을 느껴야 할 것이다. 바로 그것이 당신이 그 일을 하지 못하고 머뭇거리는 이유다.

여기에서 힘든 것, 즉 우리 삶에서, 인간관계에서, 직장에서, 세상 속에서 우리를 행동하지 못하게 막는 것은 '불편'이라는 감정이다. 힘든 일을 끝까지 해야 할 때 느끼는 불편 말이다.

겉으로 보면 어떤 일을 끝까지 해내는 관건은 행동할 용기다. 그러면 행동할 용기의 바탕에는 무엇이 있을까?

자신의 감정을 마주하고 받아들여 느끼는 용기, 즉 감정 용기 emotional courage가 있다. 그것이 바로 이 책에서 당신에게 길러주려는 것이다.

모든 감정을 느낄 용의가 있다면 무엇이든 해낼 수 있다.

감정 용기에 한 치라도 부족한 부분이 있으면 자유로운 행동에 제약이 생긴다. 감정을 피하려고 들면 생산성이 줄줄 새어나가게 되고 당신이 속한 조직의 결과물에도 큰 영향을 미친다.

내가 이 점을 잘 아는 이유는 내가 운영하는 회사 브레그먼파트너스가 팀장과 팀원이 가장 중요한 일을 힘 있게 끌어나갈 수 있게, 그들이 함께 효율적으로 일하도록 돕고 있기 때문이다. 우리가 중점을 두는 분야는 전략 실행(힘든 일을 해내는 것)이고 우리의 코치들은 직원들이 불편 없이 잠재력을 최대로 발휘하도록 돕는다.

지금까지 우리는 상상할 수 있는 장애물과 걸림돌은 거의 다 보았다. 부서별로 높게 쌓인 벽, 사내 정치, 부정적인 문화, 고객, 시장 등이다. 그런데 그들의 최대 잠재력을 막는 가장 큰 장애물은 단연코 미숙한 감정 용기였다. 자기 스스로 만들어놓은, 불편한 행동을 하지 않으려는 저항이 언제나 최대 걸림돌이었다. 불편한 대화를 나누지 않으면, 불편한 감정을 느낄 필요가 없는 것 아닌가. 그래서 그들은 그 일을 하지 않는다.

금융 서비스 회사의 CEO 브래드*를 예로 들어보겠다. 그는 영

● 이 책에 등장하는 회사와 개인의 이름, 세부 내용은 실제와 다를 수 있다.

업 조직을 대대적으로 개편하는 힘든 과정을 관리 중이었고, 사람은 좋지만 실적이 형편없었던 영업 총책임자를 해고하기로 결정했다. 그런데 3개월이 지나도록 그 사람은 멀쩡히 회사를 다녔다. 브래드에게 이유를 묻자 이렇게 대답했다.

"내가 겁쟁이라 그래요!"

아니다. 브래드는 겁쟁이가 아니라 평범한 사람일 뿐이다. 당신처럼, 나처럼. 그는 지금 어찌할 바를 모른다. 때로 당신과 내가 그러는 것처럼 말이다.

우리가 앞으로 나아가지 못하는 이유는 감정 용기가 부족해서다. 힘든 일을 끝까지 해내야 할 때 생겨나는 그 어렵고 불편한 감정을 느끼기 싫어 하는 태도 말이다.

그런데 반대로 어떤 감정이든 기꺼이 느끼겠다고 마음먹으면 당면한 가장 중요한 과제에서 막대한 견인력을 얻을 수 있고, 당신의 조직은 엄청난 일을 이룰 수 있다. 전략과 실행 사이의 간극을 좁혀서 결국 없애버릴 수 있다는 말이다.

이것이 내가 이 책을 쓴 이유다. 당신이 이 책을 읽어야 하는 이유이기도 하다.

LEADING
WITH
EMOTIONAL
COURAGE

| 차례 |

| 1부 |

자신감을
키운다

1장 당신은 어떤 사람인가

2장 어떤 사람이 되고 싶은가

| 2부 |

사람들과
유대를 맺는다

3장 타인을 믿어라

4장 믿을 만한 사람이 되라

| 3부 |

목적에
전념한다

5장 초점을 맞추라

6장 에너지를 모아라

| 4부 |

감정 용기를 기른다

7장 과감하게 느껴라

8장 대담하게 행동하라

그들이 하기 힘든 일을
끝까지 해내는 비결

이 책은 당신이 감정 용기를 기르도록 도와줄 것이다. 감정 용기는 당신을 성장시키는 기반이 된다. 감정 용기는 불편한 대화를 나누고, 사람들에게 책임의식을 심어주고, 가장 중요한 일을 하도록 사람들을 이끌 수 있다.

너무 뻔뻔한 주장인가? 무얼 믿고 이런 소리를 당당히 하느냐고?

나는 개인이나 팀이 감정을 기꺼이 느끼겠다는 마음가짐을 높임으로써 행동할 수 있는 능력을 향상시키는 리더십 트레이닝을 개발했다. 참가자들의 개인적 희망이나 최종 목표는 다 달랐지만 그들이 원하는 바는 당신과 크게 다르지 않을 것이라 생각한다.

"다른 사람들이 나를 따르게 만들고 싶어요."

"더 영향력 있게 의사소통하고 싶어요."

"사람들과 마찰이 있어도 움츠러들거나 피하고 싶지 않아요."

"더 많은 위험을 감수하고 싶어요."

"내 아이디어를 끝까지 완수하고 싶어요."

"사람들이 내 생각을 비판할 때 너무 방어적으로 굴고 싶지 않아요."

"자신감이 더 생겼으면 해요."

"계속해서 성공하고 싶은데 그때마다 느끼는 불안감은 없었으면 좋겠어요."

"사람들이 날 존중하고, 믿고, 따르고, 일을 끝까지 해냈으면 해요."

"우리 팀이 더 효과적으로 함께 일했으면 좋겠어요."

당신의 나이, 직업, 직장에서 수행하는 역할, 위치, 직함, 지위, 관리하는 팀이 무엇이든 상관없다. 당신도 앞선 참가자들이 말한 자질을 원하지 않는가?

그렇다면 감정 용기를 기르는 것이야말로 당신이 해야 할 일이다. 이유는 이렇다. 우리는 리더십 트레이닝 프로그램을 수강하고 8개월이 지난 참가자들을 대상으로 교육 효과가 잘 유지되는지 알아보려고 설문 조사를 실시했다. 그들은 다음의 모든 분야에서 우리의 개입 없이도 실력이 좋아진 것을 경험했다.

- 중요한 대화를 시작하기 위해 말 꺼내기 힘든 문제를 거론함
- 새로운 가능성으로 이어질 수 있는 위험을 감수함
- 참여 의지를 북돋울 수 있도록 사람들과 유대감을 가짐
- 성공, 실패, 불확실성을 직면해서 마음을 굳건히 함
- 강렬한 감정에 휩싸여도 요령 있게 대화를 이어나감
- 당면한 가장 중요한 일의 실적을 높임
- 전반적으로 효율적인 리더십 발휘

참가자들은 감정 용기를 개발한 것이 리더십과 삶의 다른 부분에서도 다음과 같은 긍정적인 영향을 주었다고 답했다.

- 믿을 수 있고 오래 지속되는 인간관계가 생김
- 불안한 상태에서도 행동할 수 있는 능력이 커짐
- 리더십이 필요한 중요한 순간에 자신감이 커짐
- 자기만의 맹점을 알아보고 성공의 걸림돌을 제거하는 데 도움이 됨
- 불확실성과 모호함에 직면해도 잘 극복함
- 행동할 용기가 더 커짐
- 어려운 대화를 통해 생산적인 결과를 내는 능력이 좋아짐
- 리더로서 중요한 행동을 미루지 않게 됨

- 커리어에 좋은 영향을 미침

- 긍정적인 업무 결과 도출

- 자신의 행동을 바꿀 능력이 더 커짐

- 리더십 함양에 지속적인 도움을 줌

당신도 이런 것을 누릴 수 있다. 감정 용기는 몇몇 사람이 타고나는 재능이 아니다. 누구나 개발할 수 있다.

우리는 모두 마음속에서 다양한 감정을 느낀다. 사실 감정이 우리의 행동을 막는 이유도 여기에 있다. 수치심, 창피, 거절은 물론 그밖에도 수많은 감정이 우리에게 고통을 준다는 것을 경험으로 익히 알기 때문이다. 우리는 이런 고통스러운 감정을 차단하기 위해 최선을 다한다. 그 방법이란 대체로 이런 감정을 느끼게 할 행동을 아예 하지 않는 것이다. 그런데 이 전략에는 문제가 있다. 세상을 살아갈 때 우리의 힘을 훨씬 약화시킨다는 점이다.

좋은 소식도 있다. 당신도 더 어렸을 때엔 감정 용기가 있었다. 원한다면 다시 가질 수 있다. 아니, 그것을 다시 살릴 수 있다. 나는 리더십 함양 과정을 통해 감정 용기는 단순한 개념이 아니라 근육과 같다는 사실을 알게 되었다. 다른 모든 근육처럼 연습하면 점점 발달한다. 평소 같았으면 피했을 일을 끝까지 해낼 때마다 감정 용기 근육을 사용하고 훈련해서, 더 강하게 자라나도록 도움을 주는 셈이다.

힘든 대화를 기꺼이 시작할 때마다 감정 용기를 개발하게 된다. 위험을 감수하고, 의사결정을 내리고, 혹은 다른 이들에게 영향력을 발휘할 때마다 감정 용기가 자란다. 심지어 방어적으로 굴지 않으면서 다른 사람의 반대 시각이나 비판을 듣는 것, 다시 말해 경청을 하기만 해도 감정 용기를 키울 수 있다.

충분히 연습한다면 감정 용기는 제2의 본성이 될 것이다. 어떤 점은 여전히 버겁게 느껴지겠지만 다른 많은 부분은 덜 부담스러워질 것이다. 앞으로 나아가기 위해 어떤 감정도 기꺼이 받아들이고 느낄 용기를 갖게 될 것이다.

하기 힘든 말을 꺼내고, 책임의식을 심어주고, 가장 중요한 일에 행동을 이끌어내는 법

가장 중요한 일을 해내려면 하기 힘든 말을 해야 하고, 책임의식을 심어주어야 하고, 행동을 이끌어내야 한다. 그러려면 사람들이 당신을 믿고 따라야 한다. 모두가 힘을 합쳐 큰일을 이루어내는 데 100퍼센트 전념하기 위해서는 강력하게 사람을 끌어당기는 힘 있는 모습을 보일 필요가 있다. 다른 사람들에게 관심을 갖고, 그들이 그 사실을 알도록 그들과 유대를 맺어야 한다. 당신이 그들에게 관심을 갖고 있다는 것을 명확하고, 직설적이고, 솔직하고, 설득력 있게 말하면서, 열린 마음과 연민, 사랑을 가지고 귀를 기울여야 한다. 심지어 그들이 당신을 비판하거나 이의를 제기할 때도 말이다. 당연한 말이지만, 머릿속 생각을 현실로 만들려면 용기 있게 행동하고 끝까지 해내야 한다.

나는 지난 25년간 리더들이 위와 같은 성과를 올릴 수 있도록 도우면서 하나의 패턴을 발견했다(그림 1-1). 모든 훌륭한 팀장이 지닌 네 가지 필수 요소이자 중요한 일을 해내도록 팀원들을 결집하는 네 가지 방법이다.

1. 자신감을 가져야 한다.

2. 사람들과 유대를 맺어야 한다.

3. 목적에 전념해야 한다.

4. 감정 용기를 가지고 행동해야 한다.

우리는 대부분 이 중 하나만을 잘한다. 두 개쯤 잘하는 사람도 있다. 그러나 다른 이의 행동력을 이끌어낼 강력한 존재감을 발휘하려면 위 네 가지 요소를 동시에 잘해낼 필요가 있다.

자신감이 있지만 다른 사람들과 단절되어 있다면 모든 일이 자기 위주로만 돌아갈 것이고 주변 사람들과는 소원해질 것이다. 다른 사람들과 유대를 맺고 있지만 자신감이 부족하다면 남 좋은 일만 하다가 자신의 필요와 시각은 놓치게 될 것이다. 당신

자신감을
가져라

유대를
맺어라

목적에
전념하라

감정 용기를
발휘하라

그림 1-1. 모든 훌륭한 팀장이 지닌 네 가지 필수 요소

자신이나 다른 사람들보다 더 크고 중요한 어떤 목적에 전념하지 않는다면 방향을 잃고 헤매는 동안 다른 사람들의 존경심을 잃게 되고, 정작 가장 중요한 일에 영향력을 발휘하지 못하게 된다. 감정 용기를 가지고 힘차게, 단호히, 대담하게 움직이지 않으면 당신의 아이디어는 머릿속을 벗어나지 못하고 당신의 목표는 영원히 이루지 못한 환상으로만 남을 것이다.

리더십 교육 과정에 참여했던 세 사람을 살펴보자.

1. 금융 서비스 기업 사장인 프랭크는 사려 깊고, 주변 상황에 밝고, 자신이 하는 일과 그 이유를 고심하며 사람들에게 영향력을 미치기 위해 노력하는 사람이었다. 그는 일을 하는 데 필요한 한계를 세울 줄 알고, 무엇이 필요한지 잘 알았으며, 자기 생각을 말하기를 주저하지 않았다.

그러나 그는 바라던 만큼 견인력을 얻지 못했다. 문제는 그

가 자신을 잘 이해하지 못한다고 느끼는 주변 사람들을 자주 소외시켰다는 점이다. 오해가 생겼다고 느끼면 해명을 하려고 했지만 이상하게도 그럴수록 주변 사람들은 더욱 성가셔 했다. 그들에게 최선의 성과를 얻어내지 못한다는 것은 프랭크도 알고 있었다. 주변 사람들은 제 기량을 발휘하지 못했다. 그러나 그는 무엇이 그들에게 동기를 부여할지, 어떻게 하면 그렇게 할 수 있을지 알지 못했다.

2. 셸리는 언제나 고객과 직원, 자기 가족을 잘 돌보며 누구에게나 사랑받는 기업가였다. 그녀는 다른 사람들과 잘 어울린다는 점을 기쁘게 생각했다. 그녀는 다른 사람들을 행복하게 만드는 방법을 알았고, 그들도 확실히 그녀를 좋아했다. 그러나 그녀의 회사는 발전 없이 멈춘 상태였고 그녀는 늘 힘들고 불안했다.

셸리는 삶에서 중요한 것을 빠뜨렸다고 느꼈지만 그것이 무슨 의미인지 몰랐다. 심지어 지금 자신에게 무엇이 필요한지도. 그녀는 자신이 소중히 여기는 주변 사람들에게 방해가 될까 봐 많은 변화를 일으키는 것을 두려워했다. 셸리는 모든 사람과 돈독하게 지냈고, 그들의 니즈를 충족해주기 위해 자신이나 회사도 포기할 용의가 있었다.

3. 산제이는 대단히 에너지가 넘치는 사람이자 혁신적인 리더였다. 회사에 변화가 필요할 때마다 부르는 사람이 바로 그였다. 그는 높은 목표를 세우고, 그것을 명확히 표현하며, 열정적으로 노력했다. 그는 결단력과 선견지명이 있었다. 그가 말하는 것은 모두 진실 같았다.

산제이가 직면한 문제는 사람들이 그가 세운 높은 기대치에 자주 부응하지 못한다는 점이었다. 그는 그 이유를 좀처럼 이해하지 못했다. 그래서 전보다 더 일찍 출근하고, 늦게까지 남아 일하고, 더 상세히 정의된 계획을 세우고, 직원들에게 더 많은 압박을 가했다.

그러나 아무것도 도움이 되지 않았다. 그는 직원들의 무능에 좌절했고 약이 올랐다. 그의 가족은 그가 언제나 일만 하고 가족과 함께하지 않는다고 불만을 터뜨렸다. 직원들은 그가 자신들의 말을 들어주지 않는다고 불평했다. 그는 늘 기분이 좋지 않았지만 무엇이 잘못되었는지 콕 집어낼 수 없었다. 그래서 그는 그저 최종 목표에 집중하고 계속 직원들을 압박하기만 했다.

프랭크, 셸리, 산제이는 각각 위의 네 요소 중 하나씩을 갖추었다. 프랭크는 자신감이 있고, 셸리는 다른 사람과 유대를 맺고 있었으며, 산제이는 자신과 다른 사람들보다 목적을 더 중요하게 여기고 그에 전념했다.

그러나 세 명 모두 중요한 네 번째 요소인 감정 용기를 포함해 다른 요소들을 놓치고 있었다. 프랭크는 다른 사람의 요구와 우려에 자신을 노출시킬 용기가 없었고, 셸리는 도움을 청할 의지가 없었으며, 산제이는 업무에 전념함으로써, 그 뒤에 숨어 혼자만 안전한 곳에 있었다.

이것은 그들의 삶과 일에 모두 피해를 끼쳤다. 그들은 즐거울 수 있었지만 좌절했고, 활력을 누릴 수 있었지만 너무 지쳐 있었다. 그들의 직원들은 가진 잠재력과 스스로 원하는 것에 비해 생산성이 떨어지고, 열의가 없고, 협력하지 못했다. 결과적으로 그들이 아무리 노력해도 목표는 진전을 이루지 못하고 표류했다.

혹시 이런 문제점 중 일부가 자신의 것이라고 느껴지지 않은가? 자신감 있고 뚜렷한 목표가 있지만 다른 사람들의 마음을 얻기가 힘든가? 주변 사람들을 기쁘게 하기 위해 자신을 온전히 희생하지 않는가? 일에 모든 걸 바치느라 자신과 주변 사람들을 모두 방치하는가? 아니면 역효과를 가져올지도 모를 위험을 감수하기 꺼리면서 이 모든 문제를 끌어안고 있지는 않은가?

이것이 바로 감정 용기가 중요한 이유다.

감정 용기는 나머지 세 가지 요소의 힘을 더욱 확대시켜준다. 감정을 있는 그대로 느낄 용의가 있다면 행동하는 것도, 위험을 감수하는 것도 해낼 수 있다. 이것은 자신감을 얻기 위해서, 자신을 믿기 위해서 감수해야만 하는 위험이다. 남들에게 자신을 열어 보이기 위한 위험. 자신보다 더 크고 위대한 무언가에 헌신하기 위한 위험. 자신감, 유대, 헌신을 얻으려면 남과 소통하고, 어려움이나 부담에 스스로를 노출하고, 솔직해져야 한다. 아마도 발가벗은 기분이 들 것이다. 어쩌면 상처를 입을 수도 있다. 어떤 일에 헌신해도 모든 걸 잃을 수 있고, 쌓아놓은 명성을 무너뜨릴 위험을 감수했는데도 불확실성, 거절이나 거부, 실패, 불안에 맞닥뜨릴 수 있다. 자기 자신과 타인, 그리고 추구하는 목적을 두고 도박을 벌이는 셈이며, 결과는 자신에게 불리하게 나타날 수도 있다. 이것이 바로 위험이다. 정말이지 무서운 일이다.

그러나 조금이라도 가치 있는 것을 얻고 싶다면 꼭 해야 할 도박이다. 우리는 이런 감정들을 느껴봐야 한다.

하기 싫은 대화를 나누고, 사람들에게 책임의식을 심어주고, 다른 사람들도 지금 가장 중요한 일에 기꺼이 뛰어들게 만드는 기술이 이 책에 잘 설명되어 있다. 이 책을 통해 당신은 자신감을 쌓고, 다른 사람들과 유대를 맺고, 자신보다 더 크고 위대한 무언가를 위한 헌신을 더욱 드높이고, 마지막으로 자신의 감정 용기를 갈고닦게 될 것이다.

이 책은 크게 네 개의 부로 나뉘어 각각 한 가지 필수 요소를 설명한다. 각 부는 두 개의 장으로 나뉘어 있고 각 장마다 여섯 개의 짧은 꼭지가 들어 있다. 각 부의 첫째 장은 해당 요소에서 자신의 힘을 충전하고 더욱 강화시키는 방법을 다루고, 둘째 장은 그 힘을 세상에 발휘하는 방법을 알려준다.

1요소: 자신감을 키운다

자신감을 갖는 것이 중요하다는 말은 종종 듣지만 사실 말이 쉽지 실천은 꽤 어렵다. 1부는 그 점에서 도움을 줄 것이다.

1장은 자신의 기반을 찾고 그 위에 당당하게 서는 방법을 알려 줄 것이다.

2장은 미래로 한 걸음 나아가도록, 당신이 가진 잠재력을 잘 발휘할 수 있게 도울 것이다. (그림 1-2)

자신감을 키운다

- 당신은 어떤 사람인가
- 어떤 사람이 되고 싶은가

그림 1-2. 자신감을 키우는 것이 기반을 만들어준다

2요소: 사람들과 유대를 맺는다

사람들에게 지지를 얻고 공동의 행동을 만들어내는 성공은 다른 사람들과 관계를 맺는 능력을 바탕으로 한다. 2부에서는 구체적으로 당신이 의지할 수 있는 뿌리 깊고 탄탄한 관계를 만드는 방법을 알려주며, 당신과 당신의 중요한 목적을 지원하는 데 필요한 대화를 할 수 있도록 도와준다.

3장은 다른 사람들에게 관심을 가지고 열린 마음을 갖는 방법을 알려줄 것이다. 직관에 어긋나는 것처럼 보일지 모르지만 이것이야말로 다른 사람들이 당신, 당신의 생각, 당신의 아이디어를 받아들이고 이에 열린 자세를 갖게 하는 요소다.

4장은 사람들과 좋은 관계를 맺으려면 어떤 행동을 하고 무엇

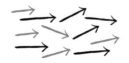

사람들과 유대를 맺는다

- 타인을 믿어라
- 믿을 만한 사람이 되라

그림 1-3. 성공은 남들과의 유대에 달려 있다

을 말해야 하는지 알려줄 것이다. 매우 실용적인 방향을 제시하는 이 장은 당신을 명확하고 믿을 만한 사람인 것처럼 보이게 하고, 어떤 힘든 경우에도 노련하게 대화를 나누며, 상대의 존경심을 끌어내도록 도와준다. (그림 1-3)

3요소: 목적에 전념한다

사람들이 함께 행동하게 만들려면 어떤 개인의 이해관계보다 앞서는 하나의 공유된 초점이 필요하다. 3부에서는 구체적으로 책임의식의 창출과 공동의 목적을 향한 행동을 이끌어내는 데 따르는 어려움을 다룬다.

5장은 당신이 가장 중요하게 여기는 가치를 실행하는 방법, 더

목적에 전념한다

• 초점을 맞추라
• 에너지를 모아라

그림 1-4. 공동의 목적을 달성하려면 집중이 필요하다

크고 중요한 목적을 향해 명확하고, 강력하고, 설득력 있는 초점을 확립하는 방법을 알려준다.

6장은 당신 주변의 중요한 사람들의 에너지를 한데 모아 그들이 당신의 목적을 이해하고, 그에 동의하고, 끝까지 따르고, 열정적으로 기여하도록 도와줄 것이다. (그림 1-4)

4요소: 감정 용기를 기른다

4부는 당신의 감정 용기를 그다음 수준까지 높이는 방법을 다룬다. 단계별로 당신은 위험을 감수하고, 팀장으로서 요구되는 힘든 일을 끝까지 해내도록, 즉 자신감을 쌓고, 남들과 유대를 맺고, 더 크고 중요한 목적에 전념하게 될 것이다.

감정 용기를 기른다

- 과감하게 느껴라
- 대담하게 행동하라

그림 1-5. 감정 용기는 자신감, 유대, 헌신을 더욱 키우고 그것을 통해 다시 자라난다

7장은 모든 감정을 기꺼이 느끼고자 하는 당신의 태도, 역량, 기술을 개발하게 해준다.

8장은 네 가지 요소를 한데 합쳐 행동하고자 하는 태도, 역량, 기술을 키움으로써 위험 감수 근육을 더욱 강하게 단련시킬 것이다. (그림 1-5)

이 책을 처음부터 끝까지 읽는다면 세상 속에서 힘 있게 행동할 역량을 체계적으로 키울 수 있을 것이다. 이 책은 어디든 펴도 바로 읽을 수 있도록 만들어졌다. 누군가는 자신감은 있지만 남들과 유대를 맺는 데 어려움을 느낄 수도 있고, 또 누군가는 주변 사람들을 기쁘게 해주느라 자신의 행복은 포기했을 수도 있다. 그런 경우라면 자신에게 가장 와닿는 부분부터 시작해도 좋다.

지금 당신에게 가장 관련 있거나 도움이 되는 부분을 찾을 수 있도록 자기 평가 항목을 마련해두었다. 이 평가는 이 책의 구조와 꼭 맞는다. 책과 마찬가지로 평가는 네 요소로 나뉘어 있고, 각 질문은 특정 장과 연관되어 있다. 평가를 마친 다음에는 원하는 부분부터 읽어도 좋고 처음부터 끝까지 순서대로 쭉 읽어도 좋다.

평가 방법: 다음 48개 항목은 이 책의 48개 꼭지와 직접적으로 관련되어 있다. 각 항목은 당신이 해당 꼭지에서 얻을 수 있는 결과를 그대로 반영한다.

항목의 뜻대로 이미 일관성 있게 살고 있다면 '예'에 표시한다. 항목의 뜻대로 살고 있지 않거나, 그렇게 하긴 하는데 일관성이 없거나, 그 분야를 더욱 개선하고 싶다면 '아니오'에 표시한다. 확실하지 않거나 조금이라도 미심쩍은 부분이 있다면 '아니오'에 표시하면 된다(온라인에서 평가하고 결과를 자동 계산하고 싶다면 www.bregmanpartners.com/emotional-courage/resources를 방문하기 바란다).

1요소: 자신감을 키운다

1장 당신은 어떤 사람인가	예	아니오
01 나는 주변 사람들에게 실망을 끼치더라도 자신을 내보인다.	☐	☐
02 나는 주변에 무슨 일이 벌어지든 언제나 한결같고, 안정되고, 침착하다.	☐	☐
03 나는 주기적으로 주변에 피드백을 청하고, 방어적으로 굴지 않으면서 그것을 받아들인다.	☐	☐
04 나는 힘들 때나 실패했을 때에도 자신에게 온화하고 인정을 베푼다.	☐	☐
05 나는 마음에 안 드는 부분도 포함해 나의 모든 면을 인정하고, 받아들인다.	☐	☐
06 나는 인정받는 것보다 유용한 사람이 되는 편을 더 좋아한다.	☐	☐

2장 어떤 사람이 되고 싶은가	예	아니오
07 나는 내가 원하는 사람, 내가 갖고 싶은 미래를 명확히 그릴 수 있다.	☐	☐
08 나는 어떤 분야에서 이미 내가 목표로 하는 사람이 되어 있는지, 그 분야가 무엇인지 안다.	☐	☐
09 나는 내가 원하는 미래에 집중하기 위해 집중을 방해하는 것을 치워 놓는다.	☐	☐
10 나는 에너지를 현명하고 전략적으로 투자한다.	☐	☐
11 나는 일하는 시간의 균형을 잡는다. (다른 말로, 나는 일중독자가 아니다)	☐	☐
12 나는 잘 웃고 자주 웃는다.	☐	☐

2요소: 사람들과 유대를 맺는다

3장 타인을 믿어라	예	아니오
13 사람들은 내가 그들을 믿는다는 걸 명확히 알고 느낀다. (서로 의견이 다를 때도)	☐	☐
14 사람들은 내가 그들의 말을 경청한다는 걸 명확히 알고 느낀다. (서로 의견이 다를 때도)	☐	☐
15 사람들은 내가 그들에게 궁금한 점이 많고 그들에 대해 섣부른 결론을 내리지 않는다는 걸 명확히 알고 느낀다.	☐ ☐	☐ ☐
16 나는 호기심과 창의력을 가지고 까다로운 문제에 접근한다.	☐	☐
17 나는 다른 사람들을 위해 어떤 방식이든 돕고 나선다.	☐	☐
18 사람들은 대체로 모두 나를 좋아한다. (나와 의견이 다른 사람들도)	☐	☐

4장 믿을 만한 사람이 되라	예	아니오
19 나는 주변 사람들이 전진할 수 있도록 에너지를 북돋는다.	☐	☐
20 나는 하기 겁나는 대화를 미루지 않는다.	☐	☐
21 나는 어려운 대화를 요령 있게 시작할 수 있다.	☐	☐
22 나는 감정이 격해진 와중에도 요령 있게 의사소통을 할 수 있다.	☐	☐
23 나는 내가 실수를 했거나 틀렸을 때 쉽게 인정한다.	☐	☐
24 사람들은 내가 그들에게 감사해 한다는 걸 명확히 알고 느낀다. (서로 의견이 다를 때도)	☐	☐

3요소: 목적에 전념한다

5장 초점을 맞추라	예	아니오

25 나는 내가 가장 열정을 갖는 일을 성취하기 위해 최선을 다한다. □ □

26 나는 가장 중요한 일에서 '바늘을 움직일 수 있는'(상황을 바꿀 수 있 □ □
는) 소수의 일을 명확히 안다.

27 나는 가장 중요한 소수의 일에 시간과 에너지를 집중하고 나머지는 □ □
내버려둔다.

28 나는 가장 중요한 소수의 일에 집중하게 해주는 명확하고 믿을 만한 □ □
처리 과정을 갖추고 있다.

29 나는 가장 중요한 일을 위해서라면 내가 질릴 때까지 반복해 말할 용 □ □
의가 있다.

30 나는 가장 중요한 일을 위해서라면 다른 모든 것에 입을 다물 용의가 □ □
있다.

6장 에너지를 모아라	예	아니오

31 내 팀은 각자의 이익보다 공동의 이익을 우선한다. □ □

32 나는 일의 처음 단계부터 사람들을 관여시킨다. □ □

33 나는 사람들이 끝까지 일에 전념할 수 있게 하는 명확하고 믿을 만한 □ □
처리 과정을 갖추고 있다.

34 나는 사람들에게 책임의식을 심어줄 수 있는 명확하고 믿을 만한 처 □ □
리 과정을 갖추고 있다.

35 나는 도움이 필요하고, 필요하면 도움을 청해야 한다고 진정으로 믿 □ □
는다.

36 나는 다른 사람들이 실수, 실패, 고난을 겪은 뒤 회복하고 다시 정상 □ □
적으로 일을 수행할 수 있도록 효과적으로 돕는다.

4요소: 감정 용기를 기른다

7장 과감하게 느껴라	예	아니오
37 나는 언제든 내가 느끼는 감정을 파악할 수 있다.	☐	☐
38 나는 내 몸 어느 곳에서 감정을 느끼는지 파악할 수 있다.	☐	☐
39 나는 원하는 것을 얻지 못할 때 느끼는 불안을 잘 관리할 수 있다.	☐	☐
40 나는 주기적으로 미지의 분야에 발을 들여놓는다.	☐	☐
41 나는 고통과 불편이 따른다고 해서 해야 할 일을 피하지 않는다.	☐	☐
42 나는 주기적으로 다양한 범위의 감정을 동시에 느끼는데 그중에는 서로 모순되는 것도 있다.	☐	☐

8장 대담하게 행동하라	예	아니오
43 나는 주기적으로 대담한 위험을 감수한다.	☐	☐
44 나는 의도적으로 스스로를 불편한 상황에 처하게 만든다.	☐	☐
45 나는 힘든 결정을 빠르게 내린다.	☐	☐
46 나는 사람들이 잘 알아들을 수 있는 방식으로 사실 그대로를 요령 있게 말해준다.	☐	☐
47 나는 주기적으로 새로운 행동 방식을 시도한다. 심지어 그것이 진실하게 느껴지지 않을 때에도.	☐	☐
48 나는 모든 순간을 최대한 영향력 있게 이용한다.	☐	☐

이 평가 결과에는 네 요소에서 당신의 강점과 약점이 그대로 반영된다. 자기 평가를 해보았으니 이제 당신이 어떤 분야에서 개선의 여지가 있는지, 이 책의 어느 장이 당신에게 가장 도움이 될지 잘 파악했을 것이다.

이 책을 어떤 식으로 읽든지 여러 가지 이야기를 읽게 될 것이다. 용기 있게 행동하고 남들을 이끌면서 반성하고, 경로를 수정하며, 더 많이 연습할 기회를 얻게 될 것이다. 자신이 가장 중요하게 여기는 것들을 끝까지 해나갈 것이고, 사람들을 앞으로 나아가게 하고 업무를 진전시킬 대담한 행동을 취하게 될 것이다.

그 덕분에 당신은 더 나은 사람이 될 것이다.

당신 주변 사람들도 더 나은 사람이 될 것이다.

세상 전체가 더 나은 곳이 될 것이다.

LEAD↑NG

W↑TH

EMOT↑ONAL

COUR∧GE

| 1부

자신감을 키운다

이 세상에 태어나 당신이 선택한 의미 있고 가치 있는 일은 세상에 영향력을 발휘하고자 하는 자신의 뜻과 능력을 향한 강한 믿음을 필요로 한다. 쉽게 균형을 잃거나 가던 길에서 벗어나는 사람이라면 자신에게 중요한 일을 진전시키는 데 어려움을 겪을 것이다.

1장 '당신은 어떤 사람인가'는 그 균형을 찾는 데 도움을 줄 것이다. 설사 다른 사람들을 실망시킬지라도 자신을 솔직하게 내보이는 자신감을 키우도록 도와줄 것이다. 당신이 자신의 기반을 찾고, 불확실성과 비판, 정치 싸움, 혼란의 와중에서도 굳건히 설 수 있게 도와줄 것이다. 또한 고난과 실패 속에서도 자신에게 관대하고, 자신을 받아들일 수 있게 해줄 것이다. 자신에 대해 마음에 들지 않는 부분을 알게 되더라도 받아들이고 감사히 여기도록 도와줄 것이다. 남들이 당신이 원하는 대로 당신을 보아주지 않을 때에도 당신 스스로가 자신을 있는 그대로 보게 해줄 것이다. 그러한 종류의 자신감은 당신이 온전하고 당당하게 자신으로서 행동할 수 있는 자유를 준다.

2장 '어떤 사람이 되고 싶은가'는 지금 당신의 모습을 더욱 발전시켜 당신에게 가장 중요한 일을 해내는 데 필요한 사람이 되도록 도와준다. 당신이 만들고자 하는 미래에 집중하고, 미래를 위해 이미 하는 일을 인정하고 감사하며, 그곳에 이르는 길을 막는 것들을 피하게 도와줄 것이다. 시간을 현명하고 전략적으로 투자하도록, 그리하여 그 과정에서 자신을 잃지 않고도 가장 중요한 일을 해낼 수 있게 해줄 것이다.

1장   당신은 어떤 사람인가

01
자신에게 충실하라

순응의 혹독한 대가와 그것을 피하는 방법

나보다 훨씬 더 산악자전거 경험이 많고 숙련된 친구 에릭, 애덤과 함께 자전거를 타러 갔다. 그것도 내 실력에 비해 조금 더 어려운 코스로. 할 수 있을 줄 알았다. 그러나 내 생각이 틀렸다.

그날 나는 꽤 큰 추락 사고를 당했다. 산골짜기 아래로 떨어져 몇 번 데굴데굴 구른 뒤 나무에 머리를 부딪친 것이다(헬멧을 쓰긴 했다). 결국 병원 응급실을 찾아야 했는데 그것도 자전거를 타고 한 시간이나 더 간 뒤의 일이었다.

결과적으로는 아무 일도 없었다. 그러나 사고를 당한 뒤에도 계속해서 자전거를 탔던 건 판단 착오였다. 다친 채로 자전거를 탔을 뿐 아니라 잔뜩 겁에 질려 있었기에 나는 그 뒤에도 여러 번 더 넘어졌다.

나는 거기에서 왜 멈추지 않았을까? 용기 덕분이었다고 말하고 싶지만 사실은 그런 것이 아니었다. 다친 뒤에도 계속해서 자전거를 탔던 건 그저 에릭과 애덤이 계속 탔기 때문이었다.

물론 그 외에도 여러 이유가 얽혀 있다. 친구들의 라이딩을 방해하고 싶지 않았고, 몇 번 넘어졌다고 금세 그만두는 겁쟁이가 되고 싶지 않았으며, 한번 시작한 일을 포기하고 싶지도 않았다. 그중에서 진짜 이유는 무엇일까? 바로, 친구들이 계속 탔기 때문이었다.

나만 그런 게 아니다. 연구에 따르면 우리는 어른이 되어서도 주변 사람들의 행동에 순응하고 그것을 따르는 경향을 보인다. 직장 동료가 아프다며 출근을 안 하면 당신도 그렇게 하기 시작한다. 동료가 회의실을 치우지 않고 나오면 당신도 그렇게 한다.

사실 이 정도는 그리 대단치 않은 일이다. 그러나 그것이 심각해지는 날이 반드시 온다.

폭스바겐의 디젤 배출가스 조작 사건을 예로 들어보자. 폭스바겐은 환경 기준 준수를 불법적으로 회피하기 위해 배출가스 테스트 결과를 조작하고 디젤 승용차에 소프트웨어를 심었다. 수백만 명의 소비자에게 거짓말을 한 것이다.

의회 청문회에 증인으로 나선 폭스바겐 미국 법인장 마이클

혼[Michael Horn]은 오직 "두어 명의 소프트웨어 엔지니어들"이 저지른 잘못이라고 답했다.

두어 명이라고? 말이 되는 소린가? 추문이 터지던 시점에 폭스바겐에 고용된 임직원은 58만 3,000명에 달했다. 이 엄청난 사기극을 아는 사람이 당연히 두 명은 넘지 않겠는가? 그런데 왜 아무도 이 사실을 알리지 않았을까?

먼저 한 가지 이유를 꼽을 수 있다. 지나치게 공격적이고 부담스러운 목표는 부정과 거짓, 실패에 따르는 처벌을 피하려는 부적절한 노력으로 이어질 수 있다. 폭스바겐의 문화 자체가 목표 달성에 과도하게 집착한다는 이야기도 이미 들은 바 있다.

그렇다 해도 7년이라는 세월 동안 자동차를 1,100만 대나 생산했다면 그 사실을 아는 사람은 무슨 말을 했어야 하지 않을까? 그러나 아무도 그렇게 하지 않았다. 모두 침묵할 때 혼자 입을 연다는 건 너무나 힘든 일이기 때문이다.

그렇지만 남들에게 순응하며 자신을 잃고 싶지 않다면 그렇게 해야만 한다. 남들과 다르게 행동하기 위해서는 자신감이 필요하다. 남들과 다른 방향으로 기꺼이 움직이겠다는 마음가짐도 필요하다. 그런데 동시에 이것이 자신감을 높여주기도 한다.

주변 사람들과 다르게, 자기 모습 그대로 행동하기로 결심할 때 자신감은 더 쌓인다. 이때 중요한 것은 어떻게 하면 순응의 힘에 맞서서 진실과 정의를 바탕으로 용기 있게 일어서느냐 하는 것이다. 어떻게 해야 우리를 믿을 만한 사람으로 만들어주는 가치관에 따라 살 수 있을 것인가? 남들이 하는 대로 따르라는 강한 압박 속에서 어떻게 하면 자신에게 충실할 수 있을까?

1. 첫 번째 단계는 뚜렷하고, 강력하고, 스스로 굳게 믿고 전념할 수 있는 가치관을 갖는 것이다. 당신은 무엇을 믿는가? 그 신념을 지키기 위해 얼마나 단호히 일어설 수 있는가? 쏟아지는 비난의 화살도 기꺼이 맞을 수 있는가? 창피를 당하고, 미움을 사고, 해고를 당해도 괜찮겠는가?
   내면이 단단하고 믿음이 강한 사람들은 이 모든 질문에 그렇다고 답한다.

2. 그다음 단계는 자기 주변에서 무슨 일이 벌어지는지 제대로 보려는 자세를 갖는 것이다. 주변 상황을 있는 그대로 보고 받아들일 수 있겠는가?

3. 마지막으로 자신의 가치관에 맞지 않는 일이 벌어졌을 때 행동에 나설 용기가 필요하다. 입을 열어 목소리를 내고, 필요하다면 권력에 맞서야 한다. 그것도 요령 있게, 상대를 존중하면서 해내야 한다. 그래야 성공 가능성이 높아지고 주변 사람들과의 인간관계도 최대한 지켜낼 수 있다.

이 마지막 단계, 즉 행동하는 용기가 가장 어렵다. 우리 주변에서 벌어지는 규범과 관습이라는 것에 반하는 행동이 필요하기 때문이다. 태어났을 때만 해도 용기가 있었을 테지만 어른이 된 지금은 그 용기가 쉽고 자연스럽게 나오지 않는다. 용기 있는 행동을 위해서는 이제 연습이 필요하다.

쉬운 것부터 시작해보자. 주변 동료들 모두가 뒷정리를 하지 않아도 우리는 공용 공간을 깨끗이 치우고 관리하자. 다들 몸이 안 좋다며 출근을 빼먹어도 우리는 꼬박꼬박 일하러 나가자. 주변 사람들과 다르게 행동하고 말하자. 다른 사람이 다 하더라도 우리는 달콤한 디저트를 먹거나 술을 마시지 말자. 남들과 다른 선택을 내리자.

이런 일을 할 땐 그것이 자신에게 미치는 영향력을 느끼기 위해 고의로 속도를 늦춰보자. 남들과 다른 길로 간다는 꺼림칙하고 불편한 기분을 견뎌내는 것이 우리를 옥죄는 힘에서 벗어나는 비결이다. 그것은 다시 우리의 가치관에 맞추어 행동할 수 있는 자유를 준다.

폭스바겐에서 소프트웨어 사기극을 알던 사람이 두 명이 넘는다고 간주하면 그들은 위 세 단계 중 어느 한 곳에서 실패한 것이다. 뚜렷하고, 강력하고, 스스로 굳게 믿고 전념할 수 있는 진실과 정직성이라는 가치관을 갖지 못했을 수 있다. 아니면 알고도 모르는 체하는 쪽을 택했을 수도 있다. 그것도 아니라면 입을 열어 진실을 말할 용기가 없었을 수도 있다.

물론 그것이 얼마나 힘든 일인지는 나도 잘 안다. 그들은 친구를 잃을 수도 있고, 일자리를 잃을 수도 있었다. 다른 동료와 고객의 신뢰를 잃지 않기 위해 일부 동료들의 신뢰를 저버려야 했을 것이다. 홀로 섰어야 했을 것이다. 이런 건 내리기 힘든 결정이다.

나만큼 그 어려움을 잘 아는 사람이 또 있을까. 나는 다친 몸으로 계속해서 넘어지면서도 한 시간이나 자전거를 더 탔다. 나를 걱정해주고 도와준 친구들에게 못 하겠다는 말을 꺼낼 용기가 없었기 때문이었다.

당시 나에게는 기반을 단단히 다지는 연습이 필요했다.

02
단단한 땅 위에 서라

흔들리지 않는 자아 발견하기

그런 날이 있다. 아마 당신도 잘 알 것이다. 흔들거리며 빠른 속도로 달려가는 지하철에서 넘어지지 않으려고 손잡이를 꽉 잡고 있는데 곡선 구간을 돌 때마다 몸이 좌우로 휘청거리는 듯한 기분이 드는 날 말이다.

그날 나는 프레젠테이션을 하고 기립박수를 받아 세상 꼭대기에 오른 듯한 기분으로 무대를 내려왔다. 그러고는 어떤 사람에게 화가 잔뜩 난 이메일을 받고 나 자신도 화가 났다. 그다음에는 재미있는 라디오 인터뷰를 하고 다시 에너지가 생겨났다. 그런데 얼마 지나지 않아 내가 미팅에서 너무 말을 많이 한다는 피드백을 받고 부끄러워지면서 나 자신에게 크게 실망을 했다.

이 각각의 새로운 경험은 그때마다 나를 다른 방향으로 날려보냈다. 내가 생각하는 나는 가장 최근의 상호작용에서 든 기분이 그대로 반영되는 것에 불과했다. 나는 통제가 불가능했고, 그때그때 변덕스러운 상황의 희생자가 되어버렸다.

부끄러운 이야기지만 예전에는 이런 혼란스러운 상황에서 좋은 기분을 유지하는 나만의 방법이 있었다. 긍정적인 경험은 내 공으로 돌리고, 부정적인 결과가 나오면 남을 탓하는 것이었다. 칭찬받은 그 프레젠테이션은? 그래, 내가 워낙 잘한 것이다! 내가 말이 너무 많다는 피드백은? 그 사람이 말 잘하는 사람한테 불만이 있는 거다!

물론 그 방법에는 큰 문제가 있다. 바로 조금이라도 지적 정직성과 일말의 자기 인식을 갖춘 사람은 계속 유지하기 힘든 수준의 현실 부정이 필요하다는 사실이다. 언젠가는 현실이 자기 기만을 이기게 되어 있으니 말이다. 그래서 나 역시 자신감을 쌓을 수 있는 단단한 기반, 가식에 의존하지 않으며 외부의 사건에 이리저리 흔들리지 않는 대안이 필요했다.

어느 날, 명상을 하고 있을 때였다. 천천히 들숨과 날숨을 따라가고 있는데 그전까지는 별 주의를 기울이지 않았던 무언가를 알아챘다. 그것을 느끼자 모든 것이 바뀌었다.

내가 새로이 느낀 그것은 무엇이었을까? 바로 내 자아였다.

여기에서 내 자아란 호흡을 하는 사람이 아니다. 호흡을 관찰하던 바로 그 사람이다. 설명하기 어려우니 잘 들어주기 바란다.

당신의 자아는 주변의 상황이 바뀐다고 해서 같이 달라지지 않는다. 모욕을 들은 뒤의 당신과 칭찬을 들은 뒤의 당신은 다른 사람이 아니다. 그런 일이 있은 뒤 느끼는 감정은 달라질 수 있겠지만 기본적으로 당신이 다른 사람이 된 것은 아니다.

아무도 흔들 수 없는 일관된 자아 위에 단단히 발을 딛지 않으면 흔들려서 내동댕이 당하고 길을 잃게 될 것이다. 첫 번째 저항을 맞닥뜨리자마자 마음을 바꾸게 될 것이다. 반대로 칭찬이 넘쳐나면 자신감도 같이 넘칠 듯 과도하게 생겨났다가 비판을 받으면 모두 바로 잃어버릴 것이다. 그러고 나면 그저 기분을 좋게 하기 위한 형편없는 의사결정을 줄줄이 내릴 것이다.

자아를 제대로 아는 것이 평정심, 내면의 평화, 명료한 시각, 뚜렷한 판단력을 지키는 열쇠다. 상황이 바뀌어 압박을 받더라도 말이다. 그렇다면 자아는 어떻게 찾아낼 수 있을까?

명상이 주는 훌륭한 선물 중 하나는 숨어 있던 자아를 드러내 준다는 점이다. 그런데 알고 보면 그것은 놀라울 만큼 찾기 쉽다. 원래 항상 그 자리에서 우리를 지켜보는 것이 우리의 자아이기 때문이다.

내 말이 믿기지 않는다면 직접 확인해봐도 좋다. 지금 당장 해보자. 편안한 자세로 앉아서 눈을 감고 자연스럽게 호흡한다. 숨이 몸 안으로 들어왔다 나갔다 하는 것을 느끼면서 자신의 호흡 말고 다른 것은 생각하지 않는다.

그러나 곧 머릿속에 어떤 생각이 떠오르는 걸 깨닫게 될 것이다. 지금 대체 무얼 하는 짓인지, 얼마나 바보 같을지 궁금할지도 모른다. 아니면 어떤 문제를 해결하려고 애쓸지도 모른다. 그것도 아니면 잊었던 일을 떠올릴 수도 있다.

이러한 생각을 알아채는 사람이 누구일까? 그것이 바로 당신이고, 당신의 자아다. 당신의 자아가 '방금 그 생각'을 알아챈 것이다.

감이 오는가? 그런 점에서 데카르트의 말 "나는 생각한다. 고로 나는 존재한다"보다 "나는 내 자아가 생각하는 것을 지켜본다. 고로 나는 존재한다"가 더 정확하다.

당신이 곧 당신의 생각은 아니다. 당신은 그 생각을 지켜보는 사람이다. 이 작은 차이가 감정을 느끼는 것과 그 감정에 휘둘리는 것의 차이이다. 이것은 대단히 중요하다. 분노라는 감정을 느낄 때 당신은 그 감정을 느낀 다음에 하는 행동을 통제할 수 있다. 그러나 당신이 분노 그 자체가 되면 통제할 힘을 잃어버리고 만다.

우리 몸 중에서 자신의 생각과 감정을 관찰하는 부분은 언제나 안정적이고, 현명하고, 믿을 만하다. 그 안정적이고 예측 가능한 자아를 자신과 동일시하면 자신감이 생긴다. 당신을 무작위로 일어나는 일들과 주변 사람들이 내린 의사결정에 의해 이리저리 나뒹굴지 않는 안정적이고 예측 가능한 사람이자 리더로 만들어주기 때문이다.

자신의 자아를 찾아내면 위험한 상황에서도 행동할 수 있는 자신감을 얻을 수 있다. 무슨 일이 일어나든 당신 자신은 괜찮을 것임을 알기 때문이다. 돈이 얼마나 있든, 일자리가 있든 없든, 결혼을 했든 안 했든, 당신을 둘러싼 주변 모든 일이 달라질지언정 당신 자아는 여전히 본래 자리에서 당신을 지켜보고 있으니 말이다.

달리 말해, 실패해서 괴로워할 때도 실패로 인해 변화하지 않는 당신의 일부는 기분이 어떤지 객관적으로 관찰할 수 있다. 그렇게 당신의 자아는 여전히 온전하다는 걸 깨닫고 나면 다시 일어서 도전할 수 있다.

이는 성공에서도 마찬가지다. 자아와 튼튼한 관계를 맺으면 흔들리지 않는 사람이 될 수 있다. 성공은 여전히 기분 좋게 느껴지겠지만 성공만으로 자신의 가치를 판단하지 않게 될 것이다. 자신감 역시 그것에 휘둘리지 않을 것이다.

어떻게 하면 자아와의 관계를 잘 만들 수 있을까? 내가 찾아낸 가장 믿을 만한 방법은 명상이다. 명상이라고 해서 항상 맨바닥에 방석을 깔고 앉아 해야 하는 건 아니다. 마음을 편안하게 해주는 호흡 몇 번만으로도 당신 안의 그 관찰자를 찾아낼 수 있다. 연습하면 할수록 자아를 찾는 실력 또한 좋아질 것이다.

어제 나는 구불구불한 노선을 달리는 지하철에 탔고 오랜만에 십대 때 하던 게임을 해보기로 했다. 최대한 안정적인 자세로 서서 손잡이를 놓았다. 지하철 서핑이 시작된 것이다.

열차가 휘청거리고 요동칠 때마다 나는 무게중심을 바꾸고 균형을 유지하면서 자세의 변화를 받아들였다. 몸을 꼿꼿하게 안정적으로 유지하면서 이 재미있는 게임이 어떤 느낌이었는지 다시 한 번 세심히 관찰했다.

자신을 지키면 외부의 혼란스러운 영향력, 성공과 실패, 칭찬과 비판 속에서도 흔들리지 않고 안정을 유지할 수 있다. 자신이 다른 사람들에게 어떻게 인식되는지 호기심을 갖고 살펴보라. 그런 인식의 과정에서 교훈을 얻으면 스스로를 잃지 않으면서 자신을 더 잘 알게 되고 궁극적으로 자신감도 높아질 것이다.

03
주변 사람에게 피드백을 받아라

자신을 완전히 이해하는 가장 빠른 방법

"그럼 제게 들려줄 피드백은 없나요? 다음에는 제가 뭘 더 잘할 수 있을까요?"

내가 메리에게 물었다. 우리는 방금 대규모 금융 서비스 기업의 고위 임원진을 대상으로 한 리더십 교육을 마쳤다. 메리와 나의 업무 관계는 조금 복잡했다. 그녀는 나와 함께 교육을 하는 공동 트레이너인 동시에 내 고객이기도 했다. 당시 내가 그 은행에서 풀타임으로 근무를 했기 때문이다.

메리는 내게 몇 가지 피드백을 주었는데 통찰력이 충만했고 유용했다. 내가 감사하다고 말한 뒤 이번에는 그녀가 내게 피드백해줄 것이 없느냐고 물었다.

나도 있었다. 그녀를 더욱 힘 있고 효과적인 트레이너로 만들어줄 만한 조언이 세 개 떠올랐다. 그러나 그걸 제대로 전하지는 못했다. 내가 첫 번째 이야기를 꺼내자마자 그녀가 내 말을 자르고 나선 것이다.

"이해를 못 하시네요."

그녀는 내게 이렇게 말하더니 자신의 행동에 온갖 이유를 대며 내게 설명했다. 예의는 발랐지만 방어적이었다. 그녀가 내 직원이었거나 내가 그녀를 코칭하는 중이었다면 그녀의 방어막을 뚫고 내 말을 그대로 전했을 것이다. 어쩌면 그랬어야 했는지도 모른다. 그러나 나는 그것이 나와 상관 없는 일이고 궁극적으로는 우리 업무 관계에 도움이 되지 않을 것이라는 판단을 내렸고, 그래서 피드백을 멈췄다.

피드백을 받아들이는 건 어렵다. 주변 사람에게 진실을 끌어내는 것은 어려운 일이다. 그들은 보통 전체 그림을 당신에게 보여주기엔 너무 착하거나 솔직히 말하기를 두려워하기 때문이다.

그럼에도 사람들이 당신을 진정 어떻게 생각하는지 알 수 있다면 그건 선물과도 같다. 이것은 삶의 모든 영역에서 마찬가지다. 파트너나 배우자가 어떤 기분을 느끼는지 정확히 아는 것이 유대가 있는 관계와 역기능적 관계의 차이를 만든다.

유용한 피드백을 받는 것은 자신을 온전히 이해하는 가장 빠른 길이다. 또한 자신의 맹점을 찾아낼 수 있는 최고의 방법이자 유일한 방법이기도 하다. 항상 정확히 반영되는 건 아니지만 당신이 남에게 어떻게 인식되는지는 정확히 보여준다. 자신의 영향력을 높이고 자신에게 가장 중요한 일을 위해 행동을 불러일으키고 싶다면 스스로 어떻게 인식되고 있는지 아는 것이 대단히 중요하다.

자신감은 건설적인 선순환을 따라 자라난다. 자신감이 필요한 일을 많이 할수록 자신감이 많이 생긴다는 말이다. 자신에 대한 남들의 시각을 듣기 위해서는 자신감이 필요하다. 동시에 움츠러들지 않고 그들의 의견을 받아들이는 것 또한 자신감을 키워준다.

피드백을 잘 받아들이는 것, 자신에게 호기심을 유지하는 것은 특히 업무에서 더 중요하다. 동료들은 당신의 방어막을 애써 뚫으려 하지 않고, 당신과 일하는 게 힘들다고 느끼면 당신에게 해주려던 피드백을 미련 없이 포기하기 때문이다. 그러면 당신은 왜 자신이 성공하지 못하는지 절대 이유를 알지 못한다. 피드백을 들어본 적이 없으니, 같은 실수를 반복하게 될 것이다.

진실을 듣고 싶다면 다음 방법을 고려하라.

1. 솔직한 피드백을 원한다는 사실을 명확히 밝혀라
진실을 말하는 것이 당신에게 호의를 베푸는 것임을 알려주라.

이렇게 말해보라.

"예의 차릴 필요 없어요. 편하게 말씀하세요. 그게 저를 돕는 겁니다."

그 대화를 통해 최대한의 도움을 얻고 싶다고, 솔직하게 말해주지 않으면 소용이 없다고 설명하라.

2. 미래에 초점을 맞춰라

과거에 잘못한 것과 비교해 어떻게 하면 미래에 더 잘할 수 있을지 물어라. 앞으로 어떻게 하면 더 효과적으로 일할 수 있을지 물으면 사람들이 더 솔직하게 대답하는 경향이 있다.

3. 더 깊이 파고들어라

한 번만 묻고 끝내지 말자. 사람들에게 진짜 피드백을 이야기할 수 있는 기회를 여러 번 주고 그들이 편안하게 말할 수 있는 기회를 늘려라. 예를 들어, "곧 있을 ○○ 미팅에서 당신이라면 어떻게 더 잘 하겠어요?"처럼 구체적인 상황에 대해 묻는 것도 도움이 된다.

4. 섣부르게 판단하지 말고 경청하라

긍정적이든 부정적이든, 받은 피드백에 대해서 옳은지 그른지 따지는 건 금물이다. 솔직히 말해준 것에 감사하고 그들이 관찰

한 바와 의견이 도움이 되었다고 말하라. 당신이 정말로 진실을 듣고 싶어 하고, 부정적인 피드백에 반발하지 않을 것이라고 여기게 되면 사람들은 정말로 솔직하게 말할 용의가 생긴다. 조금이라도 변명을 하고 방어적으로 굴면 사람들은 말을 멈추고 예의를 차릴 것이다.

5. 그들의 말을 받아 적어라

이 같은 방법은 두 가지 결과를 가져다준다. 약간의 침묵은 당신이 그 피드백을 진지하게 받아들인다는 뜻을 전달해주고, 피드백을 들려주는 사람에게 또 무슨 이야기를 해줄지 생각할 시간을 준다. 당신이 다 받아 적기를 기다리는 동안 그들은 종종 자발적으로 두 번째 의견을 내놓기도 한다(이게 정말 중요하다).

피드백을 교환하자는 어색한 시도가 있고 나서 얼마 지나지 않아 메리는 그 금융 서비스 회사를 떠나 다른 회사에 들어갔고, 그곳에서도 잠시 근무하다가 회사를 그만두었다.

진실을 듣기는 어려울지 몰라도 장기적으로 보면 듣지 않는 것이 더 어렵다. 물론 자신에 대한 남들의 솔직한 의견을 듣는 것이 기분 좋은 것만은 아니다. 기분이 좋지 않을 때가 종종 있는데, 그렇기 때문에 자신감을 키우고, 자기 자리에 굳건히 서기 위해 자기 연민을 가져야 한다.

04
자신을 상냥하게 대하라

'괜찮은 정도'가 '완벽'보다 나은 이유

새벽 5시, 나는 침대에 누운 채 생각했다. 아니, 그때 내가 하던 일을 '생각'이라고 부르는 건 너무 관대한 표현이다. 나는 집요하게 한 가지 일에 매달렸다.

새 자전거를 한 대 사려고 했는데 색상을 정하지 못했다. 자전거를 머릿속에 떠올리며 각 색상의 자전거를 타면 어떤 기분이 들지 상상했다. 올바른 선택지 하나가 떠오르길 바라며 여러 선택지의 무게를 가늠했다.

이미 중요한 일을 미루고 셀 수 없이 여러 번 온라인에 접속해 자전거를 살펴보았고, 자전거 매장에도 두 번이나 들렀다. 무수히 많은 사람에게 아이폰을 꺼내 자전거를 보여주며 무슨 색깔

이 좋겠느냐고 물어보기도 했다.

나도 이런 내가 부끄럽다. 나는 소위 효율적이고 생산적으로 움직여야 하는 사람이다. 자신감도 있어야 한다. 그런데 귀한 시간을 낭비해가며 사람들에게 내가 가장 좋아하는 색상을 골라달라고 부탁하고 다녔다. 이건 내가 원하는 모습이 아니다.

그러나 명백히, 나는 그런 사람이다. 부정하고 싶은 마음이 굴뚝같지만 나는 그만큼 우유부단하고 자신 없는 사람이다. 그런 사실을 인정하기는 어렵기에 나는 그 사실에 직면하는 것을 피하곤 했다.

일단은 그 탓을 남에게 돌렸다. 이건 우리 부모님의 잘못인지도 모른다. 나를 대신해 너무나도 많은 의사결정을 내려줬기 때문에 내가 한 선택에 자신을 갖지 못하게 된 건 아닐까. 아니면 너무 다양한 색의 자전거를 생산한 자전거 회사의 잘못일 수도 있다. 선택지가 많을수록 선택이 더 어려워진다는 설득력 있는 연구 결과도 있지 않은가.

그래서 나는 선택의 어려움을 겪을 일을 최소화했다. 나는 중요한 의사결정을 많이 내린다. 그러니 사소한 의사결정에 어려움을 겪은들 좀 어떤가.

하나의 프로세스를 정해 그것을 따르려고 노력해봤다. 가장 먼저 누가 보아도 별로인 것들을 제거한다. 그런 다음에도 여전히 불확실하면 남은 선택지 모두 다 괜찮은 것이 분명하니 남은 색상 중 아무거나 하나를 골라도 될 것이다.

그런데 이런 방법이 하나도 통하지 않았다. 그 뒤 일주일이나 지났는데도 나는 아직 결단을 내리지 못했다.

하루는 내 결정 장애에 대한 수치심을 느끼며 잠들지 못하고 깨어 있다가 딸을 생각했다. 딸아이는 예전에 자신의 충동을 조절하는 데 어려움을 겪었고 그로 인해 친구들과 자주 마찰을 빚었다. 그런 아이를 얼마나 자주 꾸짖었던가. 아이의 행동에 기분이 상해 아이가 청하지도 않은 억압적인 조언을 얼마나 많이 했던가.

딸아이가 바뀌어야만 하는 상황이라면 바뀔 것이라고 생각했던 것 같다. 그러나 나 자신의 결정 장애에 대해 다시 생각해보니 내 생각이 얼마나 잘못된 것이었는지 깨달았다. 딸아이는 최대한 노력했던 것이다. 아이의 행동을 섣불리 판단한 탓에 아이는 마음을 다쳤고 더 나쁜 행동을 했다.

그 순간, 나는 제대로 깨달았다. 사람들에 대한 내 기대가 역효과를 낳을 만큼 높았다는 사실을 말이다.

높은 기대는 긍정적인 영향을 주기도 한다. 능력을 최대한으로 확장하려면 높은 기준이 필요한 법이다. 그러나 많은 사람이 과도하게 높은 기준을 세운다. 그러다 보면 가족, 친구, 동료, 유명인사 등 주변 사람들은 물론 자신에 대한 비판의식에 빠져 사람들이 초인적인 일을 해내기를 기대하게 된다. 그렇게 되지 못한 우리 자신과 남들을 수치스러워할 때 상황은 더욱 악화된다. 무력함을 키우면서 고통을 더욱 심화시키니 말이다.

약점을 마주했을 때 사람이나 상황을 탓하고, 그것이 중요하지 않은 것인 양 굴고, 아니면 단순히 변하겠다고 다짐만 하는 것은 아무 도움이 되지 않는다. 그 문제를 해결하기 위해 남이 정해놓은 3단계 과정을 찾는 것으로도 충분하지 않다. 그렇다면 어떻게 해야 도움이 될까?

내가 찾아낸 최고의 답은 연민^{compassion}이다.

어떤 조언이 유용하려면 먼저 상대방에게 연민을 느껴야 한다. 그렇다. 내 딸에게는 도움과 지도와 지침과 조언이 필요했다. 그러나 무엇보다도 연민이 필요했다. 그런 말도 있지 않은가. "인정을 베풀어라. 당신이 만나는 모든 사람은 나름대로 힘든 싸움을 하는 중이다."

이때 '모든 사람'에는 당연히 나도 포함된다. 장담컨대 당신도 그에 속할 것이다. 연민을 가지면 우리 모두 더 좋은 사람이 될 수 있다. 설사 그렇지 않더라도 최소한 약점에 함께 따라오는 괴로움과 고통을 줄여줄 수 있다. 분명 우리는 더 착해질 수 있다.

또 연민은 자신감의 중요한 기반이기도 하다. 자신에게 상냥하면 자신을 긍정적으로 느끼게 되고, 자신을 더욱 믿게 될 것이다.

이는 자기 연민에만 해당되는 것이 아니다. 우리는 자신의 약점을 종종 타인에게 투영한다. 그러니 그들에게 연민을 갖는 것은 실제로 자신을 향한 연민이기도 하고, 이것은 다시 자신감에서 빠뜨릴 수 없는 중요한 요소이기도 하다.

결국, 자전거를 사긴 했다. 매장에서 사서 직접 집으로 끌고 왔다. 그러고는 다음 날 새벽 5시에 다른 색을 샀어야 했나, 내 판단을 의심하며 잠에서 깼다. 잠깐 자책하다가, 나는 깨달았다. 이것이 나란 사람이다. 나는 완벽하지 않다. 그러나 이게 내가 할 수 있는 최선이다. 믿건대 그 정도면 충분하다.

그 정도면 충분하다는 건 완벽한 것보다 낫다. 우리가 자신을 인정하고 그것으로 만족하게 해주기 때문이다. 자신의 일부를 억누르면서 자신 있게 나 자신을 안다고 말할 수 없다(억압에 따라 좌우되는 자신감은 깨어지기 쉽다). 억압한다고 그 대상이 사라지지는 않는다. 그저 그런 것들을 그림자 속으로 밀어넣거나 다른 사람들에게 투영하게 만들 뿐이다. 장담컨대 그 시점에서 우리는 우리가 증오하는 바로 그 대상에게 통제를 당하거나 그 대상으로 변하게 될 것이다.

그러나 이 모든 걸 피할 수 있는 길이 있다. 우리 자신에 대해 더 많은 것을 알고 동시에 자신감을 높이는 길 말이다.

05
자신의 그림자를 받아들여라

당신이 증오하는 그 사람처럼 되지 않는 법

→

너무나도 화가 나서 온몸이 덜덜 떨렸다. 나는 증오가 가득 담긴 눈으로 군터를 노려보았다. 내 왼손은 있는 힘껏 주먹을 쥐고 오른손은 마치 무기인 듯 테니스 라켓을 꽉 쥐었다. 그 순간 나는 당장이라도 그를 죽일 수 있을 것 같았다.

이게 진정 나란 사람인가?

앤 브래드니^{Ann Bradney}가 주도하는 집중 워크숍을 받을 때였다 (워크숍 주제는 '급진적으로 살아 있는 리더'였다). 전 세계에서 스물세 명이 모였는데, 그중에는 엄청난 폭력의 상처를 지닌 국가에서 온 사람도 있었다. 자연스레 대화의 주제는 전쟁으로 넘어갔다.

미국, 콜롬비아, 소말리아, 멕시코, 이스라엘 등 각국에서 온 이들이 한 사람씩 일어서 자기 나라에서 경험한 인간의 잔인함을 말했다. 가족이 납치되고, 강간당하고, 살해되고, 폭격을 당하거나 난민 수용소에서 살 수밖에 없는 상황에 대해 듣고 있자니 피해자들을 향한 공감과 가해자들에 대한 분노가 더 강해졌다. 그때 낸시라는 여성 참석자가 차분하게 말했다.

"우리는 어떤 식으로든 모두 가담하고 있어요. 모두 유죄인 거죠."

그녀가 말했다. 나는 그 말을 듣고 참을 수가 없었다.

"우리가 모두 유죄라고요? 정말로요? 죽어가는 아기들이나 강간당한 여자들은요? 그 사람들도 죄가 있는 겁니까? 강간범처럼요? 그건 말이 안 되죠!"

내가 낸시를 향해 쏘아붙였다. 방 안이 조용해졌다. 낸시가 놀라 움츠러들었지만 나는 상관하지 않았다. 아니, 그건 사실이 아니다. 나는 그녀의 그런 반응이 아주 만족스러웠다. 쏘아붙이고 나니 기분이 정말 좋았다. 강력한 힘을 얻은 것 같았다. 폭력에서 안전해진 기분이었고 정의로운 사람이 된 느낌이었다. 내 안에 쌓이던 긴장감이 서서히 풀어지면서 안도감이 들었다.

바로 그때, 지금까지 한마디도 안 하던 이언이 침묵을 깨뜨렸다. 내가 소말리아 같은 곳에 있다면 살인을 저지르는 모습을 상상할 수 있겠느냐고 물었다. 나는 냉큼 아니라고 답했다.

"무서운 사람이군요." 이언이 말했다.

내가 무서운 사람이라고? 악을 향해 분노를 표현하는 사람이 바로 나인데? 어떻게 나를 무서운 사람이라고 부를 수 있지? 살인을 저지르는 자기 모습을 상상할 수 있는 사람이 진짜 무서운 사람 아닌가?

그러나 이언은 아주 심오하고 중요한 깨달음을 얻은 것 같았다. 우리 모두가 이해해야만 하는 것. 타인의 감정과 나의 감정에 선을 긋기 시작하면 누구든 무서운 사람이 될 수 있다는 것 말이다.

자신이 좋아하지 않는 행동을 하는 사람들에게서 떨어지면 기분이 좋아지기 마련이다. 마치 우리가 안전하고, 도덕적이고 나무랄 데 없는 사람이 된 것 같다. 그러나 그건 거짓된 자신감이다. 다른 사람들을 악으로 규정하고 멀리하면 그들을 비난하기 쉬워지고, 모르는 사이에 우리 자신도 잔인해질 수 있다.

폭력이나 잘못된 행동을 용납해야 한다는 말이 아니다. 파괴적으로 행동하는 사람은 죗값을 치러야 한다. 그러나 심리학적으로 그들과 우리 자신을 분리하는 것은 위험할 수 있다.

그러한 교훈을 내가 직접 경험하기까지는 오래 걸리지 않았다.

독일인인 군터와 대화를 나누고 여전히 그때 품었던 감정으로 가득 차 있는데 그가 갑자기 독일어로 고함을 지르며 들고 있던 테니스 라켓으로 커다란 스티로폼 블록을 내리쳤다. 그건 에너지를 발산할 때 쓰라며 앤이 워크숍에 마련해놓은 도구였다.

그의 라켓이 블록에 내리꽂힐 때마다 나는 움찔 몸을 떨었다. 그의 억양, 고함 소리, 시끄러운 라켓 소리는 우리 유대인 조상들이 당한 대학살의 기억을 되살렸다. 세계대전 당시 어머니와 가족은 프랑스에 숨어 지냈는데 이제 막 태어난 어머니의 여동생 에리얼이 의사가 아주 진하게 타준 분유를 먹고 죽고 말았다. 의사는 아기가 유대인이기 때문에 일부러 그랬다고 말했다.

나는 군터가 나치 군복을 입은 모습을 상상했다. 나치의 만자 문양이 새겨진 군모를 눈썹 위로 낮게 눌러쓰고 차가운 눈으로 내려다보는 모습 말이다. 그 순간 분노와 슬픔, 두려움이 내 몸을 가득 채웠다. 온몸이 덜덜 떨렸다. 라켓을 집어드는데, 죽은 채로 담요에 싸여 있는 아기 에리얼의 모습이 절로 떠올랐다.

나는 있는 힘을 다해 라켓으로 스티로폼 블록을 내리찍었다. 그 순간 나는 주체할 수 없는 감정에 휩싸여 비명을 질렀다.

"그만해! 소리 그만 질러. 증오를 멈춰. 폭력을 멈추라고!"

그 순간 나는 말 그대로 군터를 죽일 수도 있었다.

그러나 군터는 나치가 아니다. 그는 독일 억양을 쓰는 소프트웨어 개발자일 뿐이다. 달리 말해, 나는 군터가 저지른 일 때문에 그를 죽이고 싶어한 것이 아니었다. 그가 상징하는 바, 그의 억양 때문에 그를 죽이고 싶었던 것이다. 바로 그 순간, 나치는 군터가 아니라 나 자신이었다(지금 이 순간에도 등골이 오싹하다).

다른 상황이었다면, 이를테면 우리 부모가 우리를 다른 식으로 가르쳤다면, 우리가 어떤 선택을 내릴지 누가 알겠는가? 우리 중 누구라도 무슨 짓이든 저지를 수 있다. 그 사실을 인정하지 않는다면 우리가 가장 두려워하는 사람은 우리 자신이 될 위험이 더욱 커진다. 자신의 시각을 변호하기 위해 다른 사람을 비난할 가능성이 커진다는 뜻이다.

전 세계의 지도자와 전쟁, 폭력만을 이야기하는 것이 아니다. 우리의 평범한 생활과 매일 만나는 사람들과의 관계도 마찬가지다. "저 사람이 무슨 짓 한 줄 알아? 도대체 어떤 사람이 그런 짓을 하지? 도저히 이해할 수가 없어!"라고 못 믿겠다는 듯 생각하거나 말할 때마다 우리는 남들과 멀어진다. 그 사람들을 나쁜 사람으로, 우리는 좋은 사람으로 만드는 셈이다.

그런 생각과 말을 할 때 우리는 최악의 경우 위험한 사람이 되고, 아무리 잘해봤자 약한 팀장이 되고 만다. 우리가 가진 기본적인 자신감이 줄어든다. 그것이 카드로 세운 집처럼 약한 기반, 실제 모습이 아니라 우리가 원하는 모습이라는 기반 위에 있기 때문이다.

남을 죽이고 싶을 만큼 화가 난 채 라켓을 든 그 사람이 진정 나인가? 그렇다. 때로는 당신도 그렇게 될 수 있다. 충격적이지만 이것을 인정해야 한다. 우리가 두 손에 쥔 라켓을 뚜렷이 느낄 정도로 자신감이 있을 때, 눈을 똑똑히 뜨고 마음속 어두운 부분을 바라볼 수 있을 때 비로소 자신을 제대로 알 수 있다. 그럴 때에만 힘 있게 행동할 수 있을 정도로 믿을 만한 사람이 된다.

내가 보는 내 모습, 내가 보는 당신의 모습은 단순하지 않다. 우리는 많은 부분으로 이루어져 있고 때로는 그중 서로 모순되는 것도 있다. 자신에 대한 비밀을 숨기면 우리는 불안정하고 '발각되기' 쉬운 사람이 되고 만다. 따라서 어두운 그림자를 포함해 모든 부분을 인정하면 잃을 것도, 남에게 입증할 것도 없이, 힘과 확신을 가지고 일어서는 사람이 될 수 있다. 그래야만 다른 사람이 되기 위해 숨이 턱에 차도록 달릴 필요도 없고, 타인에게 중요한 사람이 되기 위해 애쓸 필요도 없이, 자신에게 충실한 삶을 살아갈 수 있게 된다.

06
중요한 사람이 되려고 애쓰지 마라

타인에게 영향력을 끼친다는 것의 진정한 의미

셰인은 거의 평생을 아일랜드의 작은 고향 마을에서 선술집을 성공적으로 운영해왔다. 셰인은 그 동네에서 유명 인사였다. 친구도 많았고, 그들이 셰인의 술집을 찾아와 먹고 마실 때마다 얼굴을 마주했으며, 대체로 행복했다.

그러던 어느 날, 셰인은 가게를 팔기로 했다. 모아놓은 돈과 지금까지의 매출을 합치면 앞으로 여생을 편안히 살아가기에 충분한 돈이었다. 그는 그때까지 해온 힘든 일에 대한 보상을 마음껏 누릴 준비를 했다.

그러나 일을 그만두자마자 그는 우울해졌다. 벌써 15년 전 일이지만 지금도 그의 상태는 크게 다르지 않다.

셰인과 비슷한 사례는 많이 보았다. 투자 은행의 CEO, 유명한 프랑스 가수, 슈퍼마켓 체인의 창립자이자 사장, 고위 정부 관리. 이들은 단순한 사례가 아니다. 내가 아주 잘 알거나 예전에 알았던 사람들이다.

그들에게는 몇 가지 공통점이 있었다. 일단 매우 바쁘고 대단히 큰 성공을 거두었다. 평생 편히 먹고살 정도로 돈도 많이 벌었다. 그리고 나이가 들어갈수록 심각한 우울증에 빠졌다.

대체 무슨 이유일까?

전형적인 답변을 하자면 사람은 모두 삶에서 목적의식이 필요하고, 일을 하지 않으면 목적의식을 잃는다고 할 수 있다. 따라서 내가 그런 상황에서 본 많은 사람이 계속해서 일을 했다. 여전히 프랑스 가수는 노래했고, 투자 은행가는 펀드를 운영했다.

나이가 든다는 것 자체가 그저 우울한 일일지도 모른다. 그러나 우리 모두 안다. 90대 후반이 되어서까지 계속 행복한 사람도 있지 않은가. 이런 문제를 겪는 사람 중에는 나이가 그리 많지 않은 사람도 있다.

나는 이 문제가 훨씬 단순하다고 생각한다. 계속 일을 하는 것이나 영원히 젊음을 유지하는 것보다 더 논리적인 해결책이 있다.

돈을 많이 벌어서 지위가 높아진 사람은 스스로 중요하고 의미 있는 사람이 되고 그 상태를 유지하는 데 뛰어나다. 그가 내리는 의사결정이 다른 많은 사람에게 영향을 미치고, 그의 조언을 귀담아 들으려는 사람이 넘쳐난다.

많은 경우에 그는 자신의 행동과 발언, 생각과 감정이 타인에게 중요한 영향을 끼친다는 사실에서 자아상, 자신감, 강한 자부심을 얻는다.

셰인을 생각해보자. 그는 선술집의 메뉴나 운영 시간을 바꾸고, 직원을 채용하면서 동네 사람들의 삶에 직접적으로 영향을 미쳤다. 친구들과의 우정조차도 어떤 면에서 보자면 그가 선술집 주인이라는 사실을 바탕으로 형성된 것이다. 그가 한 일 덕분에 그는 공동체에서 영향력 있는 사람이 되었다.

이 '유의미성relevancy(한 사람의 말과 행동이 타인에게 영향을 미치는 상태를 말하는 것으로, '중요성, 의미, 영향력, 관련성' 등으로 이해할 수 있다-옮긴이)'은 우리가 그것을 유지하는 한 거의 모든 차원에서 우리에게 보람을 가져다준다. 그런데 그것을 잃어버리면? 그로 인한 금단 현상은 고통스러울 수밖에 없다.

진정한 자신감은 우리가 평생 추구해온 유의미성의 정반대 개념에서 나온다. 우리는 '무의미성irrelevancy'을 배우고 숙달해야 한다.

이건 단순히 은퇴의 문제가 아니다. 우리 중 많은 사람은 자신이 사회적으로 중요한 사람이 되어야 한다는 개념에 건전하지 못할 정도로, 궁극적으로는 불행해질 정도로 집착한다. 여러 소방서에 경보가 울릴 정도로 큰 화재에 대응하는 소방관처럼 사방에서 몰아치는 요청, 전화, 휴대전화 알림 소리에 모두 응답하다 보면 우리는 감당할 수 없을 정도로 바빠지고 정신을 못 차리게 된다. 그런데 우리 중 많은 사람의 자신감이 그렇게 자신을 필요로 하는 타인에 의해 좌지우지된다.

커리어가 끝난 뒤에 자신이 타인에게 더 이상 중요하지 않은 사람이라는 사실에 적응하는 일은, 자신이 속한 사회에서 중요한 사람이 되는 것보다 더 중요하다.

일자리를 잃었다고 치자. 우울증에 빠지지 않고서 새로이 닥친 이 유의미성의 부재에 적응하는 능력은 새로운 일자리를 얻을 때까지 꼭 필요한 생존 기술이다. 자신의 팀원들과 사업을 성장시키고 싶어 하는 관리자와 팀장은 자신을 덜 중요한 사람으로 만들어야 한다. 그래야 다른 사람들이 더 중요해지고, 그들 스스로 리더가 될 수 있다.

인생에서 특정한 시점과 특정한 시기에 우리는 덜 중요한 사람이 된다. 이때 중요한 건 바로 이 질문이다. 당신은 그 사실을 아무렇지 않게 받아들일 수 있겠는가?

그저 다른 이의 곁에 앉아 있는 기분은 어떤가? 문제를 해결해주려고 나서지 않고서 상대방의 문제를 귀 기울여 들어줄 수 있는가? 특별한 목적의식 없이 기쁜 마음으로 다른 사람들과 유대를 맺을 수 있겠는가?

전부는 아니겠지만 많은 사람이 자신이 하는 일이 세상에 아무 영향력이 없다는 사실을 알면서도 행복한 마음으로 며칠을 보낼 수 있다. 그렇다면 1년은 어떤가? 10년은?

그런데 이러한 무의미성 속에도 일말의 희망이 있다. 바로 자유다.

우리의 목적의식이 이렇게 변화할 때 우리는 원하는 일을 할 수 있다. 위험을 감수할 수 있고, 용기를 낼 수 있고, 남들이 마음에 들어 하지 않을 아이디어를 제안할 수 있다. 진실하고 진정으로 느껴지는 방식대로 살 수 있다. 달리 말해, 자신이 하는 일이 미치는 영향에 대해 걱정하지 않게 되면 더 온전한 자신으로서 살 수 있다.

무의미성이 반드시 우리의 자신감을 해치는 것은 아니다. 오히려 자신감을 높여주기도 한다. 더 의지할 수 없게 된 외부 강화 요인이 아니라 자신 안에서 성취를 찾아낼 공간이 만들어지기 때문이다.

그렇다면 은퇴처럼 심각한 상황에서도 무의미성을 편안하게 받아들인다는 것은 어떤 뜻일까? 경험을 얻기 위해 어떤 일을 하는 것처럼 단순할 수도 있다. 어떤 활동에서 즐거움을 얻는 것과 그 결과로 즐거움을 얻는 것, 우리 자신의 존재와 우리가 갖는 영향력을 비교해보는 것과 같다고 할까.

다음은 지금 당장 유의미성의 부재를 연습해볼 수 있는 몇 가지 방법이다.

- 이메일은 책상에서만, 하루에 몇 번만 확인하라. 아침에 눈을 뜨자마자 또는 짬 날 때마다 스마트폰으로 이메일을 확인하고픈 충동을 이겨내라.
- 새로운 사람을 만나면 자신이 하는 일을 말하지 말자. 대화를 하는 도중 얼마나 자주 자신을 중요한 사람처럼 보이게 하려 애쓰는지(며칠 전 한 일이라든가, 지금 어디에 가는지, 얼마나 바쁜지 등을 말한다) 자각해보자. 상대와 유대를 맺으려고 이야기하는 것과 자신이 중요한 사람처럼 보이고 그렇게 느끼려고 이야기하는 것의 차이를 느껴보자.
- 누군가가 자기의 문제점을 이야기하면 해결책을 제시하려 들지 말고 귀를 기울여라. 직원들과 이렇게 할 수 있다면 그들이 더욱 유능해지고 주도적으로 일하게 된다는 덤이 따라온다.
- 단 1분이라도 아무 일도 하지 않고 공원 벤치에 앉아 있어보자. 그런 다음 5분, 10분으로 늘려보자.
- 아무런 목표도 목적의식도 없이 낯선 사람과 이야기를 나누어보자(나는 오늘 아침에 택시 기사와 대화를 했다). 다른 이유 없이 그 대화와 상대방 자체를 즐겨보자.
- 아름다운 것을 만든 다음 남한테 보여주지 말고 혼자 즐겨보자. 자신이 관여하지 않고 만들어진 아름다움에 어떤 것이 있는지 생각하고 느껴보라.

문제를 해결하거나 자신의 존재를 증명할 필요 없이 그저 현재에 집중할 때, 단순히 자신의 본모습을 드러낼 때, 무슨 일이 생기는지 알아보라. 주변의 온갖 의사결정, 행동, 결과물에서 자신이 아무 중요성이나 의미를 갖지 못할 때조차도 매 순간 아무 목적 없는 상호작용의 즐거움을 느낄 수 있다.

아무 영향력을 발휘하지 못할 때조차도 나는 나에게 중요한 사람이라는 사실을 인식하자. 그런 다음, 스스로에게 중요해지는 순간 자신감이 자랄 수 있음을 느껴보자.

2장 **어떤 사람이 되고 싶은가**

07
하나의 테마를 찾아라

자기 변화의 길잡이가 될 키워드 찾기

1년에 한 번, 나는 지난해를 돌아보고 다음 해 목표를 세운다. 반복하고 싶은 것은 무엇인가? 바꾸고 싶은 것은 무엇인가? 보통은 바꾸고 싶은 것부터 시작하는데, 그렇게 적은 목록은 아주 길다.

일단 나는 너무 많이 먹는다. 이미 배가 부른데도 계속 먹기 일쑤다. 거의 매끼마다 속이 부대낄 정도가 되어야 식탁에서 일어선다.

매일 한 번에 너무 많은 일에 집중하고, 어떤 일을 하고 나서 다음 일로 빠르게 넘어가느라 집중력이 흩어진 기분이 든다. 내 시간을 어디에 투자할지 전략적으로 선택하기보다 눈앞에 있는 조건에 반응하여 행동한다.

또 인간관계에서도 관계를 깊이 맺지 못하고 거래처럼 취급하고, 사람들을 그 자체로 보지 못하고 '나에게 무슨 일을 해주는가'를 기준으로 가치를 판단한다. 스스로도 그렇게 평가한다. 내 존재 자체보다 실적과 성과를 바탕으로 가치를 매긴다.

글쓰기는 양이 늘어나고 즐기지 못하게 되면서 성급하고 조급해진 느낌이 든다. 이것 말고도 많지만 더 나열하면 지루해질 테니 이쯤에서 그만하겠다.

일반적으로는 나도 우리가 보통 직장에서 하는 계획 수립 과정을 이용한다. 이런 문제점들을 수정하기 위해 해야 할 일을 길게 적어보고, 각 분야에서 내 성과를 높이기 위한 개발 계획도 쭉 나열한다. 그래서 새로운 식이요법을 배웠고, 멀티태스킹 좀 그만하라고 자신에게 다그쳤으며, 인간관계 하나하나를 개선할 계획을 세웠고, 글쓰기를 위한 시간을 따로 떼어놓는 등의 계획을 세웠다.

그러나 개발 계획에는 한 가지 문제가 있다. 과도하게 버겁고 현실과 동떨어져 있다는 점이다. 막판에는 내가 고치고 싶은 10가지 문제에 맞추어 10가지 계획을 세웠는데 거의 진전이 없었다. 한마디로 심했다. 실천하기는 너무 힘들고, 포기하기는 매우 쉬웠다. 성공을 이뤄주지도 못하고 오히려 어렵게 만들었다. 자신감을 키워주기는커녕 오히려 나를 좀먹어 들어갔다. 올해 이 목록을 앞에 둔 나는 지금까지와 다르게 접근해보기로 했다.

일단, 심호흡을 한 번 하고 다시 살펴보니 1년 동안 잘되었던 일을 무시했다는 사실을 깨달았다.

올해는 쉽지 않은 해였지만 감사하게도 결과는 좋았다. 최근에 CEO 고객들에게 피드백을 받았는데 내가 제공한 가치가 그들이 낸 수업료보다 더 컸다고 느끼는 것이 분명했다. 내 책도 잘 팔렸다. 건강도 좋고, 아내 엘리노어와 아이들과 함께 보내는 시간이 너무나도 즐거웠다. 아내와 아이들도 나와 함께 보내는 시간이 행복한 듯했다. 내가 얼마나 운 좋은 사람인가 생각하니 긴장이 풀리고 여유가 생겼다.

그런 다음, 이 성취감을 에너지로 삼아 더 넓은 시각에서 바꿔야 할 것들의 목록을 살펴보며 스스로 물었다.

'여기에서 정말로 중요한 것이 무엇일까?'

내가 하나의 공통된 문제를 찾아낸 건 그 시점이었다. 나는 너무 빨리 움직이고 한번에 너무 많은 일을 하려고 애썼다.

고치고 싶은 각각의 문제에 개별적인 개발 계획을 세우고 달성하려 애쓰는 건 문제를 더욱 악화시킬 뿐이라는 사실을 깨달았다. 일을 더 복잡하게 만들지 말고 단순화 해야 했다.

그래서 내가 바꾸고 싶은 모든 것에 긍정적인 영향을 줄 하나의 개념, 새해를 위한 하나의 테마를 만들었다.

나의 테마는 바로 '천천히'다.

거기에만 집중하면 다른 것은 절로 개선될 것이라고 믿었다. 지금까지는 정말로 그랬다. 식사를 천천히 하니 세 번에 걸쳤던 코스 식사가 손쉽게 하나로 줄어들었고, 음식 맛을 더욱 즐길 수 있게 되었다. 대화 속도를 늦추자 남의 말에 더 귀를 기울이고, 내 말을 줄이고, 상대에게 더 깊이 관심을 갖게 되었을 뿐 아니라, 함께하는 시간을 더 즐길 수 있게 됐다.

내가 단점이라고 생각했던 것이 실제로는 긍정적인 힘을 갖고 있다는 것도 알았다. 천천히 하다 보니 전보다 많은 일을 할 수 없게 되었고, 그러다 보니 어떤 일에 시간을 투자하고 어떤 일을 무시할지 전략적으로 선택하게 되었다. 더 신중해지고, 집중력이 덜 흩어졌으며, 내 일을 온전히 즐길 수 있다. 직관에 어긋나는 것처럼 보이지만 생산성은 더 높아졌다. 자연스레 자신감도 커졌다.

테마를 하나만 정하면 실행하기 쉽고, 기억하기 쉬워서 좋다. 달성하기도 쉽고 계속 유지하기도 쉽다. 딱 하나니까 말이다.

자, 그럼 당신의 한 가지 테마는 무엇인가? 자신의 좋은 점과 자신이 해낸 일을 생각해본 다음 바꾸고 싶은 점을 적어보자. 그러고 나서 그것들을 노려보면 거기에 가장 큰 영향을 미칠 수 있는 하나의 테마가 모습을 드러낼 것이다. 당신은 더 공격적으로 아니면 덜 공격적으로 움직여야 할 수도 있다. 나처럼 속도를 줄여야 하거나, 반대로 빨리 해야 하거나, 자신의 의견을 당당히 밝혀야 하거나, 또는 자신이나 남을 온화하게 대해야 할 수도 있다. 잘 모르겠다면 몇 주 동안 하나를 시도해보면서 무엇이 달라지는지 알아보라.

그런 뒤 매일 아침, 하루 중 여러 시점에 걸쳐 자신의 한 가지 테마를 스스로에게 상기시켜라. 반드시 컴퓨터 화면 보호기로 만들거나, 포스트잇에 적어 거울에 붙여야 할 필요는 없다. 원하면 그렇게 하는 것도 물론 가능하지만 지켜야 할 것은 단 하나에 불과하다. 결과가 더해지면서 그것은 차차 당신의 제2의 천성이 될 것이다.

하나의 커다란 테마를 확실히 정하고 나면 견인력을 보태줄 의사결정을 내릴 필요가 있다. 그것이 자신이 가장 원하는 사람이 되기 위한 노력을 실현하는 방법이다. 스스로 얼마나 훌륭한 사람인지 깨닫고 그것을 단단한 발판으로 삼아 변화를 시작하면 어떨까?

08
자신 안에 답이 있다

당신은 이미 꽤 훌륭하다

집배원이 배달해준 우편물을 훑어보고 있는데 청구서와 광고지들 사이에 엉성한 필체로 쓰인 내게 온 편지 한 통을 발견했다. 글씨는 엉망이었지만 알아볼 수 있었다. 필체가 내 것이기 때문이었다.

처음에는 기억이 안 났지만 봉투를 열어 읽어내려가자, 문득 생각이 났다. 그건 과거의 피터가 미래의 피터에게 쓴 편지였다. 내가 운영하는 리더십 집중 코스에서 참가자들이 자신에게 편지를 쓰고 내가 몇 달 뒤에 그것을 부쳐주는 경우가 있는데, 이번에는 내가 나에게 편지를 쓴 것이었다.

그 편지에는 깊은 생각과 나 자신에 대한 평가, 새로운 계획이

적혀 있었다. 나는 무엇을 감사히 여기는가? 무엇을 개선할 수 있는가?

그것을 읽고 있자니 웃음을 터뜨리지 않을 수 없었다. 내용 전체가 너무나도 낯익었다. 내가 써서가 아니라 그렇게 편지를 쓴 적이 너무 많았기 때문이다. 이전에 몇 년 간격으로 나 자신에게 보낸 편지 뭉치를 찾아 읽어보았다. 내용은 기본적으로 하나같았다.

내가 감사히 여기는 것은 일단 괜찮으니 놔두자. 그러나 새로운 계획은 어떻게 할 것인가? 매번 똑같은 그 계획은 어떻게 해야 제대로 끌고갈 수 있을까?

지금껏 나에게 쓴 편지들을 펼쳐놓고 이 질문들에 대해 생각하노라니 예전에는 생각지 못한 무언가가 서서히 떠올랐다. 내가 감사히 여기는 것들과 내가 바꾸고 싶어 하는 것들 사이에 이 실망스러운 고군분투의 악순환을 벗어날 수 있는 길이 있었다.

'무엇을 개선할 수 있겠는가?'라는 질문을 스스로 던질 때 그 답은 주로 단점, 내가 좋아하지 않는 내 모습에서 나왔다. 예를 들면 나는 말을 너무 많이 하고, 시간을 낭비하고, 너무 빨리 이 일에서 저 일로 넘어가고, 우선순위가 낮은 일에 정신을 자주 파는 것이 문제다.

그래서 개선할 수 있는 점들에 대해 생각해볼 때면 무조건 그것을 반대로 바꾸어보곤 했다. '말을 적게 하고, 생산성을 높이고, 더 천천히 움직이고, 우선순위가 높은 것에 집중해야 한다'라는 식으로 말이다.

단점을 고치려고 노력하는 건 익숙한 일이다. 혼신의 노력을 기울이며 보통은 효과가 있다. 하루 이틀이면 끝난다는 게 문제이지만. 그러고 나면 나는 순식간에 원래의 모습으로 돌아오곤 했다. 이 문제는 앞에서도 이야기한 바 있다. 우리는 거의 항상 자신의 원래 행동으로 돌아온다.

그때부터 곰곰이 생각했다. 원래 자기 모습으로 돌아오는 것이 목표라면 어떨까? 그것이라면 달성할 수 있다. 안 그래도 늘 하던 일이니까. 그렇다면 어떤 과정을 거쳐야 할까?

1. 우선 목표가 무엇인지, 어떤 사람이 되고자 하는지 알아야 할 필요가 있다. 내 목표는 앞에서 말했듯이 '천천히 하기'라는 하나의 테마를 실행하는 것이다.

2. 그런 다음, 핵심은 예전의 어떤 행동으로 돌아와야 하는 것인지 곰곰이 생각하는 것이다. 바로 여기에서 '나는 무엇에 감사하는가?'라는 질문이 필요하다. 내가 감사히 여기는 것들이란 정의상 내가 살면서 이미 가진 것들이다. 나는 온전히 집중하여 가족과 함께 보내는 시간에 감사한다. 글을 쓸

때 느끼는 집중력에 감사한다. 다른 사람의 잘못을 고쳐주거나 그 상황을 해결해줘야겠다는 생각 없이 완전히 남의 말에 몰입해 경청하는 순간에 감사한다. 나 자신과 내 사업에 무엇이 중요한지 지난해에 내가 얻은 명확한 깨달음과 그 분야에 내가 집중하여 투자한 시간에 감사한다.

달리 말하면 나는 개선하고 싶어 하는 일을 이미 하고 있는 셈이다. 실제로 이것은 나의 오래된 행동이며 습관이기도 하다.

다른 사람의 잘못을 고쳐주거나 그 상황을 해결해줘야겠다는 생각 없이 완전히 상대의 말에 몰입해 경청하는 순간에 나는 말을 덜 하게 된다. 글을 쓰는 동안 집중할 때면 더 천천히, 더 신중하게 움직인다. 가족에게 집중한 순간은 단 1분도 낭비한다는 기분이 들지 않는다. 집중할 분야에 시간을 투자할 때에는 내가 최우선으로 여기는 일을 하는 셈이다.

이런 맥락에서 개선의 길이 수월한 건 아닐지 몰라도 익숙하기는 할 것이다. 그러한 점을 아는 것만으로도 차이가 생겨났다. 그렇게 자신감은 더욱 쌓여간다.

자신의 테마, 그것을 현실로 만들기 위해 개선하고 싶은 것들을 곰곰이 생각해보라. 장담컨대 최소한 몇 군데에서만큼은 당신이 감사히 여기는 것들이 개선하고 싶은 부분을 그대로 반영할 것이다. 이는 곧 개선으로 가는 길이, 당신이 불만으로 여기는 것이 아니라 기쁨으로 여기는 것 속에 숨어 있다는 뜻이다.

당신은 이미 열망하는 방식대로 살아가고 있을 것이다. 늘 100 퍼센트는 아니더라도 어느 정도는 그럴 것이다. 밑바닥부터 시작하는 것이 아니라 중간 어디쯤에서 위로 올라가는 것이다. 개선의 간극을 좁히는 데에는 무엇보다 일관성이 중요하다.

당신이 감사히 여기는 순간에 당신은 어떤 사람인가? 어떤 모습을 보이는가? 무슨 일을 하는가? 남에게 어떤 행동을 하는가? 감사의 순간으로 돌아가서 당시 자신의 모습을 현재로 가져오자.

과거에 이미 해본 적 있는 일을 스스로 떠올리는 것은 미래에 해본 적 없는 낯선 행동을 시작하는 것보다 훨씬 합리적인 행동 변화의 방법이다. 이렇게 하면 훨씬 더 그럴듯하게, 합리적으로 실행할 수 있을뿐더러 반복과 유지가 가능하다.

이때 당신은 새로운 것을 창조하는 것이 아니라 과거의 경험을 기억하는 것이다. 당신은 이미 당신이 원하는 그 사람이다. 여기에 조금만 집중력을 발휘하면 더 발전할 수 있다.

09
늘 미래의 자기 모습을 그려보라

앞으로 나아가기 위해 자신에게 집중하는 법

나는 앞으로 나아가지 못한다며 좌절한 IT기업의 리더 산제이를 코칭하던 중이었다. 그는 자신의 커리어에서 원하는 위치에 도달하지 못했다.

늘 그랬듯 그는 현재 겪는 어려움을 의논할 만반의 준비를 마치고 우리의 코칭 세션을 찾았다. 이번에는 직원과 임금 및 보상에 관한 대화가 코칭 주제였다. 자신의 계획을 설명하는 그에게 몇 분간 귀를 기울인 뒤 나는 그의 말을 끊고 물었다.

"산제이, 이런 대화는 전에도 해본 적 있죠?"

"네." 그가 대답했다.

"대체로 어떻게 하는지는 다 아시죠?"

"네."

"좋아요. 그럼 다른 얘기를 해봅시다."

"하지만 이게 지금 제 머릿속에 가득 찬 건데요. 당신과 함께 생각해보면 도움이 돼요." 그가 대꾸했다.

"도움이 된다니 기쁘네요. 하지만 제가 당신에게 단순히 도움이 되는 것으로는 부족하지 않나요? 제가 당신을 바꾸어주기를 바라잖아요. 그런데 지금 머릿속 일에만 집중하는 걸로는 그렇게 할 수가 없어요."

알겠는가? 산제이가 앞으로 나아가지 못하는 이유, 많은 이가 똑같이 느끼는 이유는 우리가 해당 시점에 당면한 일에만 집중하기 때문이다.

한편 우리 대부분이 가장 원하는 것은 앞으로 나아가는 것, 우리가 원하는 사람이 되고, 우리가 가진 커다란 목표를 현실로 만드는 것이다. 그런데 정의상, '현재'에 집중하다 보면 우리는 한 자리에 머무를 수밖에 없게 된다. 물론 나는 산제이가 더 나은 '현재의' 산제이가 되도록 도와줄 수 있다. 그러나 그가 성공적인 '미래의' 산제이가 되도록 도와준다면 훨씬 더 큰 영향력을 발휘할 수 있을 것이다.

우리는 하루 종일 바쁘다. 해야 할 일 목록에서 몇 개라도 더 지워내겠다는 일념으로 멀티태스킹하며 쉬지 않고 일한다. 그러나 해가 질 때까지 정작 가장 중요한 일은 마치지 못한다.

바쁜 것과 생산적인 것은 다르다. 마치 러닝머신 위를 달리는 것과 일정한 목적지를 향해 달리는 것의 차이와 같다. 두 가지 모두 달리는 것이지만 그저 바쁜 것은 제자리에서 달리는 것과 같다.

생산적인 사람이 되려면 가장 먼저 이 질문을 던져야 한다.

'나는 어떤 사람이 되고 싶은가?'

하나 더 있다.

'나는 어디로 가고 싶은가?'

이런 질문에 답을 하는 것은 곧 어떤 방향으로 성장함을 뜻한다. 그런 목표를 추구하는 데 모든 시간을 바칠 수는 없지만 시간을 전혀 투자하지 않는다면 당연히 그곳에 이르지 못할 것이다.

작가가 되고 싶다면 글을 쓰는 데 시간을 투자해야 한다. 영업 관리자가 되고 싶다면 단순히 영업만 해서는 안 된다. 관리자로서 알아야 할 기술도 개발해야 한다. 새로운 기업을 시작하거나, 신제품을 출시하거나, 새 그룹을 이끌고 싶다면 필요한 기술과 경험을 계획하고 쌓는 데 시간을 투입해야 한다.

핵심은 이것이다. 현재 해야 할 중요한 일이 많다 하더라도, 기울이는 노력에 걸맞는 보상이 즉각 돌아오지 않더라도, 미래에 시간을 투자해야만 한다. 달리 말해, 생산성을 높이려면 우스꽝스러울 정도로 비생산적으로 보이는 일에 시간을 투자해야 한다.

나는 글쓰기 기술을 키우고 싶다. 그래서 매일 아침 5시 30분에 일어나 소설을 쓰기 시작했다. 그러나 불행히도 나는 정말 형편없는 소설가다. 그래서 소설을 쓰는 시간이 괴로울 정도로 비생산적으로 느껴진다. 그렇게 쓴 글은 팔 수도 없고, 쓸 데도 없고, 누구한테 보여줄 수도 없다. 솔직히 말해 그것을 소리 내어 읽기조차 못 견디게 괴롭다. 실제로 해야 할 일이 너무나도 많은데 지금 내 문제와 아무 상관도 없는 일을 하느라 잠자는 시간까지 줄여야 한다는 건 정당화하기가 불가능에 가깝다. 지금 당장 걱정되는 일을 치워두고 아직 목전에 닥치지 않은 다른 문제에 집중하라는 내 말을 듣고 고객들이 이런 기분을 느끼리라는 것은 나도 안다. 내가 많이 듣는 질문이 있다.

"정말로 지금 당장 해야 하는 일은 어떻게 해요? 미래의 자신에 집중할 공간을 만들려면 먼저 산더미같이 쌓인 이메일, 당장 나눠야 할 대화, 프로젝트 계획부터 처리해야 하지 않나요?"

아니, 절대 아니다.

그건 아직은 잘 못하는 일, 아직은 생산적이지도 않은 그 겁나는 일을 미루도록 당신의 현재 자아가 부리는 술수일 뿐이다. 때로는 미래의 자신을 앞으로 나아가게 하기 위해 지금의 어려움에 무심하게 대응해야 할 필요도 있다. 현재의 자아는 거들떠보지 말고 잠시 그대로 놔둬야 한다. 지금 눈앞에 있는 일은 어디가는 법도 없고 절대 끝나지 않는다. 바로 그것이 '현재'라는 것의 본성이다.

받은메일함을 말끔히 비울 수 없을지도 모른다. 직원들과 보상에 대해 완벽한 대화를 나누지 못할 수도 있다. 모두를 행복하게 할 수도 없다. 그러나 당신의 코치로서 나는 당신이 그런 일들을 충분히 잘해내리라고 자신한다.

내가 걱정하는 건 다른 일이다. 시간이 없어서, 급하지 않아서, 또는 너무 힘들거나, 위험 부담이 크거나, 겁나서 영영 하지 못하는 엄청나게 중요한 그 일 말이다. 그것이 내가 도와주고 싶은 일이다. 그것이 당신이 원하는 사람이 되도록 이끌어줄 일이다.

산제이는 미래의 자기 모습에 집중한다는 아이디어를 무척 반기면서도 거부감을 느꼈다. 그것이 현재의 문제를 해결하는 것만큼 신나게 느껴지지 않기 때문이다. 그는 아직 그 일에 숙련되지 못했다. 그것이 바로 그게 그의 미래인 이유다.

바로 그가 그 일에 집중할 필요가 있는 이유이기도 하다. 그렇게 하기 위해서는 (그도 우리도) 에너지를 현명하게 투자할 필요가 있다.

10
전략적이고 의도적으로 행동하라

에너지를 영리하게 사용하는 5단계

그건 열띤 정치적 대화였다. 솔직히 지금은 무엇에 관한 것이었는지조차 기억나지 않는다. 기억나는 건 그것이 열띤 대화였고, 불만스러웠으며, 대단히 피곤했다는 사실이다.

몇 시간이 지났지만 아직도 그 생각이 나서 짜증이 가라앉지 않았다. 한편으로는 상대편의 시각이 마음에 들지 않았고 심지어 그녀의 사고방식마저 싫었다. 또 내가 보인 반응과 그녀와 말다툼한 방식이 몹시도 싫었다. 머릿속에서 그 대화를 반복하자니 한 가지 생각이 떠올랐다.

'이건 이 정도로 에너지를 쏟을 가치가 없어.'

이런 생각은 매우 중요하다. 왜냐하면 내게는 낭비할 에너지가 없기 때문이다. 아마 그건 당신도 마찬가지일 것이다.

얼마 전《당신은 완전히 충전됐습니까? Are You Fully Charged?》의 저자 톰 래스 Tom Rath 와 대화를 나누었다. 그는 1만 명이 넘는 사람에게 "어제 신체적 에너지가 상당히 많았습니까?"라고 물었는데 그렇다고 대답한 사람이 11퍼센트에 불과했다고 말해주었다. 그건 곧 우리 중 89퍼센트나 되는 사람이 얼마 되지 않는 에너지를 가지고 움직인다는 뜻이다.

여기에는 두 가지 의미가 있다. 에너지 탱크를 자주 가득 채워야 한다는 뜻이고, 또 에너지를 더 전략적으로 써야 한다는 뜻이다. 우리의 가장 중요한 일과 삶의 경험에 가장 강력하고 가장 생산적인 에너지를 쏟아부어 우리가 정말 원하는 사람이 되려면 이 중 하나, 혹은 두 가지 모두가 대단히 중요하다.

에너지 탱크를 가득 채우는 방법은 이미 많은 저자가 다루었다. 나는 하루 8시간을 자고, 몸에 좋은 음식을 먹고, 배가 부르면 숟가락을 내려놓고, 매일 운동을 하면 에너지가 늘어나는 것을 느낀다. 애정 어린 인간관계를 맺고, 나보다 거대하고 숭고한 대상과 접촉하고, 감정적으로나 지적으로 어떤 대상에 집중하는 것도 내 에너지를 높여주었다.

달리 말해 나는 어떻게 하면 내 탱크를 채울 수 있는지 안다. 아마 당신도 당신의 탱크를 채우는 법을 알 것이라 믿는다.

문제는 에너지를 얼마나 전략적으로 쓰느냐다. 나는 별로 그렇지 못하다.

대화할 때 나는 항상 내 생각을 잘 이야기한다. 아니, 대화가 시작되려는 조짐만 보여도 종종 내 생각을 이야기한다. 나는 우리 조직에서 다른 사람들이 할 수 있는 것보다(해야 하는 것보다) 훨씬 더 많이 일한다. 다른 사람들이 나만큼 잘, 혹은 나보다 더 잘 내릴 수 있는 의사결정에도 꾸역꾸역 관여한다. 의사결정을 내릴 때는 수시로 지연시키며, 정답이 없는 상황에서도 완벽한 결정을 내리려고 아등바등한다. 아, 이메일은 쉬지 않고 확인한다.

이건 내 에너지 소비 패턴에서 빙산의 일각에 불과하다. 눈에 안 보이지만 에너지를 훨씬 더 새어나가게 하는 것은 따로 있다. 좌절과 마음의 상처를 합당한 기간 이상으로 오래 붙들고 있다거나, 내가 통제할 수 없는 일의 결과를 애면글면 걱정한다든가 하는 것들 말이다.

이런 것에 주의를 집중하자 내가 에너지를 얼마나 경솔하게, 분별없이 썼는지 깨달을 수 있었다. 그것은 나와, 내 자신감과, 미래의 나에게 엄청난 장애물이었다.

이는 생각해볼 가치가 있는 일이다. 에너지를 현명하게 쓰는 것은 현재 우리의 생산성, 행복, 자신감의 원천이기 때문이다. 우리가 원하는 사람이 되기 위한 열쇠다.

내가 에너지를 현명하게 투자하는 경우는 글을 쓸 때, 경청할 때, 전략을 세울 때, 가르칠 때, 생각할 때, 계획을 세울 때, 선택적으로 결과물을 염두에 두고 의견을 제시할 때, 마지막으로 중세 유대인 현자 마이모니데스의 조언 "결정을 못 내리고 주저하는 두려움보다는 잘못된 의사결정의 위험이 낫다"를 따라서 신속하게 의사결정을 내릴 때다.

단순히 생산성 때문이 아니다. 나는 즐거운 일에도 기꺼이 에너지를 투자한다. 아이들과 함께하기, 책 읽기, 친구와 흥미로운 대화 나누기, 재미를 위해 새로운 것 배우기 등이 이에 속한다. 이런 일들은 내 정체성에서 큰 부분을 차지하고, 미래로 나아갈 때도 계속 내 삶에서 큰 부분을 차지할 것이다.

중요한 것은, 자신에게 가장 중요한 일에 에너지를 투자하고 자신이 진정 원하는 사람이 될 수 있도록 어디에 에너지를 쏟을지 전략적이고 의도적으로 판단하는 것이다. 그 방법은 다음과 같다.

1. 어디에 에너지를 쓰는지 알아채라

당신은 에너지를 어디에 쓰는가? 나는 하루 중 아무 때고 몇 번씩 전화가 울리게 해놓고 그 순간에 내가 에너지를 눈에 보이게 쓰는지(일하기) 눈에 보이지 않게 쓰는지(생각하기) 확인하기 위한 알람으로 삼는다. 에너지라는 렌즈를 통해 삶을 바라보면 모든 걸 다르게 보게 된다. 그저 이 간단한 에너지 체크만으로도 내 습관이 달라졌다.

2. 무엇이 자신에게 중요한지 알라

삶에 가치(기쁨과 생산성)를 가져다주는 일이 무엇인지 알아야 에너지를 어디에 쓸지 현명하게 결정할 수 있다. 앞에서 말한 정치적 논쟁을 기쁘게 느끼는 사람이 있을 수 있다. 그런 경우라면 에너지를 아주 잘 사용한 것이다. 나는 잘못 사용했지만 말이다.

3. 에너지를 현명하게 쓰도록 계획을 짜라

어떤 것이 자신에게 가장 중요한지 알고 나면 그것이 최대한 삶에 많이 들어가도록 계획을 짜라. 말 그대로 달력에 적어 넣어라. 중요한 일로 달력을 가득 채워 에너지를 낭비하는 일이 밀려나게 만들어라. 이 '밀어내기'는 생각에도 똑같이 적용된다. 정신적 에너지를 어디에 쓰고 싶은가? 나는 괴로운 일이나 사람을 떠올리며 쓸데없이 고민할 때 쓰는 에너지가 가장 아까웠다. 그러나 어떤 일에서 무엇을 배울 수 있을지 생각하는 것은 언제나 바람직한 에너지 사용의 사례였다. 배우려는 자세로 투덜거리는 마음가짐을 밀어내라. 잠자리에 들기 전 그날 겪은 일에서 통찰을 얻기 위한 시간을 마련하는 것은 놀라울 만큼 귀중한 경험이다.

4. 무엇보다도, 어디에 에너지를 쓰지 않을지 미리 계획하라

자신의 에너지를 알면 무의미하게 에너지를 낭비시키는 일들이나 사고방식을 명확히 알아보게 될 것이다. 어떤 일이나 생각을 중간에 멈추기는 놀라울 만큼 어렵고, 애초에 시작하지 않는 것이 훨씬 덜 괴롭다. 텔레비전 프로그램을 보다가 중간에 끄는 것보다 아예 텔레비전을 켜지 않는 것이 얼마나 더 쉬운지 생각해보면 안다. 자신을 화나게 하고 아무 결론도 내지 못할 것을 아는 대화는 시작하지도 마라.

5. 에너지 쓰는 일을 너무 오래 생각하지 마라

한 번에 모든 걸 제대로 해낼 필요는 없다. 그저 어제보다 조금 나아지면 된다. 에너지 사용을 최적화하겠다고 법석을 떨다 보면 오히려 에너지가 소모된다. 쓸모없는 대화에서 빠져나오고, 시답잖은 이메일 답장을 하나 더 줄이고, 머릿속을 떠나지 않는 생각 하나를 버리면, 에너지를 더 똑똑하게 투자할 수 있다.

위의 마지막 요점은 중요하다. 진정한 자신이 되려면, 즉 자신감을 쌓으려면 과도한 노력을 하지 않는 것이 중요하다. 진정한 모습을 찾다가 자신을 잃어버리는 일이 벌어질 수도 있기 때문이다. 지금부터 그런 일을 막는 법에 대해 살펴보자.

11
자신을 찾느라 너무 애쓰지 마라

일과 휴식 사이에 경계를 만드는 법

우리의 식사 주문을 받던 웨이터가 중간에 매니저의 호출을 받아 가버렸다.

"웨이터 아저씨가 어디 간 거야?"

당시 7세였던 딸 소피아가 물었다. 그러자 당시 5세였던 아들 대니얼이 나를 쓱 쳐다보더니 대답했다.

"전화 회의 하러 간 것 같아."

그런 대니얼의 깜찍한 분석을 듣기 훨씬 전부터 나는 내게 문제가 있다는 걸 알았다. 그렇다. 나는 일을 멈출 수가 없었다.

사무실을 집으로 옮긴 건 가족과 더 많은 시간을 보내고 싶어서였다. 그러나 이제는 집 안에 있는 사무실을 벗어나질 못한다. 저녁을 먹거나 아이들이 자기 전에 이야기를 들려주기 위해서만 잠깐 그곳을 나섰다가 '두어 가지만 얼른 끝내기' 위해 금세 다시 돌아가곤 한다. 나는 일을 사랑한다. 그러나 이젠 감당할 수 없을 지경에 이르렀다.

나는 쉬고, 소설을 읽고, 좋아하는 사람들과 어울릴 시간이 절실히 필요했다. 진정한 자신감은 일정 부분 균형 잡힌 인간이 되어야 나온다. 그런데 바쁜 일은 해야 할 일 목록에서 여러 가지를 지워주고, 생산성을 증명하며, 자기 가치와 자신감을 높여주겠다는 거짓된 약속으로 자꾸만 나를 산더미 같은 업무의 바다로 끌어들였다.

불행히도 업무에 끊임없는 접근이 가능해지면서 우리는 심리적으로 더욱 약해져만 갔다. 이제는 누구나 잘 안다. 기술이 발달하면서 노트북, 스마트폰, 이메일 덕분에 답답한 사무실에서 벗어나 자유로워질 것이라 기대했는데 사실은 그것이 역효과를 낳았다는 걸, 이제 어디를 가든 사무실이 우리를 따라온다는 걸 말이다.

우리는 경계를 잃고 말았다. 전에는 공간이 자연스레 경계를 만들어주었다. 사무실을 나서면 자연히 일도 뒤에 남았다. 그러나 이제 사무실에 벽이 없어져버렸다. 새로운 벽이 필요하다.

지난 금요일 밤 이야기를 해보겠다. 식탁이 예쁘게 차려졌다. 우리 집에서 가장 좋은 흰색 식탁보, 은촛대, 돌돌 꼬인 모양의 빵, 은으로 만든 잔(몇 잔은 와인, 몇 잔은 포도주스가 담겨 있었다), 맛있는 냄새를 풍기는 음식까지. 우리는 키뒤시^{Kiddush}(안식일이나 축제를 시작하는 유대인의 기도-옮긴이)로 유대인 안식일을 시작하는 중이었다.

키뒤시 기도에는 하느님이 6일에 걸쳐 세상을 창조하고 7일째 되는 날에 안식을 취하셨다는 이야기가 나온다. 촛불을 켜고 키뒤시 기도를 하는 건 7일째 날에 휴식을 취하겠다고 약속하면서 평범한 일상의 시간에서 성스러운 시간으로 이동함을 표시하는 것이다.

가족과 친구들과 함께 먹음직스러운 식사 앞에 앉아 있을 때에는 이메일을 확인하거나 전화를 받을 생각조차 하지 않는다. 마침내 바쁜 한 주가 끝나고 마음에 여유를 갖는다. 교리를 중시하는 유대인은 안식일의 24시간 동안 일과 조금이라도 관련된 것은 100퍼센트 연결을 끊는다. 나는 연결을 끊은 동안에도 세상은 돌아가지만, 그렇다고 해서 나중에 따라잡기가 어렵지 않다는 사실을 느꼈다.

금요일 밤의 키뒤시는 이를테면 안식일에 '출근 도장'을 찍는 것과 같다. 그런 다음 토요일 밤에는 안식일의 끝을 의미하는 하브달라('분리'라는 뜻이다)라는 다른 의식을 갖는다. 하브달라는 안식일의 '퇴근 도장'이라고 할 수 있다.

이렇게 시간을 기반으로 한 의식이 필요한 것은 안식일이 공간과는 관계가 없는 시간 개념의 경험이기 때문이다. 어디에 있든 안식일이 시작되면 이를 지킨다.

달리 말해 물리적인 벽은 아무 상관이 없다는 뜻이다. 유대인은 돌이 아닌 의식으로 만들어진 상징적인 벽에 의지하여 일과 휴식을, 일상과 신성의 시간을 구분한다. 물리적인 사무실 밖으로 나가든, 물리적인 벽이 무너지든 상관없이 말이다.

생각이 여기까지 이르자 일과 여가를 구분하려면 출퇴근 도장을 찍는 의식같이 일종의 표식이 필요하다는 사실을 깨달았다. 내가 원하는 모습이 되기 위해 바쁘게 일하는 와중에도 나 자신을 지킬 수 있는 방법 말이다.

일하는 날의 시작을 표시하기 위해 나는 우선 촛불을 켜고, 늘 진실하게 행동할 수 있는 가르침과 힘을 주십사 하는 짧은 기도를 올린다. 하루가 끝나면 다시 촛불을 켜고 머릿속에서 그날 하루를 되돌아보며 간단한 감사의 기도를 드린다.

다음 날 아침 아이들이 등교하기 전까지는 절대 '출근 도장'을 찍지 않는다. '퇴근 도장'을 찍은 다음에는 다음 날 아침 다시 촛불을 켤 때까지 일에 손도 대지 않는다. 내가 감사의 기도를 올린 다음 누군가 내게 이메일을 보냈다면 나는 다음 날 가르침을 구하는 기도를 할 때까지 그것을 읽지 않을 것이다.

당신도 자신만의 의식을 정해보라. 물론 반드시 종교적일 필요는 없다. 자신에게 건네는 간단한 말을 정해도 좋고 좋아하는 노래를 듣거나, 다이어리에 글을 적거나, 명상을 하거나, 종이에 간단하게 표시를 하거나, 어떤 물건의 자리를 옮기는 등 일과 여가를 구분할 수 있다면 무엇이든 좋다.

의식에 따라 일을 마친 뒤에는 확실히 손을 떼라. 컴퓨터와 스마트폰을 내버려두고 삶을 즐겨라. 사실 이것은 업무에도 도움이 된다. 다음 날 다시 일을 시작할 때 생기가 더 돌 것이고, 정한 시간 내에 일을 끝내야 함을 알기에 더 생산적으로 움직이게 되며, 일과 관련되지 않은 아이디어를 업무에 녹여넣으면서 창의력을 더 발휘할 수도 있다.

며칠 전 대니얼과 소피아의 방에 들어갔더니 대니얼이 누나가 판지로 만들어놓은 장난감 노트북으로 키보드 치는 시늉을 하고 있었다.

"대니얼, 뭐 하니?"

"1분만요. 거의 다 끝났어요."

아이가 판지 노트북에서 고개도 들지 않은 채로 계속 타이핑을 하며 내게 대꾸하는 것 아닌가. 웃음이 터져나올 것 같으면서 동시에 서글퍼졌다.

"그럼 기다릴게. 일 다 끝나면 우리 둘 다 컴퓨터 끄고 오늘밤은 치워 놓자꾸나. 알았지?"

나는 가까스로 대답했다.

우리의 행복한 삶이 여기에 달려 있다.

우리가 바른 길을 가고 있는지 어떻게 알까? 우리가 원하는 모습으로 성장하면서 자신의 모습을 지키는 법이 무엇일까? 바로 우리가 견인력을 얻고 있는지 측정하는 것이다. 이제 아주 참신한 측정 기준을 하나 제시하고자 한다.

12
매 순간에 온전히 집중하라

웃음이 성공의 측정 기준인 까닭

벌써 30번도 넘게 따라 해본 요가 비디오를 보며 요가를 하던 중이었다. 루틴을 잘 알고 있었기에 보통은 각종 자세를 취하면서 박자에 맞춰 숨을 쉬고, 각 동작의 세세한 차이를 느끼고, 정신과 몸의 명상으로 빠져드는 데 어려움이 없었다.

그런데 이번에는 평소와 너무나도 달랐다. 정신이 자꾸만 다른 데 팔리는 건 물론, 동작이 어설프고 자꾸만 헷갈렸다. 다리를 바꾸지 않고 한쪽만 '전사 1 자세'를 두 번 했다. 독수리 자세에서는 균형을 잃었다. 스탠딩 스플릿standing split(한쪽 다리를 위로 올리고 한 다리로 선 자세-옮긴이)을 하다가 고개를 들어 영상을 보았을 때 내가 두 자세나 뒤처졌다는 걸 깨달았다.

최악인 건 그날 내 몸 상태가 아니었다. 태도와 기분이었다. 스트레스 받고, 짜증이 나고, 불안했다. 내가 요가에서 원하는 성과와는 거리가 멀었다. 나 자신에 대한 인식에 전혀 도움이 되지 않았으니 내 자신감을 깎아먹기만 했다.

문제가 뭐였을까? 나는 요가만 한 것이 아니다. 텔레비전도 동시에 보았다.

그건 어머니와 나눈 대화 뒤 시도한 일종의 실험이었다. 어머니의 저녁 약속에 대해 이야기하고 있었는데 어머니는 만날 때마다 기분이 좋아지는 한 부부를 만날 예정이라고 하셨다. 그 사람들이 왜 좋으냐고 물었더니 어머니는 이렇게 대답하셨다.

"정말 잘 웃는 사람들이거든. 그게 마음에 들어. 요즘엔 사람들이 예전만큼 잘 웃지 않아."

어머니 말씀이 뇌리에 남았다. 그 말이 옳았다. 우리는 예전만큼 잘 웃지 않는다.

그 일에 대해 곰곰이 생각하다가 나는 하나의 가설을 세웠고 이를 시험해보기로 했다. 잘 웃지 않는 이유가 우울이 아니라 주의를 집중하지 못하고 산만하기 때문이라고 말이다. 웃음이란 주의가 흐트러졌을 때 쉽게 일어나는 일이 아니다.

멀티태스킹은 분명 생산성 부분에서 불리한 면이 있다. 내 요가 실험과 무수히 많은 연구 결과가 보여주듯 한 번에 여러 가지 일을 하려고 하면 효율과 생산성이 급격히 떨어진다.

그런데 어머니 말씀은 멀티태스킹의 부정적인 면을 잘 보여준다. 바로 정서적인 영향이다.

주의가 흐트러지면 기쁨이나 즐거움을 느끼기가 불가능하다. 분노, 좌절, 짜증 같은 감정은 당연히 쉽게 표출된다. 아니, 오히려 멀티태스킹이 그것들을 더욱 부추긴다. 그렇다면 웃음은? 그것은 거의 불가능하다.

이것은 왜 중요할까? 더 웃든 덜 웃든 그것이 정말로 그렇게 중요한가? 이것이 리더십과는 무슨 상관인가?

웃음은 리더십에 전적으로 영향을 미친다. 내 요가 실험이 첫 번째 시도는 아니었다. 그 전에는 텔레비전을 보면서 엑셀 시트에 신용카드 사용 내역을 정리한 적이 있다. 그저 셀 하나에서 숫자를 끌어다가 다른 셀에 붙이기만 하면 됐다. 언뜻 보면 집중할 필요도 없는 쉬운 일 같다. 그러나 집중해서 할 때보다 시간이 네 배는 더 걸린 것은 물론, 짜증은 더 늘어났다. 직원이 질문을 하러 내 사무실에 들어왔을 때에는 버럭 성질을 내기까지 했다. 그런 내가 정말로 싫었다.

그건 자신감과 관련된 문제다. 웃지 않는다는 건 삶과 우리의 조직에 큰 피해를 야기하는 문제의 한 증상이다.

우리가 웃지 않는 것은 그 순간에 온전히 집중하지 않기 때문이다. 물리적으로는 한 장소에 있지만 정신적으로는 사방을 헤맨다. 최근에 한 전화 통화를 떠올려보고 통화하는 동안 동시에 다른 어떤 일을 했는지 생각해보라. 운전 중이었는가? 인터넷을 검색했나? 이메일을 읽고 삭제했나? 다른 사람에게 문자를 보냈나? 우편물을 정리했나? 아니면 집 공사, 최근 누군가와 했던 말싸움, 영영 끝나지 않는 할 일 목록 등 통화 주제와 관련 없는 다른 문제를 생각했던 건 아닌가?

안타깝게도 매 순간에 온전히 집중하는 것은 우리의 바쁘고 혼란스러운 삶 속에서 완전히 뒷전으로 밀려나고 말았다. 내가 이 이야기를 꺼내자 한 친구가 이렇게 반문했다.

"어떤 사람들은 한 번에 하나 이상의 일에 집중하는 데에서 강렬한 기쁨을 누리지 않나? 그러면 프레젠테이션처럼 복잡하고 다차원적인 활동은?"

친구 말이 맞다. 나는 프레젠테이션 하기를 무척 좋아한다. 프레젠테이션을 할 때에는 무수히 많은 것을 동시에 생각한다. 발표 내용, 발표 스타일, 방 안에서 느껴지는 에너지, 농담을 곁들여야 할 타이밍, 언짢아 보이는 맨 앞줄의 사람, 남은 시간 등.

그러나 내가 이 모든 변수가 가져다주는 흥분감을 좋아하는 건 최고로 집중력을 발휘하도록 해주기 때문이다. 당장이라도 전투에 뛰어들 태세가 되어 있고, 모든 감각은 날카로워져 있으며, 무엇이든 해낼 수 있다. 그렇다. 한 번에 여러 가지 일을 하고는 있지만 이것들이 모두 관련되어 있는 것이다. 이런 일은 자신 감을 더욱 높여준다.

복잡하고 다차원적인 활동이 큰 기쁨을 가져다주는 건 그것이 고도의 집중을 요구하기 때문이다. 이때는 우리가 해내는 모든 일이 서로 연관되어 있다. 문제가 생기는 건 대화와 이메일처럼 아무 상관 없는 여러 가지 일에 동시에 집중하려 할 때다.

좋은 소식이 있다. 해결책은 바로 '재미'다.

성취를 중시하는 사람으로서 개인적으로 시도해볼 만한 것을 하나 제안하겠다. 하루에 웃는 횟수를 늘려보라. 쿡쿡 웃는 정도가 아니라(이건 도전할 만한 목표가 아니다) 껄껄 소리를 내며 진짜로 웃는 것 말이다. 3회든 8회든 20회든 횟수를 정한 다음 정말 그 목표를 달성하려고 노력해보자.

미친 짓처럼 보일지도 모른다. 그러나 한번 생각해보라. 조직에서는 성과를 높여준다는 온갖 일을 측정하고 계량한다. 웃음 횟수를 세어보는 것 정도는 뭐 어떤가? 최소한 웃는 습관이 정착할 때까지라도 해보는 거다.

웃음이 재미있는 점은 억지로 할 수가 없다는 것이다. 여러 조건이 맞아야만 웃음이 나온다. 우리가 자신을 편안하게 느끼고, 자신감이 있고, 안정되어 있고, 지금 하는 일에 집중해야만 그런 조건이 맞는다.

어떻게 하면 자주 웃을 수 있을까? 더 잘 웃을 수 있는 조건을 만들어라. 한 번에 한 가지 일만 하고, 그 일에 온전히 집중하라. 지금 하는 일과 관련 없는 다른 생각이 떠올라서 잊어버릴까 걱정이 되거든 간단히 적어놓았다가 나중에 온전히 그것에 집중할 수 있게 되면 그때 시작하라. 지금 앞에 있는 일 말고 다른 곳에 집중력을 퍼뜨리지 마라.

1부에서 이야기했던 모든 일을 서서히 시작해보자. 자신감을 키우고, 주변 상황이 어지러워도 자기 자리를 지키고, 자신의 모든 면에 호기심을 유지하고, 스스로에게 연민을 보이고, 자신에게 감사하라. 미래에 대해 명확한 시각을 갖고, 이미 가진 것에 감사하며 미래를 준비하라. 에너지를 현명하게 투자하라. 그러면 자신감을 더욱 키우고 자신이 원하는 사람에 더 가까워질 수 있다.

이런 것들이 우리를 더욱 생산적이고 힘 있는 사람으로 만들어준다는 것은 다들 이미 안다. 그것이 우리에게 웃음과 기쁨도 가져다준다니 반갑지 않은가.

LEADING
WITH
EMOTIONAL
COURAGE

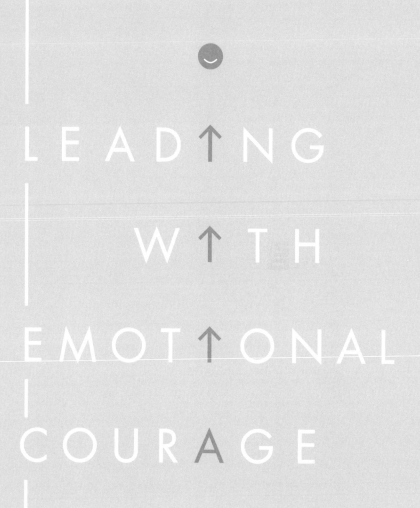

ㅣ2부

사람들과 유대를 맺는다

중요한 일을 진전시킬 수 있는 능력은 다른 사람들과 유대를 맺고, 그들에게 영감을 불어넣고, 그들의 행동에 동기를 부여하는 힘과 직접적으로 연관되어 있다. 1부에서 키운 자신감은 당신에게 단단한 기반과 자아 인식, 미래를 바탕으로 한 방향을 제시해주었다. 이것은 다시 자신의 기반을 단단히 만들어 다른 사람과 유대를 맺도록 도와주고, 그 과정에서 자아를 잃지 않도록 해줄 것이다.

우리는 다른 사람들을 깊이 있게 보고 감사히 여김으로써 그들에게 충성심과 헌신하는 마음을 심어줄 관계를 개발해야 한다(그들도 나를 깊이 있게 봐주고 내게 감사하면 금상첨화다). 이런 매우 현실적인 인간관계의 맥락 안에서야 비로소 하기 힘든 대화를 하고, 사람들이 반대할 수 있는 어려운 결정을 내리며, 동시에 그들과의 유대를 더욱 돈독히 하는 법을 배울 수 있다.

3장 '타인을 믿어라'는 다른 사람들의 말을 듣고, 그들에 대해 알고, 그들을 도울 때 그들과 깊이 유대를 맺도록 도와준다. 사람들이 자신을 믿길 바란다면 먼저 그들을 믿어야 한다. 당신이 주변 사람들에 대한 신뢰를 쌓고, 그 신뢰를 전할 수 있도록 도와줄 것이다. 당신의 관리자, 동료, 직원, 고객, 친구와 가족도 당신이 자신을 봐주고, 목소리를 듣고, 인정하고, 믿어준다는 것을 느끼게 될 것이다. 다른 이들을 향한 당신의 이해는 곧 그들이 당신에게 보내는 충성심과 헌신으로 바뀔 것이다.

4장 '믿을 만한 사람이 되라'는 당신이 가진 슈퍼파워 (다른 사람들의 기분, 느낌, 태도를 바꿀 수 있다)를 알려주고, 주변 사람들에게 에너지를 북돋을 수 있는 사람이 되도록 도와줄 것이다. 메시지를 명확하고, 강력하고, 설득력 있게 전달하는 방법을 배우게 될 것이다. 하기 힘들지만 해야만 하는 대화를 더욱 자신 있게 나눌 수 있게 되고, 힘든 대화를 할 용기가 있기 때문에 당신은 더욱 믿을 만한 사람이 될 것이다. 이럴 때 다른 사람들은 당신의 비전을 더욱더 믿고 따르게 될 것이다.

4장은 무슨 말을 어떻게 하면 좋을지에 관해 구체적인 가르침을 주는, 매우 실용적인 내용으로 이루어져 있다. 1부에서 높인 자신감과 3장에서 다진 인간관계는 당신이 자신의 일에 책임을 지고, 주변 사람들이 기여한 것을 인정할 때 더욱 큰 도움이 될 것이며, 그때 당신은 비로소 명확하고 믿을 수 있는 사람이 될 것이다.

3장   **타인을 믿어라**

13
신뢰의 효과

어느 한구석 빠짐없이 우수한 기업의 진짜 비결

한 유명한 5성급 호텔에서 체크아웃 시간을 두 시간 연장할 수 있느냐고 물었다. 예약이 꽉 차 안 된다는 대답을 들었다. 대신 반일 숙박료를 내면 가능하다고 했다.

뭐라고?

예약이 꽉 차서 내가 쓰던 방을 당장 비워줘야 한다면 내가 돈을 낸들 뭐가 달라진단 말인가? 정말 내 체크아웃 시간을 연장해줄 수 있다면 왜 내게 요금을 물린단 말인가? 관리자에게도 물었지만 똑같은 답만 돌아왔다. 그 뒤 나는 그 호텔 체인에서 다시 묵은 적이 없다.

그러나 지금까지 서너 번 묵은 적 있는 텍사스주 댈러스의 포시즌스호텔에서는 정반대 상황을 겪었다. 호텔에 도착했을 때 체크인 하기 위해 줄을 설 필요가 없었다. 그저 직원이 내 방 열쇠를 건네주었다. 객실은 내가 원하는 그대로 준비되어 있었다. 요가 매트, 침대 위에는 운동 일정표, 테이블 위에는 과일 한 그릇. 체크아웃 시간도 자동으로 연장해주었다.

이제 나는 그들의 평생 단골이다. 그들은 어떻게 이렇게 할까? 비결이 뭘까?

그 비결을 알아내기 위해 이 호텔 총지배인이자 포시즌스에서만 17년 근무한 마이클을 만났다. 룸서비스 직원이 물을 가져다주었고 우리는 대화를 시작했다.

그는 1960년대에 포시즌스를 세우고 여전히 CEO로 활동 중인 이저도어 '이지' 샤프Isadore 'Issy' Sharp를 만난 이야기를 내게 들려주었다. 마이클이 이지를 만난 건 토론토 포시즌스호텔의 중간 직급 일자리로 옮기기 2주 전이었다. 이지는 그와 악수를 나누고 그가 토론토에 도착하면 그 주에 들러 다시 만나자고 말했다. 약속대로 마이클이 일을 시작한 첫 주에 이지는 그 호텔에 나타나 마이클이 잘 적응하도록 도와주었다.

마이클은 신입 직원이 첫 근무를 하는 날이면 늘 이 이야기를 들려준다.

마이클은 근접 관리를 실천한다. 매월 부서별 직원들과 비공식적으로 만난다. 회의 일정도 없고, 거창한 연설도 없다. 그저 대화를 나눈다. 이는 그가 여러 문제를 해결하도록 도와준다.

예로 투숙객이 체크인하는 데 걸리는 시간이 이상하게 길어진다는 문제가 있었다. 프런트데스크 직원과 만나는 도중 그는 평소보다 체크인이 오래 걸린다는 걸 알았고 그것은 객실이 준비되지 않았기 때문이었다. 그 후 하우스키핑 직원들과 만나는 자리였는데 누군가가 호텔에 킹사이즈 침대 시트가 부족하냐고 물었다. 여느 총지배인 같으면 그런 질문에 흥미를 보이지 않겠지만 마이클은 그 이유를 물었다. 그러자 메이드는 시트가 도착할 때까지 기다리느라 객실 청소하는 시간이 오래 걸린다고 대답했다. 그래서 그는 여러 부서의 직원들에게 질문을 거듭했고 세탁실 건조기 한 대가 고장 나서 주문 제작이 필요한 부품을 기다리고 있다는 사실을 알아냈다. 그것 때문에 침대 시트가 부족해졌고, 이것은 객실 청소를 늦췄으며, 당장 사용 가능한 객실의 수를 줄였고, 결과적으로 투숙객의 체크인을 오래 걸리게 만들었던 것이다. 그는 그 문제를 24시간 만에 해결했다. 직원들과 열린 대화를 하지 않았다면 절대 알지 못했을 문제였다.

마이클은 호텔 곳곳을 주기적으로 돌아다닌다. 직원들에게 가족이 잘 지내는지 묻고, 도넛을 나누어주고, 생일 파티와 소프트볼 토너먼트를 조직한다. 직원들이 차고 있는 명찰 너머까지 손을 뻗어 유대를 맺는다.

나는 방금 우리에게 물을 따라준 직원에 대해 물으며 그를 시험했다. 그러자 마이클이 빙그레 웃으며 답했다.

"주디스는 4년 전, 내가 이 호텔에 오기 조금 전에 네비스에서 이곳으로 전근 왔지요."

그러더니 그녀의 가족에 대해 간단히 알려주었다.

이것은 모두 잘 알고 있는 훌륭한 관리 기법이다. 그렇다면 비결은 남들이 입으로만 떠드는 것을 마이클은 실천한다는 점 아닐까? 그러나 이 호텔의 접근법에는 무언가가 더 있다.

포시즌스호텔에 취업하려면 다섯 번의 면접을 통과해야 하는데 각각 다른 시각에서 지원자를 살핀다. 인사부 이사는 근무 능력을 평가하고, 사업부 부장은 기술을 평가하고, 부서장은 문화적으로 잘 적응할 수 있는 사람인지 살피며, 리조트 관리자는 리조트 내에서 성장할 잠재력이 있는지에 주목한다. 총지배인(마이클은 새로운 지원자를 한 명도 빠짐없이 만난다)은 그 사람이 다른 리조트로 전근할 잠재력을 본다.

면접을 통과하는 지원자는 스무 명 중 한 명꼴이다. 합격률이 5퍼센트에 불과한 셈인데 이는 하버드대학교 입학 경쟁률보다도 높다.

각 면접관은 한 가지 측면을 중점으로 보고, 총 다섯 명의 면접관이 지원자의 전체 그림을 평가한다. 이 일을 할 수 있겠는가?

잘 적응하겠는가? 성장할 수 있겠는가? 이것이 업계 평균 이직률 27퍼센트를 뚫고 11퍼센트를 달성한 그들의 열쇠인지도 모른다.

나중에야 비로소 생각난 듯 마이클이 한 가지를 덧붙였다.

"직원이 다른 리조트로 전근 신청을 하면 그곳에서는 면접 없이 그대로 받아들입니다."

내가 물었다. "무슨 근거로요?"

"우리의 추천이죠."

바로 그것이었다. 비결은 신뢰였다. 물론 직원, 고객, 제품과 밀접한 관계를 유지하는 것도 중요하다. 최고경영자가 직원들의 말을 경청하고 진심으로 관심을 갖는 것도 중요한 차이를 만든다.

그러나 이 기반이 되는 것이 바로 신뢰, 조직의 문화 속에 깊이 뿌리 내리고, 매일의 운영에서 본보기가 되며, 성공을 이끄는 신뢰다.

신뢰는 약속을 끝까지 지키기처럼 단순한 일에서 생겨난다. 영업 사원은 누구나 빨리 실적을 올리려면 빨리 신뢰를 얻어야 한다는 것을 안다. '좋은' 영업 사원은 어떤 기사를 읽고 당신 생각이 났다며 짧게 메모를 해 기사를 보내준다. 이런 행동은 관계를 더욱 다져준다.

그러나 '훌륭한' 영업 사원은 전화를 걸어 어떤 기사를 읽고 당신 생각이 났다고 말하며 그것을 보내주겠다고 약속한 뒤 실제로 그 기사를 보낸다. 그런 행동 덕에 신뢰를 더 쌓게 된다.

훌륭한 영업 사원은 약속을 지킬 기회를 만들어내고, 설사 그럴 기회가 자연스레 존재하지 않을 때도 그것을 지킨다. 이지 샤프가 토론토로 마이클을 만나러 오겠다고 약속했던 것처럼 말이다.

마이클은 직원들의 말을 귀담아 듣고, 직원들은 마음속 이야기를 꺼낼 정도로 마이클을 믿는다. 각각의 면접관은 지원자의 여러 측면 중 자신이 맡은 부분을 깊이 살피고 나머지는 다른 면접관들의 판단을 믿는다. 각 지점의 총지배인은 다른 총지배인들이 새 리조트에서도 성공적으로 일할 수 있을 직원만 전근시킬 것이라고 믿는다.

실적이 좋지 못한 직원을 다른 사업부로 보내는 관리자를 많이 보았다. 그러나 포시즌스에서 그런 일을 하면 오히려 총지배인에게 큰일이 날 것이다. 그들은 자기 호텔의 명성이 성공적인 전근에 달려 있음을 안다.

그러한 신뢰가 총지배인에게서 직원들에게 흘러내려간다. 직원에게서 고객에게도 그렇다.

호텔 내 헬스클럽에서 운동을 마치고 샤워를 한 뒤 라커룸으로 들어갔다. 땀에 젖은 옷을 도로 입고 싶지 않았기에 헬스클럽에 비치된 목욕 가운을 입었다. 라커룸 직원이 목욕 가운을 밖으로 입고 나갈 수 없다고 할까 봐 걱정이 되었다. 손님마다 그걸 입고 나간다면 수량 관리를 어떻게 하겠는가? 그걸 집으로 가져갈 수도 있는 노릇 아닌가. 그런 이유로 많은 호텔에서 "이 목욕 가운이 마음에 드신다면 호텔 내 기념품점에서 구매하실 수 있습니다"라고 적힌 조그만 딱지를 가운에 붙여놓는 것 아닌가.

땀에 젖은 옷을 손에 들고 가운 차림으로 라커룸을 나서는데 직원이 날 불렀다.

"실례합니다."

'딱 걸렸군.'

나는 그를 향해 몸을 돌렸다.

"입으셨던 운동복을 넣어 가실 수 있게 봉투를 드릴까요?"

그가 비닐로 된 세탁 봉투를 내밀며 내게 물었다.

이런 게 바로 신뢰다.

사람을 믿는 건 쉽지 않다. 그건 일종의 위험이다. 그것이 바로 신뢰에 감정 용기가 필요한 이유다. 그러나 사람을 더 쉽게 믿는 방법이 있다. 상대방을 믿을 가능성을 더욱 높이고(그들이 믿을 만한 사람이 되고), 두 사람 사이의 유대감을 더욱 다지도록 할 수 있는 일이 있다. 그것은 열린 마음을 갖는 것처럼 쉬우며, 동시에 어렵기도 하다.

14
상대의 이야기를 주의 깊게 들어라

→

사람의 마음을 여는 경청의 마법

→

어느 날 아침, 아내 엘리노어가 잠에서 깨 돌아눕더니 이렇게 말했다.

"오늘은 정말 침대 밖으로 나가기가 싫으네."

그 말을 들은 내가 이유를 물었다.

아내의 말은 이러했다. 유대인 대제일이 곧 시작되는데 이건 곧 날씨가 더 추워지고, 3주에 걸쳐 일가친척에게 식사 대접을 해야 하며, 오랜 시간 기도를 드려야 하고, 일상이 완전히 바뀌며, 아이들이 학교에 가지 않는다는 뜻이었다. 엘리노어는 이런 전통을 지키며 자라지 않았고 그런 사람은 이 일이 버겁게 느껴질 수 있었다.

그런데 내가 누군가. 관리 컨설팅 회사를 운영하는 사람 아닌가. 문제 해결이야말로 내 전문이었다. 그래서 곧장 아내의 문제를 해결해주려 나섰다.

"날씨가 춥다는 건 스키 시즌이 곧 시작된다는 뜻인데 자기 스키 타는 것 정말 좋아하잖아. 함께 식사를 하면 재미도 있고 당신이 사랑하는 사람들로 가득하게 되니 기분이 좋아질 거야. 또 나도 함께 있을 테니 당신 혼자서 아이들을 돌볼 필요가 없어. 예수님도 유대인이었으니 어떻게 보면 이건 당신의 전통이기도 해."

마지막 말은 조금 심했다는 생각이 들었다. 내가 아내의 기분을 더 나쁘게 만든 건 물론이고, 이제 아내는 단순히 기운 없는 상태를 넘어서 슬슬 화를 냈다.

아내가 화를 내자 나도 화가 났다. 점점 억울해졌다. 어떻게든 기분을 풀어주려고 애를 쓰는데 이런 반응이 돌아오다니!

그러다가 마음을 바꿔먹었다. 아내와의 관계에서 내가 가장 원하는 것이 유대감이라는 사실을 떠올렸다. 똑똑한 사람처럼 보이는 것이나 아내의 문제를 해결해주는 것보다도 그걸 더 간절히 원했다. 그래서 분노에 굴복하는 대신(그러면 상황이 악화될 터였다) 호기심을 발휘하기로 했다. 즉 입을 다물고 아내의 말에 귀를 기울였다는 뜻이다.

그렇게 하자 아내의 마음에 숨어 있던 생각, 우리 중 누구도 말로 꺼내지 않은 마음이 하나둘 흘러나왔다.

내가 알아낸 바는 이러했다. 유대인 명절 기간 동안 엄마들이 감내해야 할 많은 책임으로 인해 아내는 엄마 역할에 대해 평소 느끼던 불안감, 즉 자신이 유대인 엄마가 아니라는 점, 자기 일에 많은 시간을 할애할 수 없다는 점을 더욱 뼈저리게 느끼며 속상해했다.

또한 내가 위로랍시고 줄줄 떠들어댄 말이 아내보다는 오히려 나에게 더 위로가 되었다는 것도 알아냈다. 아내가 추운 겨울을 보내며 뉴욕에 살게 된 것도, 유대인 가문의 일원이 된 것도 원인은 결국 내가 아닌가.

달리 말해, 나는 아내를 위로하기는커녕 아내와 말다툼을 했다. 사실 다른 사람의 기분을 풀어주려고 할 때 말싸움으로 끝나는 경우가 상당히 많다. 상대가 느끼는 기분을 반박하는 말만 하기 때문이다. 이것은 상대의 기분을 더 상하게 만든다.

경청은 마법이다. 그것은 내가 상대의 생각에 호기심을 가지고 있다는 사실을 알려줄 뿐 아니라 상대와 상대의 기분에 대한 신뢰를 전해준다. 경청은 우리 둘 사이에 무슨 일이 벌어지고 있는지 이해하도록 도와줬고, 엘리노어의 기분이 나아지게 해주기도 했다. 아내만 그런 기분을 느끼는 것이 아니라는 걸 느끼게 해준 것이다. 내가 아내와 함께 있다는 것, 그것은 우리의 유대감을 더욱 깊게 해주었다.

그러나 경청은 쉽지 않다. 남의 말을 들으면 들을수록 그들의 말에 반응, 혹은 과잉 반응하기 쉽고, 이것은 우리에게 호기심이 부족하다는 뜻을 전달하고 신뢰를 갉아먹는다.

사실 귀를 기울여 듣는 것은 말하는 것보다 훨씬 더 어렵다. 동의하지 못하는 부분이 있어도 반박하지 않고 그대로 두어야 한다. 조금 뒤로 물러나 그런 부분들이 잠시 머무를 수 있도록 공간을 만들어줘야 한다.

그런 유형의 경청에는 자신감이 필요하다. 엄청난 용기도 필요하다. 그러나 나뿐 아니라 다른 사람도 알고 싶다면 그런 시도를 할 가치가 있다. 다른 사람과 유대를 맺고, 그들에게 존중을 보이고, 그들의 기분을 나아지게 하고, 나와의 관계에서 문제를 해결하고 싶다면, 반드시 해야만 하는 일이다.

상대방이 자신의 말을 들어주었다는 것을 느낄 때까지 사람들은 자신의 말을 들려주려고 필사적으로 애를 쓴다. 그러나 누군가 경청을 해주면 그들이 아등바등 애를 쓸 필요가 없어지고, 그러고 나면 '나 대 상대방'의 대결 구도가 아니라 그저 '우리'가 되어 다음 일로 넘어갈 수 있다.

그렇다면 신뢰와 호기심을 전달할 수 있는 경청의 방법은 무엇일까?

1. 정말로 귀 기울여 들어라

듣기만 하라. 멀티태스킹을 하면 안 된다. 이메일을 확인하고, 인터넷을 검색하고, 장 볼 것을 메모하는 것만이 멀티태스킹이 아니다. '상대의 말이 끝나면 무슨 말을 해줄까' 하며 속으로 생각하는 것도 멀티태스킹이다. 상대가 하는 말에만 집중하라.

2. 들은 것을 되풀이하여 말하라

처음에는 조금 어색하겠지만 효과는 마법 같다. 상대방이 당신이 방금 내린 의사결정 때문에 화가 난다고 말하거든 "아, 내가 내린 의사결정 때문에 화가 난다고요"라고 말하라. 나도 안다. 그건 방금 상대가 한 말이다. 그러나 그건 당신이 귀 기울여 듣고 있다는 걸 보여주고, 당신이 상대의 말을 경청했음을 전달해준다. 차마 어른을 상대로 그렇게 할 용기가 없다면 아이에게 해보자. 얼마나 큰 효과가 있는지 알 수 있을 것이다. 그러고 나면 동료나 배우자에게도 시도해볼 용기가 생길 것이다.

3. 질문을 던져라

상대의 생각과 감정을 더욱 깊숙이 탐색하라. "정말로 그렇게 생각하는 건 아니지?" 같은 말은 질문이 아니다. 자신의 논점을 입증하기 위해 소크라테스식 문답법을 사용하라는 것이 아니다. 정말로 무슨 일이 벌어지는지 잘 이해하고, 상대를 더 잘 이해하기 위해 질문을 하라.

진정한 경청을 하다 보면 위험 부담이 크게 느껴질 수 있다. 남의 말을 듣는다고 해서 실질적으로 달라지는 건 없는데 이상한 일 아닌가. 그러나 경청을 해보면 때로 듣기 힘든 것도 들을 수가 있다.

이해가 잘 안 되는가? 한 가지 요령을 알려주겠다. 경청은 상대의 말에 동의하는 것과 같은 것이 아니다. 반드시 특정한 행동을 할 필요도 없다. 오히려 당신이 특정한 행동을 취해야 한다고 고집하던 사람도 잠잠해질 수 있다. 진짜 어떤 행동이나 조치를 취해주기를 바라는 것이 아니라 그저 당신이 그들의 말을 정말로 들었는지 증거를 찾는 경우가 많기 때문이다. 그래서 당신이 정말로 귀 기울여 들었다고 느끼면 무슨 일이든 해주기를 바라던 마음이 줄어든다.

엘리노어가 말하는 동안 나도 그녀의 말 중에서 여러 가지 부분에 반발심이 생기는 것을 느꼈다. 진정으로 경청하기가 힘들었다는 데에는 의문의 여지가 없다. 그것이 바로 경청에 감정 용기가 필요하고 그것이 감정 용기를 더욱 다져주는 까닭이다. 그러나 일단 마음을 편하게 먹고 아내의 말에 집중하자 더욱 깊이 있게 경청할 수 있었고, 아내는 기분이 나아졌다. 그러자 나 역시 기분이 좋아졌다.

때로는 상대의 말을 귀 기울여 듣기만 해도 문제를 해결할 수 있다. 사람들은 다른 사람이 자신을 믿고 자신에게 호기심을 갖기를 바란다. 그런 모습을 보여줄 때 그들은 자신이 있는 그대로 받아들여졌다고 느끼고 당신에게 더욱 유대감을 갖게 된다. 그들의 말을 귀담아 들어주는 것이 유대감을 가질 수 있는 방법 중 하나라면, 그들이 갖는 모든 복합적인 모습을 보아주는 것은 다른 방법이다.

15
남들에게 호기심을 가져라

사람은 성격 테스트로 정의될 수 없다

대학생이었을 때 당시 내 여자친구였던 엘리노어가 나더러 성격 테스트를 해보라고 했다. 사람의 성격을 설명하는 네 개의 글자가 담긴 16개 상자 중 하나로 사람을 분류하는 테스트였다. 난 하고 싶지 않았다. 그러자 엘리노어가 날 도와주겠다고 나섰다.

"그러지 말고. 재미있을 거야. 내가 질문을 읽어줄 테니 자기는 그냥 거기 누워서 대답만 해. 내가 답을 적을게."

그녀가 질문을 하기 시작했다.

"당신은 한 무리의 사람들과 함께 있는 것이 좋습니까, 1 대 1로 있는 것이 좋습니까?"

"1 대 1이 좋아." 내가 자신 있게 대답했다.

"말도 안 돼! 자기는 사람들의 주목을 한몸에 받는 걸 좋아하잖아. 이건 당연히 '예'라고 해야 해."

엘리노어가 대꾸했다. 그녀는 내 대답 중 최소한 절반 이상을 바꾸었다. 엘리노어가 틀렸다는 말이 아니다. 대체로 우리 두 사람의 생각이 모두 옳았다고 생각한다.

성격 테스트라는 것은 그 자체로 복잡한 것을 단순화시킨다. 물론 그게 항상 잘못된 건 아니다. 무언가에 꼬리표를 갖다 붙이면 그것을 빠르게 알아보는 데 도움이 된다. 그것은 일종의 속기와 같다. 대부분의 사람은 할 일이 너무 많기 때문에 속기는 유용하다.

그러나 사람에게는 통하지 않는다. 사람을 이해하기는 쉽지 않고(그래서 난 성격 테스트에 동의하지 않는다), 이해하기 쉬워서도 안 된다.

사람이란 간단한 테스트로 요약하기에는 너무도 흥미롭고 복잡한 존재다. 정말로 단 16가지 성격 유형만 존재할까? 우리 랄프 삼촌을 만나보았는가? 일단 최소한 17가지는 되어야 한다.

나는 타당하거나 믿을 만한 성격 테스트는 단 한 개도 없다고 주장하고 싶다. 이런 테스트는 사람의 진정한 모습을 간단히 축소시켜 놓은 흑백 버전만을 알아낼 뿐이다. 그런 테스트는 진실과 자유를 희생하여 이해라는 환상만을 우리에게 제시한다. 물론 사람들에게 마음의 안식을 줄 수는 있지만 ("오, 이제 당신이 이해가 되는군!") 그건 속임수일 뿐이다.

자기 평가라는 것은 정의상 그 사람의 자기 이미지를 더욱 굳힐 수밖에 없다. 평가 용지에 자기가 생각하는 자신의 모습을 알려주면 그 평가는 당신이 누구인지 알려준다. 당연히 평가가 타당한 것처럼 생각하게 만든다. 그러나 그건 그저 당신이 방금 들려준 이야기를 되풀이해 말해주는 것에 불과하다.

성격 테스트는 우리의 맹점을 더욱더 보지 못하게 만든다. 당신이라면 '나는 주어진 시간을 잘 활용한다'라는 문항에 뭐라고 답하겠는가? 나라면 "아니요"라고 답하겠지만 엘리노어는 내가 내 시간을 놀라울 정도로 생산적으로 활용한다고 말할 것이다. 정답은 무엇일까? 아니, 다시 물어보겠다. 누가 나 자신을 더 잘 아는가? 엘리노어인가, 나인가? 진실은 그 중간 어디쯤에 있다. 아내는 내가 모르는 내 모습을 보고, 나는 아내가 모르는 내 모습을 알기 때문이다.

여기에서 나는 대안을 하나 제시하고 싶다. 인간의 복잡성을 이해하는 데 훨씬 더 믿을 만한 도구. 사실상 절대적으로 확실하고, 거의 항상 진실하며, 놀라울 정도로 실용적인 도구. 갈등이나 의견 충돌의 순간에도 다른 사람들을 이해하도록 도와줄 뿐 아니라 동시에 그들과의 관계를 향상시켜주고, 그들에 대한 믿음을 전달해주며, 그들과 의사소통하는 방법을 실시간으로 배우게 해주는 도구 말이다.

그 도구가 무엇이냐고? 바로 호기심이다.

어떤 대상에 꼬리표를 붙이고 나면 호기심은 즉시 사그라진다. 성격 테스트는 "난 알아"로 가는 지름길과 같다. 상대방을 알고 나면 우리는 더는 호기심을 갖지 않는다.

그런데 그것은 "나는 모르겠어"라는 마음가짐으로 살아가는 것만큼 강력한 힘을 발휘하지 못한다. 진정한 이해는 알지 못하는 것에서 나온다. 진정한 유대감은 알지 못하는 것에서 나온다. 대단한 혁신과 문제 해결 역시 알지 못하는 것에서 나온다.

사람들을 보라. 그들에게 꼬리표를 붙이지 마라. 그들에게서 모르던 것을 발견하고 놀라도 좋다. 어제와 다른 오늘의 모습을 발견하라. 사무실에서 회의를 하는 것이 아니라 함께 점심을 먹을 때면 누군가의 성격이나 시각이 얼마나 달라지는지 느껴보라. 소위 '커뮤니케이션 전술'이 실제로는 얼마나 의사소통을 방해하는지 느껴보라.

최근 한 고객사에서 팀원들에게 자신의 강점 평가를 할 수 있는 교육 시간을 부탁한 적이 있다. 나는 회사 부서나 조직에서 이런 평가(이를 테면 서로 보완할 수 있도록 모든 구성원의 강점과 약점을 하나의 표에 써넣는 것)를 하는 것을 자주 보았다.

그래서 나는 색다른 아이디어를 제안했다. 팀의 목표 달성에 도움이 될 만한 가장 중요한 성격적 특성 3~5가지를 다 함께 생각해낸다. 그런 다음 소그룹으로 나뉘어 이런 성격적 특성에 관해 서로 피드백을 해주고, 강점을 이용하고 약점을 줄일 방법을 논의한다.

그렇게 하려면 상대에게 민감한 문제를 이야기하는 법, 방어적으로 굴지 않고 상대의 말을 듣는 법, 상대에게서 발견한 점을 서로 용기 있게 공유하는 법을 배워야 한다.

이게 바로 포인트다. 그러면 그들은 그 정보의 혜택을 얻을 뿐 아니라 힘든 대화를 나눌 수 있는 능력도 키울 수 있다. 인간관계를 개선하고 조직이 원하는 결과를 이끌어내는 것은 성격 테스트가 아니라 바로 이런 대화다.

사람을 이해하고 싶으면 그 사람과 이야기를 나눠라. 질문을 던지고, 대답과 대답 사이 침묵에 귀를 기울여라. 몸짓을 관찰하라. 상대방을 곰곰이 살펴보라. 상대에게 발견한 것과 자신에 대해서도 열린 마음을 가져라.

사람은 끊임없이 변한다. 미팅 중에 한 사람과 이야기를 나누고 잠시 후 간식을 먹으며 다시 대화를 했을 때 그의 성격이 180도 달라지는 것을 느끼는 경우가 있다. 호기심은 사람들을 더욱 명확하게 보게 해주고, 그들의 멋지면서도 흥미로운 가변성을 알게 해준다. 바로 그러한 점 덕분에 당신은 더 튼튼하고 회복력 있는 인간관계를 다지게 될 것이다.

호기심을 바탕으로 인간관계를 가꾼다면 힘든 대화를 해야 할 때 ENTJ(마이어스와 브릭스의 MBTI 성격 테스트에서 나오는 성격 유형 중 하나)가 아니라 한 명의 사람과 이야기를 나누게 될 것이다. 그 사람을 더욱 이해하게 될 것이고, 따라서 더 큰 설득력을 발휘하게 될 것이다.

그러나 자신이 누군가를 완전히 파악했다고 생각하는 데에서 오는 편안함은 버리기가 쉽지 않은 법이다.

우리 회사에 들어오고 싶어 하는 고위급 코치들을 위한 이틀짜리 교육을 하던 중이었다. 원래 코치들은 별의별 평가를 좋아하는데, 강의실에 있던 코치 중에는 이런저런 평가를 수행할 수 있는 자격을 갖춘 사람이 많았다. 교육 중에 나는 브레그먼파트너스에서는 앞서 설명한 온갖 이유로 성격 테스트를 사용하지 않는다는 사실을 분명히 밝혔다. 우리 회사의 특징 중 하나는 호기심을 잃지 않고 고객들을 더욱 강한 리더로 만들어줄 관심을 발휘할 것을 적극 권장하는 것이라고도 말했다.

그런데 교육이 끝나고 코치 한 명이 내게 다가왔다.

"당신은 ENFP예요." 그녀가 말했다.

"지금 농담하시는 거죠? 제 말을 듣긴 한 겁니까?" 내가 당황하여 물었다.

"전 마이어스 브릭스 테스트를 가르쳐요. 하루 종일 지켜봤는

데 확실해요. 당신은 ENFP라고요. 이런 테스트를 좋아하지 않는다는 건 아는데 그건 테스트를 이해하지 못해서 그런 거예요."

"저는 그게 문제라고 생각지 않습니다. 문제는 그런 테스트가 날 이해한다고 생각한다는 점이죠." 내가 대꾸했다.

호기심은 단순한 기술이 아니라 세상을 살아가는 방식이다. 호기심은 우리에게 알지 못하는 상태로 머무르라고, 때로는 불편할 정도로 오래 머무르라고 말한다. 직관에 반하는 것처럼 느껴질지 모르겠지만 기꺼이 '모르겠다' 상태에 오래 머무를 수 있다면 다른 사람들을 더 잘 이해할 수 있다. 호기심을 유지하는 것은 새로운 것을 배울 수 있는 유일한 길이다. 사람뿐 아니라 문제에 대해서도 말이다.

16
해결책이 안 나오면 문제를 의심하라

엉뚱한 문제를 해결하려고 애쓰는 건 아닌가

"그건 내 셔츠야, 소피아. 당장 벗어!"

"대니얼! 내 침대에서 내려가!"

"누나, 얼른 화장실에서 나와!"

아침 6시 45분, 세 아이는 벌써 싸우고 있다.

아내와 나는 별의별 방법을 다 써보았다. 형제 간에 사이좋게 지내는 것이 얼마나 중요한지 이야기도 해주고, 우리가 기대하는 바도 명확히 알려주고, 함께 살기 위한 규칙을 정해주었다. 서로 존중하는 의사소통을 훈련시키고, 화가 날 때면 심호흡을 하면서 화를 다스리는 법도 가르쳤다. 아이들과 함께 명상을 하고, 아이들끼리만도 명상을 했다. 상도 주고, 벌도 주고, 타일러도 보고, 빌어도 봤다.

그런데도 아이들은 여전히 싸운다. 나는 이성을 잃고 화를 내기 직전이었다. 당연히 도움이 될 리 없었다.

다른 사람들과 이렇게 골치 아픈 문제를 겪을 때 당신은 어떻게 하는가? 가능한 모든 방법을 다 써보았지만 해결책 중 하나도 먹히지 않을 때 어떻게 하는가?

브레그먼파트너스에서 하는 조직 코칭에서도 이런 상황을 매일같이 만난다. 사람들이 코치에게 상담하는 것이 바로 이런 유형이기 때문이다. 도저히 해결이 날 것 같지 않고, 다른 사람들이 관련되어 있고, 조직의 추진력을 저해하는 문제들 말이다. 예를 들어 자기 일에 책임의식이라고는 없는 팀원이 있다고 치자. 책임의식이 얼마나 중요한지 이야기도 해보았고, 그 팀원의 업무가 기대에 미치지 못할 때 화도 몇 번 내보았지만 전혀 통하지 않는다. 이럴 때 호기심을 갖는 것과 그 사람을 믿는 것이 무슨 도움이 되겠는가?

이때 아무 효과가 없는 전략이 하나 있다. 이전에 시도해보지 않은 다른 해결책을 제시하거나 더 열심히 노력해보라고 말하는 것이다. 그런 말은 상대가 충분히 노력하지 않는다는 뜻에 불과하다.

그렇다면 거의 항상 효과가 있는 전략은 무엇일까? 다른 문제를 해결하는 것이다.

원하는 결과를 얻어내기를 포기하라는 말이 아니다. 내 말은, 어떤 문제를 해결하기 위해 생각할 수 있는 모든 해결책을 시도해보았다면 이제 당신이 해야 할 일은 더 나은 해결책을 찾아내는 것이 아니라는 뜻이다. 더 나은 문제점을 찾아내라는 것. 여기에 호기심이 도움이 된다.

우리 아이들에게 형제 간의 다툼 문제가 없다면 다른 어떤 문제가 있을까? 나는 여러 가지 가능성을 생각해보고 아주 간단하게 해결할 수 있는 단순한 문제를 찾아냈다.

아이들에게 형제 간 다툼의 문제를 빼고, 아침마다 겪는 문제가 있다. 매일 아침 일어나면 피곤한 상태에다가 혈당이 떨어져 있다는 점이다.

그렇다면 해결책은 아이들에게 착한 말을 쓰라고 가르치는 것이 아니다. 아니, 그건 오히려 문제를 악화시켰다. 우리한테 잔소리를 듣고 나면 기분이 더 나빠져서 서로에게도 화를 내고 엄마, 아빠한테도 화를 내게 됐기 때문이다.

진짜 해결책은 무엇일까? 일찍 잠자리에 들게 하고, 아침에 일어나자마자 오렌지 주스를 한 잔 마시게 한 것이다. 이 두 가지 조치만으로 아침 싸움은 90퍼센트나 줄어들었다.

이런 골치 아픈 문제에서 코치나 외부인의 시각이 도움이 되는 건 그들이 더 똑똑하거나 더 창의적인 해결책을 제시하기 때문이 아니다. 외부인과 달리 내부인은 문제의 정의에 의문을 품지 않기 때문이다. 문제의 외부에 있으면 내부인이 볼 수 없는 방식으로 상황을 볼 수 있다.

도저히 해결이 안 될 것 같은 문제에 직면했을 때에는 이 간단한 질문을 던져라.

"상대방이 이 문제를 해결하기 위해 최선을 다하는 것이라면, 다른 문제는 무엇일까?"

달리 말해, 해결책에만 호기심을 갖지 말고 문제 자체에 호기심을 품어라.

무슨 수를 써도 도통 책임의식을 갖지 않는 팀원은 어떻게 하면 될까? 책임의식의 부재가 그 사람의 문제가 아닐 수 있다는 가능성을 생각해보라. 능력의 문제일 수도 있고, 당신의 기대치를 명확하게 전달하지 않았을 수도 있다. 아니면 객관적인 측정 방식이 부족한 것일 수도 있다. 이 중에 문제가 있다면 완전히 다른 해결책이 모습을 드러낼 것이다.

문제를 다시 정의 내리는 데에는 또 하나의 혜택이 있다. '초심자의 마음가짐'으로 자유롭게 실험을 해볼 수 있다는 점이다. 처음부터 다시 시작해서 새로운 해결책을 시도해보고, 그것의 효과를 평가하고, 실패에서 교훈을 얻고, 다시 시도할 수 있다.

팀원의 책임의식 문제를 해결하고 싶다면 먼저 자신의 기대치를 아주 명확하게 설명해보자. 그것으로 바뀌는 것이 없다면 팀원의 능력을 키워줄 수 있는 교육을 시도해보자. 문제 해결에 그 팀원을 관여시키면 참여도를 높일 수 있다는 장점이 추가되는데, 이것은 다시 팀원의 성과에 영향을 줄 수 있다.

우리는 아이들에게 형제애가 부족해서가 아니라 아침에 피곤하기 때문에 문제가 생기는 것 아니냐고 물어보았다. 아이들은 오렌지 주스를 가지고 실험해보는 것에 동의했고, 우리가 침대까지 주스를 가져다주자 매우 즐거워했다.

아이들은 여전히 일어나면 뿌루퉁한 모습이다. 그러나 나는 우리가 문제를 제대로 해결하고 있음을 안다. 뭔가를 먹거나 오렌지 주스를 몇 모금 마시고 나면 아이들 기분이 금세 좋아지기 때문이다. 달리 말해, 해결책이 효과가 있을 때 우리가 적절하게 문제를 해결해냈음을 알 수 있다.

앞에서 상황을 통제할 수 있는 경우에 호기심을 가지고 상대를 믿음으로써 유대감을 쌓는 방법을 살펴보았다. 그런데 상황을 전혀 통제할 수 없는 상황에서는 어떻게 해야 할까? 그럴 때 자신의 호기심과 신뢰를 전달하는 가장 좋은 방법은 어떻게든 도움이 될 방법을 찾는 것이다.

17
도움이 되어라

어쩌지 못할 상황에서도 문제 해결하기

"기내에 계신 승객 여러분, 저는 기장입니다. 가벼운 문제가 생겼습니다."

뉴욕에서 댈러스로 향하던 비행기 안에서 이 말과 함께 그 사건이 시작되었다.

기장은 '장비 문제'로 가장 가까운 공항인 워싱턴 덜레스 국제공항에 비상 착륙해야 한다고 말했다. 그러나 안전히 착륙하기에는 기체가 너무 무거워 연료를 줄여야 한다고 말을 이었다. 그래서 45분 동안 원을 그리며 선회하다가 무게가 충분히 가벼워지면 즉시 착륙하겠다고 했다.

좌석 맨 앞줄에 앉아 있던 나는 승무원과 눈을 맞췄다.

"무슨 일이래요?" 내가 입모양으로 물었다.

"모르겠어요. 저희한테도 말씀을 안 해주시네요."

승무원이 어깨를 가볍게 으쓱이며 대답했다.

"45분 동안 비행할 수 있는 거면 빙빙 돌지 않고 댈러스로 가면 안 되는 건가요?"

내 말을 들은 승무원은 미소 짓더니 그냥 고개를 숙였다.

그래서 우리 비행기는 제자리를 빙빙 돌기만 했다. 기장의 방송 전과 방송 후에 승객들의 사진을 찍었다면 차이를 알아내기가 힘들었을 것이다. 사람들은 전과 다름없이 책을 읽고, 음악을 듣고, 두런두런 이야기를 나눴다.

그러나 사실은 모든 것이 달라졌다. 모두의 불안감이 급상승했다. 우리는 착륙하지 못하고 하늘에 떠 있었고, 오직 기장만 아는 이유로 더 비행할 수 없는 비행기 안에 갇혀 있었다. 우리가 할 수 있는 일은 없었다.

이 상황이 우리가 겪는 다른 많은 상황과 심리적으로 매우 비슷하다는 생각이 들었다. 우리는 통제할 수 없고 즉각 빠져나갈 수도 없는 상황에 갇혀 있다. 불안한 경제나 때로는 우리 회사에, 우리 팀에 말이다.

이 비행기는 실험실이었고 우리는 실험용 쥐였다. 우리가 어딘가에 갇혀 취약하고, 마음이 불안하고, 통제권이 없을 때 어떻게 반응하는가?

안타깝게도 관찰할 것이 없었다. 그 순간 필요한 건 반응을 유발할 단 하나의 자극이었다. 사람들의 반응을 표면 위로 끌어올릴 무언가. 마치 시끄러운 아기의 울음소리처럼 말이다.

내 뒤에 앉아 있던 아기가 기꺼이 내 기대에 부응해주었다. 아기가 날카로운 비명을 지르더니 이내 악을 쓰며 울어대기 시작했다. 아기 엄마가 달래보려 '쉬쉬' 소리를 내기도 하고 등을 부드럽게 두들기기도 했지만 울음소리는 더 커질 뿐이었다.

자, 게임이 시작되었다.

아기 엄마의 자리에서 통로 건너편에 앉아 있던 60대로 보이는 한 여자가 노골적으로 짜증을 내기 시작했다. 그녀는 아기가 있는 쪽을 노려보고, 큰소리로 한숨을 쉬더니, 이내 들릴 만큼 큰소리로 옆 사람에게 '속삭였다.'

"저 여자는 아기 달랠 줄도 모르는 거야?"

그녀의 옆 사람이 잡지에서 눈을 떼지 않은 채로 어색한 미소를 지었다.

"뭐가 문제인지 알 것 같아요."

창문 밖을 내다보던 내 옆의 남자가 나를 향해 고개를 돌리며 말했다.

"바퀴 문제예요. 방금 착륙 장치를 내렸는데 우리는 1,000피트도 훨씬 넘는 상공에 있다고요. 착륙 장치에 문제가 있는 게 분명해요."

　그는 비행기 기계 장치에 대해서, 제대로 작동하지 않는 바퀴로 동체 착륙을 하면 무슨 일이 벌어질지에 대해서 이야기를 이어갔다.

　그러던 중 내가 통로 쪽을 돌아보았을 때 마침 한 여자가 큰 소리로 아기에 대해서 뭐라고 하더니, 쥐고 있던 잡지로 자기 앞 좌석을 철썩 때렸다. 그런데 하필이면 거기 앉아 있던 남자 머리를 그대로 가격한 것 아닌가. 화들짝 놀란 남자가 뒤를 돌아보자 그녀는 미안하다며 우물쭈물 변명을 늘어놓기 시작했다. 아니, 이건 절대로 내가 꾸며낸 이야기가 아니다. 물론 내가 관찰할 만한 반응을 보이지 않은 사람도 많았다(비행기 안 대부분의 사람이 그랬다).

　그런데 그때, 마법 같은 일이 벌어졌다. 아기 엄마 옆에 앉아 있던 한 여자 승객이 엄마더러 쉬라며 잠시 아기를 안아주겠다고 나선 것이다. 아기 엄마는 미소를 짓고(두 사람은 모르는 사이 같았다), 아기를 건네주고, 감사의 말을 연거푸 하더니 눈을 감았다. 물론 아기는 계속 울어댔지만 다른 사람들은 조금 진정한 것 같았다.

　짧은 몇 분의 시간 동안 스트레스 상황에서 불만스러운 일에 대한 사람들의 흔한 반응을 관찰할 수 있었다. 물론 각각의 반응이 심리학적으로는 유용할 수 있겠지만 그중에서 바람직한 것은 단 하나였다. 더 많은 사람이 아기를 안아주겠다고 나선다면 삶은 어떻게 달라질까?

당신이 속한 팀의 동료가 번번이 아무 준비도 하지 않고 회의에 참석한다고 하자. 당신은 리더가 아니라서 그것을 용납할 수 없는 행위라며 나무랄 수도 없다. 그럴 때 당신은 어떻게 하는가? 다른 사람들에게 투덜거리든가, 못 말리겠다는 듯 눈알을 데굴데굴 굴리든가, 그를 무시할 수도 있다. 그렇게 하면 그 순간에는 기분이 좋을 수 있겠지만 그건 당신의 호기심과 신뢰가 부족하다는 뜻이고 당신은 그 동료와 유대가 단절될 수밖에 없다.

다른 대안이 있다. 아기를 안아주는 것이다. 프로젝트가 있다면 그 사람과 파트너가 되거나, 회의 준비를 함께하자고 제안하거나, 다음 회의 전 몇 가지 아이디어를 공유하면 어떨까? 그런 해결책은 신뢰와 열린 마음을 보여주고 그것은 다시 유대감을 더욱 다져준다.

동료 한 명이 과로를 하고, 스트레스를 받고, 생산성이 떨어져서 팀 전체 분위기가 나빠졌다고 치자. 게다가 그 동료는 자기 업무가 당신의 업무보다 훨씬 더 힘들다고 끊임없이 불만을 토로한다. 참으로 성가신 일이 아닐 수 없다. 그렇다면 그 동료에 대해 뒤에서 험담을 하거나 그 사람이 맡은 일에 실패하도록 그냥 놔둬도 사실 크게 잘못된 일은 아닐 것이다. 그런데 당신이 그 사람을 도와주겠다고 나서면 어떨까? 하루쯤 남아 함께 야근을 한다면?

회사에서 새로운 기술 개발 계획을 내놨는데 그것 때문에 모두의 삶이 엉망이 되어버렸다. 그러나 반드시 필요한 일이라고 한다. 그런 경우 투덜대고 욕을 하기는 너무나도 쉽다. 다른 사람들이 푸념을 할 때 함께 고개를 끄덕이기는 더 쉽다. 그러나 당신이 그 일에 대해 더 많은 공부를 해서 고생하는 다른 사람들을 도와줄 수 있다면 어떻겠는가?

우리가 팀장이 아니라든가, 필요한 모든 정보가 없다든가, 의사결정을 내릴 수 없다든가, 우리가 통제할 수 없다든가 하는, 권한이 없는 위치에 있는 상황에서도 우리에게는 여전히 힘이 있다. 우리 자신의 경험과 때로는 다른 사람들의 경험에 영향을 끼칠 수 있는 힘 말이다. 아기를 안아주는 건 누군가에게 도움이 되는 일이다. 그건 우리 자신과 그 사람들의 기분을 좋게 만든다. 문제 해결을 도울 수 있을지도 모른다. 중요한 건 언제나 그런 선택지가 있다는 사실을 잊지 않는 것이다.

마침내 첫 방송이 나온 지 35분 뒤에 기장이 착륙 허가를 받았다고 알려주었다. 창밖을 내다보았더니 구급차와 소방차의 번득이는 빛이 활주로를 따라 길게 반짝였다. 우리가 죽을 수 있는 온갖 가능성을 내게 상세히 설명해주던 옆자리 남자가 내게 '그것 봐요. 내가 상황이 안 좋다고 했죠?' 하는 표정을 지어 보였다. 나는 서둘러 안전벨트를 조였다.

비행기 바퀴가 바닥에 닿았다. 아무도 움직이지 않았다. 엔진이 시끄럽게 울려대고 비행기 속도가 서서히 줄어들었다. 모두가 박수를 쳤다. 매끄럽고 안전하게 착륙에 성공한 것이다. 우리의 사건이, 나의 실험이 그렇게 막을 내렸다.

항공사 직원이 나와 다른 항공편을 재예약하는 절차를 설명했고 사람들은 휴대전화로 여행사 직원과 시끄럽게 통화를 하며 앞다퉈 줄을 섰다. 한 여자가 제발 다음 항공편 자리를 달라고 애원하기 시작했고, 그 주변 사람들은 눈알을 데굴데굴 굴렸다.

자, 다시 게임이 시작되었다.

3장에서는 호기심과 신뢰를 이용해 다른 사람들의 말을 듣고, 그들을 보고, 믿고, 인정하고, 도움으로써 더 깊은 유대를 맺는 방법을 이야기했다. 배워야 할 것도 많고 놓치기도 쉽다(나도 어렵게 습득했다). 거기에서 '조율^{attunement}'이 도움이 된다.

18
상대의 시각에서 보라

영업 기회를 놓치지 않는 법

내 친한 친구이자 거대 제약회사의 고위 간부인 로빈이 자기 회사의 계열사 CEO이자 개인적으로 잘 아는 댄이라는 사람을 소개해주었다. 그녀가 우리 세 사람이 함께 만날 약속을 잡았다. 댄에게 계약을 따낼 수 있는 가능성은 높았다. 아니, 대단히 높았다.

댄을 만나고 설득하는 영업 과정에서 당시 나는 대단히 합리적이라고 느꼈던(실은 지금도 그렇게 느낀다) 일련의 의사결정을 내렸다. 그때 벌어진 일은 간단히 소개하면 다음과 같다.

1. 댄의 허락 하에 로빈과 나는 미팅 전에 몇 번 따로 만나 댄과 그가 처한 상황에 대한 이야기를 나눴다. 댄은 CEO로서

경험이 없었고 지금의 골치 아픈 상황을 헤쳐나와야 했다. 그를 만날 즈음에 나는 그가 당면한 과제를 모두 이해했고, 그것들은 내가 도와줄 수 있는 문제임을 확인했다.

2. 미팅 당일, 로빈과 댄은 시간에 쫓겼다. 60분 미팅을 계획했으나 남은 시간은 20분뿐이었다. "문제 없습니다. 상황에 대해 이미 설명을 잘 들었으니 바로 본론으로 들어갈 수 있어요." 내가 말했다.

3. 나는 비어 있던 사무실 의자에 앉았는데 마침 그것이 불편할 정도로 낮아서 나는 본능적으로 의자를 내가 평상시에 앉는 높이로 올렸다.

4. 댄이 내가 최근에 출간한 책을 칭찬하면서 대화를 시작하고는 내 블로그를 즐겨 읽는다고 말해주었다. 시간이 부족해서 바로 본론으로 들어가자는 내 의사결정이 한층 더 정당화되었다.

5. 나는 그의 상황에 대해 아는 바를 간단히 설명했고, 그가 내가 잘 이해하고 있다고 인정하자 나는 어떻게 접근할 것인지 설명을 시작했다.

6. 간간이 댄이 내게 질문을 했고 나는 대답하기 전에 잠시 망설였다. 로빈은 시간이 없으니 나중에 이야기하자고 했지만 나는 댄을 실망시키고 싶지 않았기에 말씀은 고맙지만 기꺼이 내 생각을 말씀드리겠다고 대꾸하고는 그렇게 했다.

내가 한 일, 말한 것, 생각한 것, 느낀 것, 어느 하나 크게 잘못된 것은 없었다. 오히려 각 단계에서 내가 내린 선택은 내가 보기에는 실용적이고, 분별 있고, 적절했다.

그게 바로 내가 실패한 이유였다. 나는 내 시각에서 움직였지만 댄은 그러지 않았다. 댄은 자신의 시각에서 움직였다. 그가 볼 때는 내가 내 시각을 따른다는 사실 자체가 나와 계약을 체결하지 않은 이유였다.

문제가 뭐였을까? 나는 그에게 조율되어 있지 않았다.

다니엘 핑크Daniel Pink는 자신의 베스트셀러《파는 것이 인간이다Sell Is Human: The Surprising Truth About Moving Others》에서 다른 사람의 마음을 움직일 때 필요한 가장 귀중한 세 가지 자질 중 하나로 '조율'을 꼽았다.

기본적으로 조율이란 자기 주변 사람이나 물건과 조화를 이루는 상태를 말한다. 조율된 상태일 때 우리는 호기심을 느낀다. 상대에게 질문을 던지고, 대답에 귀를 기울이며, 공감한다.

나도 댄이 직면한 도전 과제에는 조율이 되어 있었을지도 모른다. 그러나 내가 한 일과 한 말은 전혀 댄에게 맞춰져 있지 않았다. 심지어 로빈에게도 그랬다.

핑크의 말을 빌리면 조율의 첫 번째 원칙은 자신의 권력을 줄이는 것이다. 그러려면 자신의 시각을 내려놓아야 하는데, 그렇게 하면 상대의 시각을 공유할 여유가 생긴다. 핑크는 대단히 큰 성공을 거둔 영업 전문가의 말을 빌려 이것이 겸손과 관계가 있다고 설명했다. 훌륭한 영업 전문가는 "당신이 큰 의자에 앉을 수 있도록 내가 작은 의자에 앉겠다"라는 태도를 취한다.

나는 정확히 그와 반대되는 행동을 했다. 문자 그대로도, 상징적으로도 나는 의자를 높였다. 나는 대화의 주도권을 잡고, 로빈이 다음에 이야기하자고 말했을 때 그녀가 끼어들지 못하게 했으며, 얼마 남지도 않은 시간을 댄에게 내가 모든 걸 이해하고 있고 내가 도움을 주기에 적합한 사람이라는 걸 증명하는 데 써 버렸다.

내 태도는 명확했지만 나는 상대방에게 호기심이 없었다. 나 자신에 대해서는 상당한 신뢰를 보였지만 댄과 로빈에게는 그렇지 못했다.

내 책에 대한 댄의 칭찬에 너무 쉽게 우쭐해했고, 시간이 부족하다며 너무 서둘렀고, 로빈과 댄에게 잘 보이려고 지나치게 애썼다. 나의 유능함을 증명하려고 너무 노력하다가 무능한 사람처럼 비춰지고 말았다. 내가 제시하려던 해결책은 안 그랬을지 몰라도 분명 우리의 관계 측면에서는 그랬다.

나는 외향적인 사람의 감성, 즉 강력한 영업상의 혜택을 제공하는 것이 최고라는 생각으로 행동했다. 그러나 핑크가 연구한 바에 따르면 이 경우에 외향적으로 행동하는 것은 오히려 손해가 될 수 있다. 왜일까? 상대의 말을 들어야 할 때인데도 내가 말하는 경우가 너무 많기 때문이다.

나는 댄의 문제를 해결해줄 수 있다고 주장할 만큼 정보를 모으기 위해 귀를 기울였다. 달리 말하면 그에게 호기심이 있어서가 아니라 영업을 잘하고 싶어 그의 말을 들었던 것이다.

그런데 그건 왜 효과가 없었을까? 댄은 나에 대해, 그에게 무엇을 해줄 수 있는지 궁금했던 것 아닌가?

그럴지도 모른다. 그러나 내가 로빈과의 대화로 그에 대해 많은 걸 알아낸 것처럼 그도 내 책과 블로그를 통해 나를 충분히 알고 있었을 수 있다. 그는 내 말을 듣고 싶어한 것이 아니었다. 내가 자신의 말을 경청하는지 보고 싶었던 것이다.

댄이, 또 대부분의 사람이 알아내고 싶어 하는 것은 우리가 협력할 때 어떤 느낌이 드느냐다. 그런데 내가 그 짧은 대화 동안 그에게 알려주었던 건 웬 전문가가 나타나 이러저러한 일을 하라고 지시를 내릴 때 느끼는 기분이었다.

내가 댄이었어도 나를 고용하지 않았을 것이다.

그렇다면 다음부터 나는 어떻게 해야 할까? 내게 권유된 의자에 앉아서 댄이 자기 이야기를 하는 것을 들을 것이다. 그런 다음 그의 시각에서 그 상황을 보고, 그의 시각에서 분석하고, 그의 감정을 느낄 수 있도록 여러 가지 질문을 던질 것이다. 그에게 조율하는 것이다.

그렇게 하려면 미리 준비했던 계획 같은 건 던져버리고, 그 일을 따내려고 애쓰지 말고, 댄에게 필요한 사항을 빠르고 똑똑하게 요약하려는 걸 포기하고, 내가 얼마나 대단한 코치인지 증명하는 일을 그만둬야 한다.

무엇보다도 나의 목표와 존재 이유는 그와 유대를 맺는 것이 되어야 한다.

그걸 잘 해낸다면, 그에게 내 능력을 보여주기 위해 전전긍긍할 필요도 없을 것이다. 일단 그와 계약한 뒤 함께 일해보면 그렇게 할 시간은 얼마든지 많을 테니 말이다.

4장   믿을 만한 사람이 되라

19
친절함에는 전염성이 있다

→

자신의 슈퍼파워를 바람직한 방향으로 사용하는 법

→

나는 자전거를 접은 뒤 맨해튼 중심가의 한 사무실 건물 로비로 가지고 들어갔다. 책상 앞에 앉아 있던 보안 요원이 고개를 들어 날 보더니 인상을 찌푸리고 다시 고개를 숙인 다음 알아들을 수 없는 말을 웅얼거렸다. 내가 물었다.

"뭐라고요?"

그가 큰소리로 한숨을 쉬더니 잠시 아무 말도 하지 않았다. 그러고는 내 쪽을 쳐다보지도 않은 채로 이렇게 말했다.

"그거 가지고 들어오면 안 된다고요."

여기 오는 도중에 택시와 충돌할 뻔한 뒤로 이미 상당히 불안했던 터라 그의 반응은 기운을 더욱 빼놓았다. 문제는 그의 말이 아니었다. 자전거를 건물 안으로 가지고 들어오는 걸 싫어하는 보안요원은 이미 많이 만나보았다. 문제는 그의 차갑고도 무시하는 듯한 어조였다.

나는 침착하고 긍정적으로 생각하려고 애쓰며, 자전거를 접으면 얼마나 작아지는지 보여주었다. 자전거를 집어넣을 가방도 있다고 말해주었다. 그러나 그는 똑같은 말만 되풀이했다.

결국 화물용 승강기가 설치된 뉴욕시 건물에 자전거 접근을 허용하는 법을 들먹인 다음에야 그가 날 들여보내 주었다.

어렵사리 화물용 승강기까지 간 나는 건설 인부들과 농담을 주고받던 승강기 운행요원을 향해 미소를 지었다. 그는 나를 한 번 슬쩍 보더니 다시 친구들을 돌아보고 하던 이야기를 계속했다. 나는 불편한 마음으로 몇 분 더 기다리다가 19층까지 태워줄 수 있느냐고 물었다. 그러자 그가 사무실 세입자들이 어쩌고 저쩌고, 무례한 말을 내뱉고는 아무 말도 없이 날 승강기에 태우고 잠긴 문 말고는 달리 들어갈 길을 찾기 힘든 조그만 현관 앞에 내려놓았다. 그가 승강기 문을 닫으려고 해서 그 현관으로 어떻게 들어가느냐고 물었다.

"버튼 같은 게 있으면 눌러봐요."

그가 닫히는 승강기 문 사이로 무뚝뚝하게 소리쳤다. 그가 말한 버튼이 보여 눌렀다. 내 기분은 이미 상할 대로 상했다. 그런데 바로 그 순간, 마치 마법처럼 나의 아침이 완전히 달라졌다.

"안녕하세요! 피터 씨군요. 어서 오세요!"

그곳 안내데스크 직원 리사가 문을 열어주며 마치 노래하듯 밝은 목소리로 인사를 건넸다. 그녀가 방긋 웃더니 조금 걱정스러운 표정을 지었다.

"왜 화물용 승강기를 타고 오셨어요?"

아침에 있었던 일을 설명하자 그녀가 내 마음을 이해한다는 듯 얼굴을 찌푸렸다.

"저런, 정말 너무하네요. 자, 자전거 이리 주세요."

그 순간 나는 너무나 행복해져서 눈물이 날 뻔했다. 단 1초 만에 리사는 분노, 불만, 절망으로 가득했던 내 기분을 안도감, 감사, 행복으로 완전히 바꿔놓았다. 그 순간 나는 깨달았다. 우리에게는 모두 슈퍼파워가 있다는 걸 말이다.

우리는 몸짓, 표정, 단어, 어조처럼 별것 아닌 것으로도 사람들의 기분을 좋게 또는 나쁘게 만들 수 있다.

그런데 잠깐, 내가 기분이 언짢다고 해서 남을 탓해도 되는 것일까? 내 기분을 책임져야 하는 사람은 바로 나 아닌가?

학자들이 알아낸 바는 이렇다. 감기처럼 감정도 전염성이 있다. 뉴욕대학교의 캐롤라인 바텔Caroline Bartel과 미시간대학교의 리처드 사베드라Richard Saavedra는 다양한 산업에 속한 70개 기업 조직을 연구한 결과 함께 일하는 사람들은 좋든 나쁘든 기분과 감정도 공유하게 된다는 사실을 알아냈다. 기분도 한 점으로 수렴한다는 것이다.

특히 높은 권력을 지닌 사람들은 이것을 이해하는 일이 중요하다. 누구보다도 리더가 분위기와 감정을 만들어내고 그것을 퍼뜨리기 때문이다. 사무실에서 근무해본 적이 있다면 경험상 잘 알 것이다. 팀장이 기분이 안 좋으면 사무실 내에 마찰이 커진다. 팀장의 기분이 좋으면 사람들도 덩달아 기운이 난다.

그렇다면 우리가 복도에서 누군가에게 버럭 화를 내도 그것이 우리의 책임이 아니라는 뜻인가? 지하철에서 내게 부딪치고는 사과 한마디 하지 않은 그 이상한 남자 탓이란 말인가?

이런 식으로 생각해보자. 남에게 감기가 옮았다고 당신도 다른 사람에게 재채기를 해대며 바이러스를 뿌려도 되는가? 당신이 기분 나쁘다고 다른 사람을 탓할 수는 있지만 그 기분을 남에게 전달하느냐 마느냐는 여전히 당신 몫이다.

감기에 걸렸을 때 남에게 전염시키는 것을 완전히 피하기는 어렵다. 몇 년 전, 한 유통 회사의 고위 관리자인 르네라는 사람을 코칭하라는 요청을 받은 적이 있다. 그녀는 부하 직원에게 너무 가혹하다는 피드백을 받았다. 그녀는 자주 부하 직원에게 소리를 질렀고, 실수를 저지르면 무자비하게 비판했으며, 알아야 할 것을 모르면 다른 사람 앞에서 창피를 주었다.

그런데 사무실의 다른 사람들과 이야기를 나누던 중 나는 르네의 직속 상사인 CEO가 자기 직원을 그런 식으로 대한다는 사실을 알아냈다. 그는 성미가 불같고, 수시로 고함을 질렀으며, 다른 사람에게 완벽함을 요구했다.

그렇다고 해서 르네가 부하 직원을 그런 식으로 대해도 괜찮은 것은 아니다. 그렇게 하지 않는 것이 남들보다 어려울 뿐이다.

이 사실은 기업에서 큰 문제가 된다. 기분은 곧 성과에도 영향을 미치기 때문이다. 예일대학교 시갈 바세이드^{Sigal Barsade} 교수의 연구 결과에 따르면 긍정적인 기분은 협력을 촉진하고, 마찰을 줄이고, 성과를 높였다.

그렇다면 해결책은 무엇일까?

자신의 감정과 기분을 인식하고, 그것을 감기처럼 여겨라. 타인의 무례함에 영향을 받았다면 심호흡을 한 번 하고, 자신이 어떤 기분을 느끼는지 인식하고, 그것을 다른 사람에게 전달하지 않도록 노력하라.

공감과 관심, 좋은 기분으로 사람들을 대하라. 그러면 그들도 더 행복해지고, 더 유대감을 느끼고, 더 생산적이 될 것이다.

좋은 소식이 하나 더 있다. 바세이드 교수의 연구 결과에서, 긍정적인 기분도 부정적인 기분만큼이나 전염성이 높다는 것이 밝혀졌다.

그런데 이게 정말 자신의 노력으로 가능한 일일까? 기분이 정말 나쁜데도 행복해져야겠다는 생각을 하면 행복해지는 걸까? 나는 행복한 척할 때 너무 힘들고, 가짜처럼 느껴지고, 거짓말을 하는 듯한 기분이 든다.

그런데 상황을 완전히 바꾸어놓을 간단한 해결책을 하나 찾아 냈다. 바로 친절이다.

내 기분이 얼마나 나쁘든 다른 사람을 친절히 대하는 건 꽤 단순하고 쉬운 일이다. 그건 언제나 내 주변의 사람들에게 긍정적인 영향력을 발휘했고, 다시 내게 긍정적인 영향을 주었다. 그러면 내 기분도 더 나아진다.

리사가 날 고객의 사무실로 데려다준 뒤 나는 이 기분 좋은 안내데스크 직원이 나의 끔찍했던 아침을 얼마나 행복하게 바꾸었는지 고객에게 들려주었다. 그러자 그도 비슷한 이야기를 하나 꺼냈다. 한번은 리사가 몸이 아파 출근을 하지 못한 적이 있는데 조용하고 내성적인 성격의 프랭크라는 사람이 그날 하루 안내데스크를 맡았다고 한다. 프랭크는 쾌활한 사람이 아니었다.

그러나 그는 리사의 명랑한 성격에 이미 익숙해져 있었다. 매일 아침이면 사무실의 다른 모든 사람과 마찬가지로 하루의 시작을 여는 그녀의 활기찬 이메일을 받았기 때문이다. 그래서 리사 대신 안내데스크를 맡아달라는 요청을 받은 날 프랭크는 그녀의 발랄한 성격을 떠올리는 것만으로도 마치 다른 사람처럼 행동했다.

다른 사람에게 부탁을 받은 것도 아닌데 프랭크는 출근하자마자 전 직원에게 이메일을 썼다.

"이야, 오늘 점심은 피자네요! 모두들 행복한 하루 보내세요!!"

바로 이런 게 슈퍼파워를 사용하는 바람직한 방법이다.

긍정적이고 행복한 일로 사람들과 소통하는 것은 좋은 출발점이다. 그런데 어려운 주제로 소통을 해야 할 때는 어떻게 하면 좋을까? 이제, 두려워하는 대상을 이야기하는 방법을 알아보자.

20
두려운 대화일수록 맞서라

"질문이 하나 있는데 다른 사람들 앞에서는 말하고 싶지 않군요."

내가 가르치던 한 리더십 교육 프로그램 도중 쉬는 시간에 트리샤라는 여성이 내게 다가와 이런 말을 꺼냈다. 그녀가 말한 '다른 사람들'은 그녀의 동료들, 즉 금융회사의 다른 부서장들이었다. 우리는 교실 밖으로 나갔다.

"제 바로 아래 팀원 조의 문제예요. 조는 실적은 좋은데 항상 남의 공을 가로채고, 남들 눈에 띄려고 지나친 행동을 많이 하죠. 본인은 팀워크가 좋다고 생각하지만 저나 우리 팀 사람들은 그렇게 생각하지 않아요."

그녀가 말했다.

'흠……. 그런데 왜 이 이야기를 다른 사람들 앞에서 하기 싫어한 걸까?'

내가 의아해하자 그녀가 그제야 떠올랐다는 듯 덧붙였다.

"그가 제 자리를 빼앗으려고 하는 것 같아요."

아하.

여기에는 두 가지 문제가 있다.

1. 모든 공을 독차지하고 남들 눈에 들려고 애쓰는 조

2. 조가 자기 자리를 빼앗으려 하는 것 같다는 트리샤의 두려움

정상적인 경우라면 트리샤는 첫 번째 문제에 관해 조와 이야기를 나누는 데 문제가 없을 것이다. 첫 번째 문제를 의논하기 어렵게 만드는 것이 바로 두 번째 문제다. 그녀의 머릿속에서 부정적인 생각은 이렇게 흘러간다.

'조의 야심을 내가 말하고 다니면 사람들에게 애먼 생각을 심어줄 수도 있어. 상사와 동료들은 이렇게 생각하겠지. "그러게. 사실 조가 트리샤의 일을 맡는 것이 맞을지도 몰라."'

동시에 그녀는 자기가 자신감이 부족하고 리더로서 부족한 사람처럼 보일까 봐 걱정이 된다.

그런 생각을 하는 건 트리샤만이 아니다. 우리도 항상 이런 이

2부 사람들과 유대를 맺는다

170

중의 문제를 겪는다. 프로젝트 하나를 망치고는 그 일에 대해서 말하지 않는다. 해고를 당할까 두렵기 때문이다. 과도하게 많은 일을 하면서도 그 문제를 거론하기가 망설여진다. 자신의 능력 부족이 탄로날까 걱정되어서다. 고객이 우리 회사에서 충분한 가치를 얻지 못한다는 생각이 들지만 그것을 언급하기가 꺼려진다. 그러면 그 고객을 잃을 수도 있기 때문이다.

첫 번째 문제, 즉 망친 프로젝트, 과도한 업무, 고객의 불만족은 공개되어 있고, 업무와 관련되어 있으며, 관찰 가능한 사실이다. 명확하고 믿을 만한 사람이 되고 싶다면 그런 문제를 사실대로 알리고 논의해야 한다.

두 번째 문제, 즉 두려움은 개인적이고, 사적이며, 감정적이고, 때로는 몸을 마비시킬 정도로 겁이 난다.

조가 트리샤의 자리를 노리는지 여부는 확실치 않다. 그저 그녀가 그렇게 느끼고 겁을 낼 뿐이다. 프로젝트를 망쳤다고 해고를 당할지 말지는 아무도 모르는 일이기에 군이 그것을 거론하기보다는 모르는 척하는 게 안전하게 느껴진다. 그런데 사실 현실은 이와 정반대다. 무언가를 부정하고 모르는 척하면 행동을 하지 않게 된다. 행동하지 않으면 자신이 두려워하는 일이 실제로 일어나는 걸 막을 수 없다. 행동하지 않으면 그 일이 현실이 될 가능성을 높이는 셈이다.

일반적인 원칙은 다음과 같다. 어떤 대화가 두려울수록 그 대화를 나눠야 할 필요성은 더 클 것이다. 두려움을 거론할 필요가 있는 문제의 지표로 삼아라.

그렇다면 자신의 공포, 두려움, 불안, 불길한 예감은 어떻게 이야기를 꺼내면 좋을까? 정답은, 이야기를 꺼내지 않는 것이다.

트리샤가 조가 자신의 자리를 노리는 것 같다고 걱정을 표현하면 그는 즉각 부인할 것이고, 그러면 그녀는 그런 이야기를 꺼낸 자신이 바보처럼 느껴질 수 있다. 두 사람은 어느 때보다도 서로 믿지 못할 것이다. 한 사람의 부정적인 의도에 대한 의심을 입 밖으로 꺼내는 것은 좋은 생각이 못 된다.

그런데 두려움에 대해 이야기하지 않고, 두려움을 모르는 척하지도 않으려면 어떻게 해야 할까? 그것에 더욱 열중해야 한다.

"트리샤, 그럴 땐 가정을 해보세요. 조가 당신의 자리를 탐낸다고 가정하는 거예요. 왜 아니겠어요? 그는 야심이 있고, 당신 자리는 그의 커리어에서 바로 다음 단계잖아요. 합리적인 가정이에요." 내가 말했다.

달리 말하자면, 최악의 경우를 가정하는 것이다. 자신의 자리가 위험에 처했다고 가정한다. 자신에게 능력이 부족하다고 가정한다. 고객이 우리 회사를 버릴 계획이라고 가정한다. 여기에다 한 술 더 떠서 이런 사실을 모두가 안다고 가정한다.

상황을 빨리 받아들일수록 무슨 일이든 더 빨리 할 수 있다. 정답에서 몸을 피하지 말고 그 속으로 뛰어들어라. 명심하라. 두려움을 초점을 맞추는 대상이 아니라 촉매제로 이용하라. 초점은 기저에 있는 문제에 맞춰져야 한다. 지난번에 당신이 망친 프로젝트 때문에 상사가 당신을 해고하려는 것 같으면 상사에게 그 프로젝트를 마무리하는 것과 다음 프로젝트를 계획하는 것을 도와달라고 부탁하라. 과도한 업무에 대해 문제를 제기했다가 자신의 역량 부족이 들통날까 봐 걱정이 되거든 업무 처리 능력을 키우는 문제를 상사와 의논하라. 충분한 가치를 얻지 못하는 고객은? 고객이 떠날 가능성이 있고 그 이유도 안다는 사실을 고객에게 알려라. 그의 말에 귀를 기울여라. 그러면 당신을 명확하고 믿을 만한 사람으로 만들어줄 것이다.

우리는 종종 상처 받기 쉬운 상황을 야기하는 대화를 피하려고 한다. 우리 마음속 깊은 곳을 건드리는 것, 우리의 두려움, 자기 이미지, 미래와 관련된 것 말이다. 그러나 실상은 이렇다. 그것에 대해 이야기하기를 꺼리는 것이야말로 우리를 상처 받기 쉽게 만든다. 그 밑바닥에 깔린 문제에 당당히 맞서고, 그것을 소리 내어 말하고, 그것에 대해 묻고, 그것을 탐색하면 우리는 그 감정을 온전히 느낄 수 있고 그로 인해 훨씬 더 강하고 덜 상처 받게 될 수 있다. 그러고 나면 강력한 행동을 실천할 수 있다.

자, 그렇다면 두려움에 대처하는 방법은?

1. 자신이 두려워하고 있음을 인식한다.

2. 그것이 알려주는 기저의 실제 문제를 이해한다.

3. 두려움이 아니라 두려움을 부르는 그 문제에 대해 허심탄회하게 이야기한다.

4. 문제를 해결한다.

"알겠어요. 조가 제 자리를 원하는 것이 합리적이라는 것이 이해가 되네요. 하지만 난 내 자리를 떠날 준비가 안 됐고 그도 아직 내 자리를 차지할 준비가 안 됐어요. 어떻게 하면 문제를 해결할 수 있을까요?"

트리샤가 말했다.

"조가 자기 야심을 실현시킬 수 있게 돕는 겁니다. 제가 조라고 생각하고 한번 말해보세요."

내가 말했다.

"좋아요. 조, 당신은 똑똑하고, 유능하고, 실적도 좋아요. 당신이 승진할 준비가 됐을 때 내 자리가 당신에게 좋은 다음 단계가 되겠지만 지금은 내가 자리를 옮길 생각이 없어요. 그 외에 다른 어떤 자리가 마음에 드나요? 어떻게 하면 내가 당신이 원하는 걸 이루도록 도와줄 수 있을까요? 나는 당신이 성장하도록 도와주고 싶어요. 이 회사 안에서 자리를 옮기는 것도, 다른 회사로 옮기는 것도 도울게요."

트리샤가 말했다.

"훌륭해요. 그런 다음에는 무엇이 그의 길을 막는지도 이야기할 수 있겠죠. 그가 당신의 자리를 원하든 아니든, 다른 사람의 공을 가로채는 건 좋은 생각이 아니라고요. 당신은 그가 더 좋은 실적을 올리도록 도와줄 수 있어요. 같은 편으로서, 조에게 위협을 받는 사람이 아니라 강자의 입장에서, 그의 목표 달성을 도울 수 있는 사람으로서 말이에요."

내가 말했다.

"쉽네요."

트리샤가 말했다.

"그렇지 않아요. 당신이 아직도 두려워한다면 말이죠."

내 말에 그녀가 웃음을 터뜨렸다.

"뭐가 두렵겠어요?"

물론 실제로 대화를 나누는 것은 대화를 나누기로 결정하는 것, 혹은 그 계획을 세우는 것보다 훨씬 어렵다. 그렇지만 힘든 대화를 명확하고 믿을 만한 방식으로 시작하는 방법을 안다면 조금이나마 더 쉽게 해낼 수 있을 것이다.

21
결론부터 말하라

→

힘든 대화를 시작하는 방법

→

힘든 대화가 될 줄은 이미 알고 있었다. 샤리와 나는 오랫동안 함께 일했고, 고객 중 한 곳인 하이테크 기업 간타의 리더십 프로그램을 그녀에게 맡겨주기를 바라는 것도 알고 있었다. 그러나 나는 샤리가 간타에 적합한 사람이라고 생각하지 않았고, 솔직히 말하면 리더십 교육 운영을 맡기에도 역량이 조금 부족하다고 생각했다. 아직 그녀에게 아무 말도 하지는 않았지만 얼마 전부터 그녀의 성과를 비판적인 시각으로 바라보는 중이었다.

그게 바로 첫 번째 실수였다. 이렇게 되기 전에 그녀에게 말을 했어야 했다.

나는 왜 그렇게 하지 않았을까? 그녀를 진심으로 좋아해서 감정을 다치게 하고 싶지 않았다고 말하고 싶다. 아니면 내 개입 없이도 상황이 나아지기를 바랐다고 말이다. 물론 이것이 사실이긴 하지만 거기엔 더 깊은 진실이 있다. 내가 민망한 순간을 피하고 싶었기 때문이다.

위험한 말을 꺼내는데 상대방이 반응을 보이기 직전의 그 불편한 순간을 아는가? 그것이 바로 민망한 순간이다.

다시 말해, 내가 샤리와 대화를 미룬 이유는 그녀에게 부정적인 피드백을 주고 내가 느낄 감정, 어색하고, 불편하고, 심지어 부당한 행동을 하는 사람이 된 것 같은 기분을 느끼는 게 겁이 나서였다.

그러나 더 미룰 수는 없었다. 너무 오래 미룬 탓에 그 대화는 훨씬 더 어색하고 불편해질 것이었다. 이제 그녀는 예고도 없이 아주 극단적인 말을 듣게 생겼고, 나는 훨씬 더 부당한 사람처럼 느끼고 그렇게 보이게 됐다. 민망함이 한껏 커진 것이다.

그 어려운 대화를 나누던 날, 샤리가 내 사무실로 들어오는데 나는 불안해서 어쩔 줄 몰랐다. 몇 마디 인사를 주고받은 뒤, 나는 그녀가 간타의 리더십 프로그램을 운영하고 싶어 하는 걸 안다고 말했다. 리더십 프로그램과 관련된 얘기, 간타라는 회사 전반에 걸친 온갖 복잡한 사정과 어려움을 이야기했다. 그런 다음에는 최근 그녀가 보인 성과에 불만을 토로했다. 그녀는 내게 몇 가지 질문을 했고 나는 설명하고 예시를 들었다.

민망한 순간을 피하기 위해 내가 얼마나 애를 썼던가. 대화를 시작한 지 30분이 지났는데도 샤리에게 그 일을 맡길지 말지 말도 꺼내지 못했다. 그때까지 뜸 들이면서 했던 모든 말은 어떻게 해석하느냐에 따라 두 가지 결론으로 이어졌다. 한마디로 나는 완전히 모호한 말만 해대고 있었다.

결국 참다 못한 그녀가 나 대신 말을 꺼냈다.

"그러니까, 제게 이 프로그램을 맡기고 싶다는 말인가요, 아니라는 말인가요?"

이제는 잘 알겠지만 나의 그런 행동은 리더들에게서 흔히 찾아볼 수 있다. 회의실 앞에 선 부사장이 사업부 하나를 접겠다는 말을 꺼내기 위해 서서히 배경 설명을 한다. 그러나 결론은 절대 말하지 않아서 사람들은 그가 무슨 말을 하는 건지 제대로 파악하기도 전에 중요하지도 않은 세부 사항을 가지고 논쟁을 벌이기 시작한다.

이런 사례도 있다. 한 CEO가 부서장들과 회의를 하면서 그들의 직속 상사가 될 새로운 직급을 하나 마련할 계획이라고 말하려 한다. 그러나 처음 20분 동안 그런 결론에 이르게 된 배경을 설명하느라 다른 사람들은 이미 집중력을 잃고 말았다. 나중에 부서장 중 한 명이 내게 이렇게 말했다.

"CEO가 대체 무슨 말을 하려고 저러는 건가 짐작하느라 장황한 배경 설명은 귀에 들어오지도 않더라고요. 완전히 시간 낭비였어요."

우리가 어떤 의사결정을 발표하기 전에 장황하게 근거나 배경을 설명하는 건 나름의 지적 이유가 있다. 결정을 하기까지 상당히 고심했고, 그 결정은 합리적이며, 모든 사실을 종합한 필연적인 결론이라는 것을 전달하고 싶기 때문이다. 그러나 듣는 사람들은 어떤 결정이 내려진 것인지 모르기 때문에 배경을 전혀 모르고, 모든 것이 무의미하게만 느껴진다. 명확히 설명하려는 시도가 오히려 명확한 설명을 막는다니, 참으로 아이러니 아닌가.

어려운 의사결정에 장황한 설명을 곁들이는 데는 감정적인 이유도 있다. 바로 그 일을 미루고 싶기 때문이다. 민망함의 순간을 늦추는 것이다. 그러나 미뤄봤자 역효과만 난다. 그 결정에 관련된 모든 사람이 더 오래, 더 깊이 불편함을 느끼게 할 뿐이다.

해결책은 간단하고도 쉽다. 바로 결론부터 말하는 것이다.

그렇다면 나는 샤리에게 뭐라고 말했어야 할까?

"와줘서 고마워요, 샤리. 당신에게 간타의 리더십 프로그램 운영을 맡기지 않을 생각이에요. 그 이유는 이러저러 하니 이해해 줬으면 해요."

그 부사장은 이런 말로 대화를 시작했어야 했다.

"×××사업부를 접어야 한다는 결론을 내렸습니다."

그 CEO는 다음과 같은 말로 부서장들과 미팅을 시작했어야 했다.

"새로운 부사장 직급을 마련했어요. 내 직속이 될 것이고 우리 회사에서 이쪽 부분의 총괄 감독을 맡을 겁니다."

그런 식으로 대화를 시작하면 사람들은 나머지 이야기를 듣고 싶어할 것이다. 어쩌면 즉각 동의하고 나서서 더 논의할 것도 없을지 모른다.

나는 이런 깨달음을 얻었다. 나는 거의 항상 내 말을 들어야 하는 상대방이 얼마나 힘들어할지 과대평가한다. 그러나 사람들에게는 저력이 있다. 힘든 메시지를 받은 사람보다 그것을 말하는 내가 주로 더욱 불편해한다.

두려운 대화를 나눠야 한다면 당신이 두려워하는 바로 그 부분부터 말을 꺼내라. 첫 문장에 결론을 내놓아라. 매도 먼저 맞는 게 나으니 빠르게, 일찍 민망함을 떨쳐내자. 이것은 간단한 일이지만 꾸준히 해내는 사람은 거의 없다. 감정 용기가 필요하기 때문이다. 최소한 첫 시도에서는 말이다.

그렇게 할수록 쉽고 자연스럽게 느껴질 것이다. 단도직입적이고 솔직하게 말하는 것이 꼭 몰인정하거나 가혹한 것은 아니다. 아니, 그 반대다. 세심하게 접근하기만 하면 단도직입적인 것이 훨씬 더 사려 깊다. 명확하고 믿을 만하다. 상대가 당신의 결론을 마음에 들어 하지 않는 경우에도 상대와의 유대감이 더욱 깊어지는 일도 많다.

불안을 줄여줄 뿐 아니라 시간도 절약해준다. 샤리는 간타 프로그램을 맡지 못하게 되어 슬퍼했지만 이유를 이해하고 결정을 빠르게 받아들였다. 내가 그녀에게 말하는 데 걸린 시간보다 훨씬 더 빨리 말이다.

자, 이번에는 한 단계 더 어려운 일에 도전해보자. 한창 감정이 격해진 상황에서도 명확하게 믿을 만한 대화를 할 수 있겠는가?

22
분노의 폭발을 막아라

감정이 격해진 순간의 요령 있는 대화

로버트와 하워드는 언제나 잘 어울렸다. 서너 프로젝트를 함께 진행했고 서로 친구라 여겼다. 그래서 하워드가 전략 미팅을 하면서 자신을 포함시키지 않은 것을 알게 된 로버트는 배신감을 느꼈다. 그래서 즉각 하워드에게 성난 문자메시지를 보냈다.

"날 그 미팅에 초대하지 않다니 믿을 수가 없어!"

'딩동' 하고 새 문자메시지가 들어왔을 때 하워드는 고객과 미팅 중이었다. 슬쩍 전화기를 확인한 그는 걱정, 분노, 당혹감, 불만, 오기가 뒤섞인 감정을 느꼈다. 그 메시지 때문에 하워드는 정신을 집중할 수 없었고 결국 미팅은 그가 바라던 결과를 내지 못했다. 며칠 전에 했던 다른 미팅을 떠올리니 분노는 더욱 커졌다.

로버트는 미팅 전까지만 해도 하워드의 아이디어가 좋다고 해놓고선 CEO인 제인에게 그것을 제안하는 자리에서는 하워드를 지지해주지 않았다. 하워드는 고객과 미팅이 끝나자마자 퉁명스럽게, 어떻게 보면 이 일과 아무 관계도 없는 메시지를 보냈다.

"제인과의 미팅에서 날 도와주지 않은 건 너였잖아."

각각 한 문장에 불과한 이 두 개의 짧은 문자메시지는 몇 년이나 잘 유지되었던 관계를 한순간에 흔들었다. 로버트와 하워드가 다시 어울리기까지는 몇 주나 걸렸고, 마음의 상처 또한 바로 사라지지 않았다.

이 짧은 대화에는 상당한 파괴력을 발휘하는 교훈이 너무도 많이 담겨 있다. 어떤 것은 단순하다. 화가 난 상태에서는 문자메시지를 보내지 말라. 절대로. 강력한 부정적 감정에 사로잡혀 있을 때에는 어떤 의사소통도 하지 말아야 한다. 자신의 분노나 불만, 혹은 실망감을 표현하기 위해 글쓰기를 이용하는 건 좋지 않다. 미묘한 감정이 문자나 이메일로는 전달되지 않기 때문이다. 물론 미팅 중에는 문자메시지를 확인하지 말아야 한다는 교훈도 있다.

노련하게 소통하려면 사려 깊게 접근해야 한다. 우리의 의사소통 중 상당 부분이 고작 단어 하나, 문장 한 줄로 바뀌는 바람에 우리는 의사소통이 기본적으로 관계라는 사실을 잊고 말았다.

소통에서 중요한 건 유대감이다.

간단한 것 같지만 현실에서 소통을 할 때, 특히 감정이 얽혔을 때는 전혀 간단하지 않다. 나는 이런 서툰 의사소통을 수시로 본다. 물론 당신도 그럴 것이다. 언젠가 한 번쯤은 우리 모두 하워드가 되어봤을 것이고, 로버트도 되어봤을 것이다. 이런 상황을 겪다 보면 한 걸음 뒤로 물러나 어떤 상황에서도 강력하게 의사소통할 수 있는 명확하고, 간단하고, 따라 하기 쉬운 기준을 준수할 수밖에 없다.

일단 항상 소통하기 전에 미리 계획을 세워라. 그러면서 조직은 복잡하고, 사람은 실수를 하기 마련이며, 자기 잇속을 챙기기 위한 뒤통수치기처럼 보이는 일도 실은 단순한 실수일 수 있다는 사실을 명심하라. 어려운 상황에서는 요구하기보다 요청하고, 호기심을 발휘하고, 대화를 단절하기보다는 활짝 여는 것이 도움이 된다. 상대를 일단 믿어보라. 사려 깊게 행동하면 자신이 믿을 만한 사람이라는 뜻을 전달할 수 있다.

다음은 대화를 시작하기 전에 자문해야 할 네 가지 질문이다.

1. 나는 어떤 결과를 원하는가

해답이 명백한 질문처럼 보이지만 실제로 우리가 이런 질문을 던지는 일은 별로 없다. 그저 다른 사람이 하는 말에, 우리 자신의 감정에, 또는 특정한 상황에 반응을 보일 뿐이다. 그러나 그런 반응은 될 대로 되라는 식의 결과로 이어지기 마련이다. 먼저 자신이 원하는 결과에 대해 생각해보고 그 결과를 얻을 수 있는 방식대로 반응을 보여라. 로버트와 하워드의 상황에서 그들이 원하는 결과는 서로 매우 비슷했다. 유대를 맺고, 상대의 지지를 받고, 서로의 일에서 배제되지 않는 것이었다. 그러나 상대방에게 보인 반응은 단절이라는 정반대의 결과를 가져왔다.

2. 무엇을 의사소통해야 하는가

원하는 결과를 파악하고 나면 무슨 말을 해야 할지 알아내기는 훨씬 쉽다. 상대방과 더 가까워지고 싶으면 "나를 끼워주지 않아서 속상하다"라고 말하는 것이 "날 끼워주지 않았다니 믿을 수가 없어!"보다 분명 더 나은 선택이다. 그 작은 표현의 차이가 의미에서는 어마어마한 변화를 가져온다.

물론 "속상하다"보다 "화난다"고 말하기가 감정적으로 훨씬 쉬운 사람도 많을 것이다. "화난다"는 힘 있게 느껴지고 "속상하다"는 연약한 느낌을 주기 때문이다. 그러나 "속상하다"가 훨씬 더 진실하고, 명확하며, 따라서 더 믿을 만하다. 효과적인 의사소통가이자 강력한 리더가 되기 위해 감정 용기가 중요한 이유 중 하나가 바로 여기에 있다.

3. 어떻게 의사소통해야 하는가

여기에서 목표는 상대가 내 말을 경청해줄 가능성을 높이는 것이 되어야 한다. 따라서 어떻게 하면 자신의 논점을 명확히 설명할 수 있을지 고민하기보다, 상대방이 귀를 기울이게 만들 수 있는 방법을 생각해보라. 아이러니하게도 입을 열고 말을 해서는 이것을 해낼 수 없다. 그 대신 3장에서 말한 경청하는 법에 나온 조언을 따라라. 호기심을 갖고 질문을 던져라. 방금 들은 말을 되풀이하라. 그 후 자신의 시각을 말하기 전에 자신이 상대의 시각을 제대로 이해했는지 물어보라. 이해를 못했다면 무얼 놓쳤는지 물어보라. 잘 이해했다는 답이 돌아오면 "내 시각을 이야기해도 되겠느냐?"라고 물어라. 이 마지막 질문에 "좋다"는 답이 나오면 당신의 말을 경청하겠다는 동의와 같다. 당신이 조금 전에 경청의 바람직한 본보기를 보였기 때문에 상대도 비슷한 반응을 보일 가능성이 훨씬 높아진다.

4. 언제 의사소통해야 하는가

많은 이에게 의사소통은 일종의 본능적인 반응이다. 로버트는 미팅에서 자신만 배제되었다는 말을 듣자마자 문자메시지를 보냈다. 하워드도 로버트의 문자메시지를 보고 즉각 답장을 보냈다. 두 사람 다 언제 응답해야 할지 잠시 멈춰 생각하거나 고심하지 않았다.

원칙은 간단하다. 그냥 하고 싶다고 해서 의사소통을 해서는 안 된다. 자신의 의견이 가장 잘 받아들여질 수 있을 때 의사소통하라. 언제 당신이 호기심, 연민, 명확성을 가지고 의사소통에 임할 수 있는지, 언제 상대가 가장 관대하고 침착하게 받아들여줄지 자문해보라.

대부분의 의사소통에서 나타나는 문제점은 너무 쉽다는 것이다. 누구든 아무 생각 없이 문자메시지나 세 줄짜리 이메일을 금세 쓸 수 있다. 그러나 의사소통은 쉽게 폭발하는 복잡다단한 감정의 망 속으로 이어지는 직통선과 같다. 로버트와 하워드는 대가를 치르고서야 그 사실을 알아냈지만 말이다.

명심하라. 몇 가지 간단한 질문만으로도 감정의 폭발을 피할 수 있고, 대부분 경우 대답하는 데 몇 초면 충분하다. 혹여 실수를 해서 서툴게 의사소통을 했을 때에도 그 위기를 벗어날 수 있는 아주 간단하고 쉬운 방법이 있다.

23
자신이 한 일은 책임져라

즉시 믿을 만한 사람으로 만드는 사과의 기술

뉴저지에 있는 한 쇼핑몰 주차장에서 후진을 해서 빠져나오던 중이었다. 시야 밖에서 흘깃 뭔가가 나타나는 것 같아 본능적으로 브레이크를 꽉 밟았다. 차 한 대가 내 차를 겨우 몇 센티미터 차이로 피해 쏜살 같이 달려가는 것 아닌가.

즉각 화가 치솟았다. 재빨리 차를 빼 그 차의 뒤를 쫓았다. 클랙슨을 빵빵거리고, 상향등을 번쩍였다. 마침내 앞 차가 섰고 나는 여전히 클랙슨을 눌러대며 그 차 바로 뒤에 섰다. 그와 나 두 사람 모두 차 밖으로 나왔다.

"생각이 있는 거예요? 내 차를 칠 뻔했잖아요!"

내가 고함을 질렀다.

"못 봤다고요!" 그도 소리쳤다.

"당연히 그랬겠지. 속도가 너무 빨랐잖아요!"

우리는 몇 초 동안 서로 고함을 쳤다. 이내 그가 두 팔을 넓게 벌리더니 외쳤다.

"그래서 나한테 뭘 바라는 거요?"

잠시 우리 사이에 어색한 침묵이 흘렀다. 실은 아주 좋은 질문 이었다. 난 그에게 뭘 바란 걸까?

그는 그렇게 위험하게 운전하면 안 되었고, 나는 그 말을 해주 려고 화가 잔뜩 난 상태로 위험하게 그의 뒤를 쫓아갔다. 내가 원했던 건 불가능한 일이었다. 나는 그가 그런 짓을 저지르지 않 았으면 했다. 그러나 물론 때는 너무 늦었다.

그럼 나는 지금 무얼 원하는가? 왜 그를 향해 악을 쓰는가? 잠 깐의 침묵이 우리 두 사람의 성미를 조금 가라앉혔다.

"사과하세요."

내가 말했다.

"미안합니다."

그가 대답했다.

"고마워요."

그 말을 하는데 희한하게도 기분이 나아졌다. 우리는 각자 차 에 올라 아무 말 없이 제 갈 길을 갔다.

지금 사회에는 큰 문제가 있다. 지금처럼 사람들이 서로 쉽게 화를 내는 시절은 없었다. 정치 싸움이 이렇게 격렬한 적도 없었다.

이 모든 문제를 악화시키는 심각하고 뿌리 깊은 문제가 있다. 바로, 사과하는 사람이 없다는 것이다. 아무도 자기가 한 짓이 남의 문제를 키운 것에 대해 책임을 지려 하지 않는다. 다들 다른 사람을, 또는 다른 대상을 탓한다. 마치 유치원생이나 할 법한 행동 때문에 우리는 서로 멀어지고 있다.

내 친구 폴이 당시 여섯 살이던 아들 요나와 함께 스키를 타러 갔다가 요나가 넘어졌다. 심각한 사고는 아니었는데 스키에 스키화를 고정해주는 장치가 풀리지 않아 요나의 다리가 부러지고 말았다. 응급실에서 아이를 돌보며 심적으로 매우 고통스러운 하루를 보낸 뒤 폴은 스키 장비를 반환하러 대여점으로 가서 그곳 사장에게 이 사실을 알렸다.

스키 대여점 사장은 즉각 방어적으로 나왔다. 그는 고정장치가 요나의 몸무게 18킬로그램에 적합한 정상적인 고정력을 지녔다고 주장했다(측정해보니 고정력이 27킬로그램 이상으로 설정되어 있었다). 그는 고정력을 설정할 때 서너 번 법정 소송에서도 사용된 적 있는 특수한 기계를 사용했다고 주장했다. 처음에는 그 기계에서 출력된 테스트 결과지를 보자는 폴의 요구를 거절했다.

폴은 그저 사고 이야기를 전하고 대화를 나누려고 대여점에 들어갔다가 당장 소송을 걸 정도로 격분해서 그곳을 나섰다. 나는 폴에게 그 사장이 무슨 말을 했으면 좋았을지 물어보았다.

"변명을 늘어놓기보다 다친 아이를 걱정해줬다면, 내게 사과를 했더라면, 고정력이 너무 셌다는 사실을 숨기려고 하지 않았다면, 고정력 테스트 결과지를 내주는 것 가지고 그렇게 유난을 떨지 않았다면, 그가 그 기계가 법정에서 몇 번이나 쓰인 건지 말하지 않았다면…… 나는 그렇게 많이 화나지 않았을 거야."

우리는 소송을 당하지 않으려고 너무나도 애를 쓰다가 상대의 소송을 더욱 부추긴다. 우리도 다른 인간을 대하는 인간이라는 사실을 잊고 있다. 인간이라면 공감, 관심, 존중 말고 무엇을 더 원하겠는가? 그것이야말로 믿을 만한 행동이다.

책임과 공감, 사과를 회피했던 대여점 사장은 그 사고에 대한 폴의 모든 분노의 표적이 되었다. 사장은 자신이 믿을 만한 사람이 아니라는 것을 증명한 셈이다.

의료 과실 소송 연구에서 사람들이 소송을 시작하는 5대 이유는 다음과 같았다.

1. 그런 일이 다른 사람에게 일어나지 않도록

2. 해명을 듣고 싶어서

3. 의사가 자신이 무슨 짓을 저지른 건지 깨닫게 만들고 싶어서

4. 그것이 업무상 과실임을 시인하게 하려고

5. 의사가 내가 어떤 기분을 느꼈는지 알게 만들려고

　의사나 병원이 소송을 막기 위해 가장 먼저 해야 했던 일이 무엇일까? 바로 해명과 사과였다. 미시간대학병원에서 전면 공개 정책을 시험 삼아 시도하자 손해 배상 청구와 소송이 2001년 262건에서 2007년 83건으로 크게 줄어들었다.

　사과는 분명 효과가 있다. 당사자 간의 진심 어린 공감은 분노를 가라앉히고 유대를 맺게 한다. 그것은 신뢰를 반영한다. 방어와 변명, 실수를 인정하지 않으려는 태도는 분노를 만들어낸다. 실수를 인정하지 않으면 사과도 할 수 없다. 사과를 하지 않으면 분노와 다툼만 만들어낼 뿐이다.

　사과는 인간적인 몸짓이자 다른 이들을 존중하기 위한 방법이다. 그것은 당신이 상대를 신경 쓰고 있다는 사실을 전달하고, 당신이 상대를 보고 있다는 사실을 그에게 알려준다. 당신이 상대를 보고 있다는 사실을 알려주는 것은 어떤 것보다도 유대감을 키워준다. 그러니 확실한 관심을 보일 만한 가치도 분명 있을 것이다.

24
당신이 보고 있음을 알려주어라

완벽한 상여를 하는 가장 확실한 방법

래리는 IT기업 오버룩의 중간에서 선임 정도 수준의 직원이었다. 나는 그가 오버룩의 최신 기술 도구를 시장에 내놓기 위한 프로젝트를 진행할 때 만났다. 오버룩 내부에서 비롯된 것을 포함해 여러 장애물이 있었지만 래리는 제 시간에, 예산도 거의 맞춰서 제품 출시에 성공했다. 그는 그해 상당한 금액의 상여금을 받았다.

바로 그 상여금 때문에 그가 오버룩을 그만둔다는 말을 들었을 때 정말 놀랐다. 그는 그것이 결정타였다고 했다. 그가 화가 난 이유는 액수 때문이 아니었다. 그는 그것이 합리적인 금액이라는 데 동의했다. 문제는 그것을 받은 방식이었다.

놀랍게도 그의 상사가 말 한마디 없이 수표를 그의 책상에 놓아두었다고 한다. 어떤 사람은 '그게 그렇게 끔찍한 일이야?'라고 생각할지도 모른다. 상여금을 어떻게 주든 그게 그렇게 큰 문제인가? 상여금을, 그것도 그렇게 짭짤한 금액을 받은 것만으로도 기뻐해야 하는 것 아닌가? 래리는 그냥 트집 잡기 좋아하는 사람이 아닐까?

아니, 그는 절대 그런 사람이 아니다. 그는 마치 보이 스카우트 같은 사람이라는 말을 몇 번이나 들었다. 마감 기한이 촉박한 일이 있으면 수시로 야근을 하며 동료들을 돕는 그런 사람이라고 했다. 그는 똑똑하고, 성실하고, 겸손하고, 믿을 수 있는 사람이었다. 달리 말해, 래리는 오버룩이 잃어서는 안 될 인재였다. 그런데 뭐가 잘못된 걸까?

이 일을 이해하려면 먼저 상여금이라는 것이 무슨 의미인지 이해해야 한다. 일차적으로는 아주 간단하다. 상여금은 돈이다. 그러나 금세 복잡해진다. 5만 달러와 10만 달러 상여금 중 사람들이 어느 것을 더 받고 싶어할지 묻는다면 당신은 10만 달러라고 대답할 것이다. 당연하지 않은가? 그러나 사라 솔닉Sara Solnick과 데이비드 헤먼웨이David Hemenway가 알아낸 연구 결과에 따르면 그 답은 "상황에 따라 다르다"였다.

두 사람은 제품과 서비스 가격이 동일하다고 가정할 때, 1년에 다른 사람은 2만 5,000달러를 벌고 당신은 5만 달러를 버는 경우와 남이 25만 달러를 벌고 당신은 10만 달러를 버는 경우가 있다면 어떤 쪽을 선택하겠느냐고 물었다. 약 절반 정도의 사람이 5만 달러를 택했다.

그건 상여금이 단순히 돈이나 돈으로 살 수 있는 물건이 아니기 때문이다. 상여금은 곧 피드백이다. 우리는 자신이 얼마나 잘하고 있는지 알고 싶다. 그것을 알아낼 수 있는 명확한 방법 중 하나는 자신을 남들과 비교하는 것이다.

그러나 여러 이유로 그건 승산 없는 시합과 같다. 내가 직원들의 순위 매기는 일을 좋아하지 않는 이유이기도 하다. 각각의 직원은 특정한 문제나 기회에 대처하는 데 자신만의 강점을 이용하며 고유한 방식으로 조직에 가치를 더한다.

관리자가 수행해야 할 가장 중요한 일은 각각의 직원에게 적합한 일을 잘 매치하는 것이고, 그렇게 한다면 직원들을 서로 비교하는 것이 사실상 불가능해진다. 그것이 바로 다양성의 장점인 동시에 어려움이다.

어떻게 하면 비교의 함정에서 빠져나올 수 있을까? 직원들에게 리더로서 당신이 각 직원을 중시한다는 사실을 알리는 것뿐 아니라 그 이유도 아주 구체적으로 들려줘야 한다.

궁극적으로 우리가 원하는 것은 다음 세 가지로 요약된다.

1. 어려운 목표를 달성하는 것

2. 남들에게 사랑받고 인정받는 것

3. 권력/영향력을 갖는 것

그렇다. 돈은 단순히 이 세 가지를 나타내는 상징, 또는 대용품에 불과하다. 내가 돈을 잘 받으면 그건 리더인 당신이 내 능력을 인정한다는 뜻이 된다. 그건 곧 내게 영향력이 있다는 뜻이고, 그러면 나는 내 목표를 달성한 것이다.

그러나 그러한 내용을 명확히 밝히지 않으면서 큰돈을 주는 것도 가능하다. 그런 경우라면 돈은 그 힘을 잃는다. 바로 이런 일이 래리에게 일어난 것이다.

래리는 1년 내내 의미 있는 피드백이나 칭찬도 받지 못했고, 힘이 되는 대화도 전혀 나누지 못했다. 상사와는 거의 관계를 맺지 않았고, 자신이 조직에 어떤 식으로 인식되는지는 아주 어렴풋이 느낄 뿐이었다. 노고와 헌신에 감사한다는 쪽지 한 장 없이 책상에 놓인 수표를 발견했을 때, 상사의 반응이 없다는 사실은 수표보다도 훨씬 크게 느껴졌다. 그의 재정적 필요는 충족되었지만 심리적인 필요는 무시된 것이다.

이쯤 되면 문제가 너무 심각해서 해결하기 어려운 것 아닌가 하는 생각이 들 것이다. 그러나 우스울 만큼 쉽다.

래리의 상사는 금액이 얼마든 상관없이 직접 그 수표를 전해주면서 이렇게 말하면 되었을 것이다.

"래리, 올해 우리가 표현할 수 있는 마음은 이 정도인데, 자네가 회사에 기여한 바에 비하면 정말 아무것도 아니라는 사실을 알아주면 좋겠어. 자네는 이 프로젝트를 위해 1년을 고스란히 바쳤고, 때로는 나와 함께 꿋꿋이 싸워주기도 했지. 정말 고맙네. 자네의 노력에는 금전적인 가치를 매길 수 없을 거야. 진심으로 감사하네."

이게 전부다. 명확하고, 믿을 만하고, 20초면 충분하다(그렇다. 실제로 이 말을 하면서 시간을 재보았다). 이거라면 래리가 회사를 나가는 것을 막을 수 있었을 것이다.

물론 믿을 만한 사람이 되려면 일관성이 있어야 하고 래리는 바보가 아니다. 12개월 내내 상사에게 무시당하다가 1년 만에 딱 한 번 거창한 감사의 말을 들었다면 그 말을 믿지 않을 것이다. 그러니 현실에서는 20초가 넘게 걸린다. 그에게 그 주에 한 일에 감사하다고 일주일에 한 번씩 20초간 이야기해줘야 할 것이다. 그렇게 따지면 필요한 시간은 1년에 20분 정도다. 효과가 있으려면 이러한 대화는 개인적이고, 구체적이며, 명확하고, 마음에서 우러나서 해야 한다. 그것이 바로 믿을 만한 대화다.

1년에 한 번이라도 좋다. 내가 아는 한 건설회사는 어느 해엔가 상여금으로 지급할 돈이 별로 없었다. 그래서 단 몇 백 달러씩 수표를 써주는 대신, COO(최고운영책임자)가 프로젝트 매니저들을 모두 고급 맞춤 남성복점으로 데려가 치수를 재게 한 뒤 한 벌씩 맞춤 셔츠를 선물했다. 비용은 얼마나 들었을까? 한 명당 150달러에 불과했다. 그러나 그 효과는? 회사와 깊은 유대를 맺었고 자신의 노고가 인정되었다는 느낌을 가져다주었다. 그 가치는? 돈으로 헤아릴 수 없을 정도였다.

COO는 그들이 무엇을 원할지 생각해보았고, 그 일을 함으로써 자신이 그들의 노력에 감사하고, 그들을 좋아하며, 그들이 자신과 회사에 가져다주는 가치를 인정한다는 사실을 전달했다. 그거라면 셔츠 가격의 다섯 배 되는 금액의 수표보다도 더 큰 가치를 갖는다.

그건 그렇고, 사무실에서 통하는 것이라면 집에서도 통한다. 값비싼 선물을 마련해놓고 그냥 쓱 줘버리는 건 그 가치를 낭비하는 일이다. 선물과 함께 무슨 말을 해주면 좋을지 생각해보고 실제로 그 말을 들려줘라. 그 사람이 당신에게 얼마나 소중한 사람인지 알려줘라. 그 사람이 해낸 일이 얼마나 고맙고, 당신에게 끼친 영향에 감사하고, 그 사람을 얼마나 좋아하거나 사랑하는지 들려줘라.

자, 이쯤에서 오버룩에 무슨 일이 일어났는지 궁금할지도 모르겠다. 사실 그 즈음에 회사를 그만둔 건 래리만이 아니었다. 한 무리의 직원들이 대거 퇴사를 했다. 그 일에 대해 질문을 받자 한 고위 간부는 이렇게 말했다.

"사람은 언제나 다시 구할 수 있습니다."

참 다행 아닌가. 그 회사는 앞으로도 수시로 그렇게 해야 할 테 니 말이다.

LEADING WITH EMOTIONAL COURAGE

3부

목적에 전념한다

지금까지 자신감을 쌓았고, 다른 사람들과 유대감을 키웠다. 이 두 가지 요소는 한데 합쳐져 더 큰 목적의식, 우리 모두를 합친 것보다 더 중요한 목표를 향해 나아갈 때 튼튼한 플랫폼을 제공한다. 이 플랫폼 위에서 우리는 변화를 만들고, 무언가를 창조하고, 무언가를 더욱 발전시키고, 무언가가 일어나게 만들기 위해 우리와 다른 모든 사람이 갖춘 최고의 자질을 활용해야 한다.

자신보다 더 큰 목적의식에 헌신하는 것은 위대한 리더십에서 빼놓을 수 없는 중요한 요소이지만 그것은 단순히 잘살기 위해서도 대단히 중요하다. 목적의식 속에서 우리는 삶의 의미를 찾기 때문이다.

5장 '초점을 맞추라'에서 당신은 열정에 불을 붙이고, 꺼졌던 불도 다시 붙이게 될 것이다. 당신이 가진 에너지를 모두 쏟아부을 가치가 있는 일은 무엇인가? 무엇이 당신에게 의미를 부여하고 당신의 자신감과 다른 사람과의 유대를 가장 잘 활용하게 만들 것인가?

이 장은 당신의 열정을 명확한 초점으로 바꾸는 데 도움을 줄 것이고, 그것은 다시 그 초점의 우선순위를 정하는 데 도움이 될 것이다. 그리하여 당신은 힘과 명확성을 가지고 가장 중요한 일의 바늘을 움직이고(상황을 변화시키고), 목표 달성에 집중하는 과정을 찾아 당신의 에너지를 사용할 수 있다.

6장 '에너지를 모아라'에서는 사람들에게 책임의식을 심어주고 더 큰 목표를 향한 행동을 고취시킬 수 있는 구체적인 전술과 실용적인 기법을 배우게 될 것이다.

일찍부터 사람들을 참여시키는 것이 왜 그리 중요한지, 어떻게 하면 직원들이 꾸준히 일을 진행하고 완수하여 진정으로 자신의 일이라 여기게 만들 수 있는지 배우게 될 것이다.

다른 사람에게 최선의 능력을 끌어내는 동시에 당신이

전념한 이 장대한 목적의식을 향해 조직적이고 단합된 행
동을 독려하는 데 필요한 마음가짐과 기술을 개발하도록
도울 것이다.

5장 초점을 맞추라

25
감정을 드러내는 데 두려워 마라

초점에 활기를 불어넣는 감정의 힘

지금까지 커리어 통산 14번의 그랜드 슬램과 69번의 우승을 거머쥔 테니스 선수 라파엘 나달Rafael Nadal은 내 우상이다.

그의 실력은 비범하고, 집중력은 경외심을 불러일으키며, 기술은 그야말로 제일이고, 의지는 끝이 없다. 경기를 펼치는 그의 모습을 지켜보는 건 하나의 기쁨이다. 그러나 이런 건 내 우상이라 일컫는 이유가 아니다. 사실 그가 롤모델로서 내 책에 등장한 건 2013년 US 오픈에서 우승한 뒤부터다. 그 이유가 무엇일까?

그날 그는 우승이 확정되자마자 고함을 지르며 바닥에 쓰러졌다가, 기쁨에 펄쩍 뛰다가, 다시 테니스 코트에 엎어져서 그대로 엉엉 울었다. 그리고 한참 뒤 일어나 상대였던 노박 조코비치

Novak Djokovic 선수를 끌어안았다.

"자, 저런 게 바로 자신을 완전히 바친 사람의 모습이란다."

그날 함께 경기를 보던 딸 이사벨에게 나는 이렇게 말했다.

오늘날 기업에서 그런 에너지는 대체 어디에 있는가? 기쁨에 펄쩍펄쩍 뛰고, 허공을 향해 주먹을 휘두르고, 행복이나 슬픔에 엉엉 우는 사람들은 다 어디로 갔는가?

가끔 다른 회사의 복도를 걷다가 책상이나 칸막이 안에서 멍한 표정으로 일하는 사람들, 회의 시간에 꾸벅꾸벅 조는 사람들을 보면 문득 이런 생각이 든다.

'열정을 품은 진짜 사람들은 어디에 있는 걸까?'

언제 터질지 모르는 시한폭탄 같은 사람들로 일터를 가득 채우라는 말이 아니다. 열정적이고, 누구보다 열중하고, 신이 난 사람들, 더 큰 목적의식에 헌신하고 가장 중요한 일이 성취되도록 행동을 불러일으키는 사람들로 가득 찬 일터를 만들자는 말이다.

나달은 감정이 폭발하기 전 몇 시간 동안이나 경기를 펼치며 온몸 구석구석에 흐르는 에너지를 잘 통제된 반응과 신중하고 계산된 움직임으로 발산시켰다. 달리 말해 자기 감정을 관리했다는 말이다.

그렇다. 그것이 바로 우리가 힘든 목표를 달성하는 방법이며 그 일을 아주 잘 해내는 길이다. 나달의 사례는 활력으로 가득 채워진 초점의 궁극적인 예다.

경기가 끝나고 나면 에너지는 모두 어디로 가는가? 경기가 끝난 뒤 그가 보여준 반응은 시합 내내 쌓이고 응축되어 있던 에너지가 자연스럽게 폭발하는 모습이었다.

그런데 우리 중에는 자신의 감정을 끊임없이 억누르거나, 먹고 마심으로써 감정을 억제하는 사람이 얼마나 많은가?

몇 년 전, 정서 지능emotional intelligence이라는 것이 새로이 주목받았을 때 나는 이제 우리도 직장에서 감정을 더 진심으로 표현할 수 있게 되리라 생각했다. 그것이 다른 사람들의 감정을 존중하고, 옆 동료가 우는 동안 무슨 문제냐며 해결하려 나서지 않고 감정을 이입하여 조용히 옆에 앉아 있어주는 방법을 가르쳐줄 줄 알았다. 아니면 동료든 적이든 다른 사람을 향한 연민의 마음을 잃지 않고 성공을 축하하는 법을 알려줄 줄 알았다.

그러나 그런 일은 일어나지 않았다. 정서 지능이라는 건 그저 감정을 지적으로 논의하거나 역량 모델에 이용하기 위한 새 전문용어일 뿐이었다. 그러는 동안 우리의 감정은 내내 머릿속에 갇혀 있었다.

그건 내가 살고 싶은 세상이 아니다. 당신도 그런 세상에서는 살고 싶지 않을 것이라 생각한다. 물론 그렇게 하면 불편하거나 민망한 일은 피할 수 있을지 모른다. 안전하게 느껴질 수도 있을 것이다. 그러나 그건 잠깐이다. 장기적으로 보면 감정을 잘 포장하는 일은 우리 자신에게 해롭고, 인간관계에 해롭고, 정신적인 극도의 피로로 이어져 결국 우리를 아프게 만든다.

그렇다면 우리는 왜 나달처럼 개방된 열정과 에너지가 가득 모인 초점, 활짝 열어젖힌 마음을 가지고 살 수 없는 것일까?

감정적으로 열중하고 몰두하지 않고서는 초점에 활기를 불어넣을 수 없기 때문이다. 감정적으로 자신을 드러내는 건 두려운 일이다. 남에게 상처받기 쉽고, 수치심이 들고, 약한 사람이 된 것처럼 느낄 수 있다.

테니스 코트에 엎드린 채로 몸을 들썩이며 우는 나달의 모습을 보고 있노라니 상황은 아주 다르지만 같은 행동을 했던 내 모습이 떠올랐다.

일을 시작한 지 얼마 되지 않았을 때 동료 한 명이 내가 한 일에 매우 화가 났다. 그녀는 다른 사람이 서너 명 있는 앞에서 그녀를 화나게 만든 내 행동을 하나하나 말하기 시작했다.

그 상황에서 내가 해야 할 일은 변명하지 않고 듣는 것이었다. 그렇게 하기는 아주 힘들었지만(자꾸만 그녀의 말을 끊고 내 입장을 설명하고 싶었다) 주변에 있던 사람들이 날 도와주었다. 내가 입을 열려고 할 때마다 아무 말 말고 듣기만 하라고 상냥히 말해주었고 내가 잘 들으면 고맙다고 말해주었다.

그녀의 비판을 듣고 있는데 내 몸이 조금씩 떨리더니 잠시 후에는 눈에 띌 정도로 흔들렸다. 통제할 수가 없었다. 내 몸이 그녀에게서 전달되는 모든 에너지와 내 안에 서서히 쌓여가는 모든 에너지를 어떻게든 억누르려 애썼기 때문이라고밖에는 설명하지 못하겠다. 조금 지나자 그 에너지는 억누르기에 너무나도 커졌고 나는 울음을 터뜨렸다.

발가벗은 듯 수치스러웠다. 동료가 날 공격한다는 사실뿐 아니라 내 몸의 반응 때문에 더욱 창피했다. 고통스러웠다.

동시에 엄청난 안도감이 들었다. 이제 더 숨길 것이 없는 것처럼 짐을 내려놓은 듯한 기분이 들었다. 완전히, 온전히 나 자신이 된 기분이었다. 놀라울 정도로 기분 좋았다.

그제야 동료가 말하는 것을 받아들일 수 있을 듯한 기분이 들었다. 모든 말에 동의할 수는 없었지만 그녀가 틀렸다거나 그녀를 나쁜 사람이라고 속단하지 않고 받아들일 수 있었다. 그건 중요한 일처럼 느껴졌다.

날 거부할 것이라고 생각했던 사람들과 오히려 유대감으로 이어졌다. 주변 이들이 날 응원하고 위로해주었다.

내 울음은 실패에서 나온 것이었고 나달의 울음은 성공에서 나온 것이었다. 나도 두 가지 다 경험해보았는데, 흥미로운 사실은 기분은 똑같다는 것이다. 기본적으로 분출될 곳을 찾고 있던 에너지의 폭발이라는 점에서 두 울음의 본질은 똑같다.

우리는 근본적으로 감정적인 존재들이다. 축배를 들고 싶든, 슬프든, 두렵거나, 화가 나거나, 사랑스럽든, 우리의 감정은 우리라는 존재에서 아주 큰 일부를 차지한다.

이제는 마음을 열고 그것들을 받아들일 때가 아닐까.

우리의 감정은 초점에 활기를 더해주기 위한 연료와도 같다. 또한 그것은 당신의 가장 중요한 일이 어디에 있는지, 어떤 초점을 취해야 하는지, 혹은 어디로 활기를 불어넣어야 하는지 방향을 알려주는 표지판이기도 하다. 당신에게 가장 중요한 것이 무엇인지 알려주는 몸속의 단서다. 마음속 깊이 감정을 느껴보고 우리의 몸이 무슨 말을 하는지 귀를 기울여보자. 어딘가로 가려면 어디로 가야 하는지 아는 것이 무엇보다 중요하지 않겠는가.

26
어디로 가고 있는가

헤매지 않도록 큰 화살표를 찾는 법

중간 규모의 IT기업에서 이틀간 중역 워크숍을 진행했다. 이 미팅의 목표는 당면한 중요 문제들을 해결하고 내년에 회사의 집중 방향을 결정할 잠재적인 기회 요인들을 알아내는 것이었다.

첫째 날이 절반쯤 끝났다. 모든 일이 계획대로 진행 중이었지만 나는 무언가 잘못됐다는 기분을 떨칠 수가 없었다. 딱 짚어낼 수는 없지만 기분이 찜찜했다.

나는 회의실 안을 둘러보았다. CEO와 그의 직속 부하 직원들이 회의실 탁자에 둘러앉아 집중하고 있었다. 사람들은 서로 존중했고, 말을 끊거나 끼어들지 않고 경청했으며, 뜻이 불분명할 때에는 다시 질문을 했고, 한 프레젠테이션에서 다음 프레젠테이션으로 효율적으로 움직였다. 모두가 만족한 듯했다. 프레젠테이션과 대화는 모두 유용하고 명확했다.

모두가 만족한 듯 보였기에 끼어들기가 망설여졌다. 그런데도 뭔가가 맞지 않았다. 나는 방 안을 걸어 다니며 각 사람의 시각에서 회의를 보려고 했다. 마침내 CEO의 자리에 왔을 때, 그의 시각에서 미팅을 상상했을 때, '찰칵' 하고 모든 게 맞춰졌다.

하나씩 보면 각각의 프레젠테이션은 꼼꼼하고, 세심히 계획되고, 솜씨 좋게 발표되었다. 그러나 위에서 내려다본다면 하나의 거대한 대혼란을 보게 될 것이었다.

회사에서 다른 부분을 대표하는 각각의 사람들은 옆 사람의 것과 맞지 않는, 때로는 정면으로 부딪치는 자신만의 우선순위와 우려 사안과, 계획과 목표를 가지고 있었다. 아무도 회사 전체

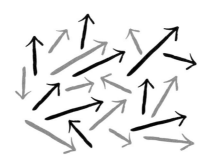

그림 26-1. 혼란의 화살표

의 시각을 염두에 두지 않았다. 아무도 회사 전반에 걸친 전략의 범주 내에서 움직이지 않았다. 아무도 더 큰 목적의식을 향한 명확한 헌신을 자기 업무에 반영하지 않았다.

각 사람의 목표, 프로젝트, 우선순위를 작은 화살표로 형상화해 이 미팅을 그림으로 표현한다면 아마 [그림 26-1]처럼 보일 것이다.

각 리더는 자신의 화살표, 즉 회사에서 자기가 맡은 부서만을 생각했고, 아무도 회사 자체에 중점을 두지 않았다. 다시 한 번 말하지만 더 큰 목적의식에 전념하지 못한 것이다.

이 리더들이 각자 독립된 회사를 운영했다면 아무 문제 없었을 것이다. 그러나 그렇지 않았다. 연구 개발 부서에서 내린 의사결정은 엔지니어링, 생산, 마케팅, 영업부에 영향을 미친다. 영업부에서 기존과 다른 고객에 초점을 맞추기로 결정했다면 그건 고객 지원뿐 아니라 마케팅, 심지어 인사부까지 영향을 준다. 어떤 사람을 채용해 어떻게 관리하고 어떻게 보상할지가 달라질 수 있기 때문이다.

사실 그들 모두 똑똑하고, 유능하고, 고등 교육을 받고, 경험 많은 리더였다. 그들이 하나의 통일된 전략의 중요성이라든가 더 큰 목적의식에 헌신하는 것의 중요성을 이해하지 못한 것이 아니다. 그런 전략이나 목적의식이 없는 것도 아니다. 그저 매일 맞닥뜨리는 어려움과 유혹의 기회들 앞에서 그것을 잊었을 뿐이다.

그들에게 필요한 건 그저 그것들을 상기시키는 것뿐이었다.

다음 프레젠테이션이 끝난 뒤 나는 잠시 미팅을 멈춰달라고 했고, 모두가 볼 수 있는 차트에 무작위로 작은 화살표를 여럿 그렸다. 그런 다음 하나의 커다란 화살표가 가운데에 있는, [그림 26-2]와 같은 그림을 그렸다.

"오늘 프레젠테이션은 개별적으로 본다면 모두 이치에 맞고 아주 건전한 전략들입니다. 그러나 그것이 전체로서 우리가 몇 개월 전 세심하게 마련했던 그 전략과는 방향이 맞지 않아요.

지금 우리에게 커다란 화살표를 상기시키고자 합니다. 우리가 하나의 기업으로서 나아가기로 선택했던 그 방향, 모든 것을 아우르는 가장 중요한 전략 말입니다. 그 큰 화살표는 회사가 가는 방향을 말합니다. 그것은 우리가 모두 같이 나아가기로 약속한

그림 26-2. 더 큰 목적의식과 맞지 않는 혼란스러운 전략들

그 더 큰 목적의식을 뜻합니다. 우리가 다 함께 달성하기로 한 그것 말이죠. 거기에는 우리의 우선순위, 우리의 브랜드, 우리 성공의 정의가 담겨 있습니다. 바로 그 시각에서 우리가 내리는 의사결정들을 검토할 필요가 있습니다. 이 작은 화살표들이 큰 화살표와 방향이 맞도록 말이에요. 무엇이 초점을 흐리는지, 무엇이 전략적인지 규명해야 합니다."

나는 몇몇 화살표에 줄을 그어 지우고 다른 몇몇은 방향을 바꾸었다.

"이건 현실적인 의미를 갖습니다. 몇몇 프로젝트는 중단될 것이고, 또 몇몇은 극적으로 바뀔 것이며, 아마 일부는 약간의 변화를 겪게 될 겁니다."

그림이 너무 지저분해지자 나는 그 장을 찢어내고 [그림 26-3] 과 같은 새롭고 깨끗한 이미지를 다음 장에 그렸다.

"이것이 우리가 고위 리더 팀으로서 서로와 회사 전체를 도우며 함께 움직여야 할 방향입니다. 우리 각각이나 우리의 사업보다도 더 큰 공동의 목적의식을 향해서 말이죠."

그들은 전략의 기본적인 원칙을 검토하기로 뜻을 같이했다. 우리는 그들의 브랜드와 그들이 원하는 고객의 유형, 그들이 생산하기에 최적의 위치에 있는 제품들, 또 이듬해에 만들어내고자 하는 결과에 대해 토론했다.

그림 26-3. 공동의 목적의식을 달성하기 위해 전략의 방향 맞추기

그 모든 걸 이야기하는 데 걸린 시간은 고작 15분이었다.

그렇게 빨리 끝난 건 그들이 완전히 새로운 전략을 설계하는 것이 아니라 그저 이미 잘 수립해놓은 전략을 스스로에게 상기시켰기 때문이다. 더 큰 목적의식에 다시금 헌신한 셈이다.

그런 뒤 우리는 가장 힘든 일에 착수했다. 바로 의사결정을 내리는 것이었다. 그것이 힘든 건 우선순위에 따라 용기 있는 선택이 필요하기 때문이다. 어떤 기회 요인을 기꺼이 포기할 것인가? 어떤 문제를 간과할 수 없는가?

그렇게 그들은 각자 작은 화살표를 이리저리 밀고 방향을 바꾸었다. 초점을 흐리는 몇 프로젝트는 취소되었다. 일부 열띤 대화가 이어졌고 어떤 사람들은 방어적으로 굴기도 했다. 그러나 전반적으로 대화는 대단히 생산적이고, 서로 존중했으며, 큰 화살표에 명확히 초점을 맞췄다.

루이스 캐롤^{Lewis Carroll} 은 《이상한 나라의 앨리스^{Alice in Wonderland}》
에서 이렇게 말했다. "어디로 가는지 모른다면 어떤 길로 가든
상관없잖아?"

리더가 겪는 어려움은 어디로 가야 하는지는 알고 있지만 중간
에 초점을 잃고 더 큰 목적의식을 놓치기 쉽다는 점이다.

이때 다음 두 가지가 제 길에서 벗어나지 않도록 도움을 준다.

1. 큰 화살표

기회 요인을 의논하고, 도전 과제를 거론하고, 문제를 해결하고,
또는 특정한 의사결정을 고심하기 위해 미팅을 할 때마다 가장
먼저 몇 분을 할애해 큰 화살표, 즉 더 큰 목적의식을 재논의하
라. 모든 전략 미팅을 더 큰 목적의식을 언급하고 재다짐하면서
시작하라. 다른 모든 일을 아우르는 우선순위와 방향, 회사 전체
로서의 경계를 스스로 상기하라.

큰 화살표는 방향을 제시하고, 경계를 명확히 하고, 초점에 활
기를 불어넣어주며, "어디에 시간을 투자해야 하는가?"라는 중
대한 질문에 답을 해준다. "이 해결책은 우리 조직이 더 큰 목적
의식을 향해 나아갈 수 있도록 도와주는가?"라는 질문을 던짐으
로써 각 의사결정의 실행 가능성과 생산성을 평가하는 의사결정

필터로 작용한다.

2. 감정 용기

작은 화살표들이 회사의 큰 화살표와 방향을 같이하도록, 어렵고 때로는 고통스럽기까지 한 의사결정을 내리는 것은 리더가 수행해야 할 가장 중요한 일 중 하나다. 감정적으로 매우 힘든 일이기도 하다. 고객이 정말로 좋아할 것이고 확실히 수익을 가져다줄 군침 도는 기회라 해도 큰 화살표와 방향이 맞지 않는다면 거절할 수 있겠는가? 당신에게 큰 이득이 될 일이나 연말 상여금 액수를 늘려줄 수 있는 일이 회사에는 최선의 이익이 되지 않는다면 포기할 수 있겠는가?(감정 용기를 기르는 방법에 대해서는 4부에서 더 자세히 살펴보겠다.)

분명 힘든 일이지만 리더로서 해야 하는 일이다. 초점에 활기를 더하고, 큰 화살표를 정의하라. 이것이 당신과 당신의 동료들, 회사 전체를 성공으로 이끌어줄 것이다.

초점에 활기를 더한다는 것은 곧 어디에 주의를 집중할지, 또 어디에 집중하지 말아야 할지 판단해야 한다는 뜻이다. 이제, 관심을 집중해야 할 네 가지 영역을 이야기하고자 한다.

27
중요한 곳에 집중하라

리더가 집중해야 할 4가지 영역

점심시간이 가까워지자 탁자에 둘러앉은 CEO와 그의 직속 부하 일곱 명은 점점 더 초조해했다. 배가 고파서 그런 것은 아니었다. 사실 그들은 아침 내내 간식을 먹어댔다. 배가 고프다기보다 지루해서였다.

COO가 회의실 앞에 서서 스크린에 비친 슬라이드를 보며 말했다. 대화는 주로 일방적이었다. COO가 설명을 하면서 필요할 때는 자기 슬라이드를 변호하는 식으로 말이다.

마침내 점심시간이 되자 CEO가 날 한쪽으로 부르더니 우리가 이미 아는 사실을 말했다.

"이건 시간 낭비예요."

조직의 고위 리더들을 한자리에 모으는 건 어마어마한 자원 투자다. 호텔을 빌리고 식사와 간식을 준비하는 일은 저렴한 축에 든다. 대동한 컨설턴트의 비용도 사실 별것 아니다. 높은 보수를 받고 언제나 시간에 쫓기는 여러 고위 리더의 집중력을 독점하는 것에 비하면 말이다.

그런데 줄줄이 이어지는 프레젠테이션 동안 중역들이 멍하니 듣고만 있거나 테이블 아래에서 스마트폰으로 이메일에 답장이나 하는 경우가 얼마나 많은가? 중역들의 관심이 필요한 큰 문제들만 쏙 빼놓고 별것 아닌 주제에 대해서 이야기하며 시간을 낭비하는 경우는 또 얼마나 많은가?

이 모든 두뇌를 한자리에 모아 놓았다면 중역 미팅의 초점은 단순히 새로운 사실의 업데이트가 아니라 대화와 논쟁, 충돌에 맞춰져야 한다. 이 리더들은 조직에서 가장 중요하고도 해결하기 어려운 문제들에 관여하고, 그것들과 씨름을 해야만 한다.

어떻게 하면 그렇게 할 수 있을까? 사람들이 진심을 말하고, 서로 용기 있는 말을 할 수 있는 환경을 만들어야 한다. 자기 약점을 드러내고, 부서 간 장벽을 무너뜨리고, 서로 도전장을 던지는 질문과 사고, 의사결정을 가지고 대화에 참여하는 환경 말이다. 바로 이런 것이 초점에 활기를 더한다.

이런 미팅을 하기 위한 나의 첫 번째 규칙은 슬라이드를 준비하지 않는 것이다. 어떤 사람이 화면에 슬라이드를 띄우는 순간,

방 안에 있는 모든 사람의 초점은 그 한 사람(그나마 최선의 경우)이나 각자의 스마트폰(최악의 경우)으로 옮겨간다. 두 가지 경우 모두 유용하지 않다.

슬라이드 없애기라는 규칙이 확립되고 나면 어디에 관심을 집중할지 선택해야 한다. 이것이 두 번째 규칙이다. 고위 리더 미팅을 할 때면 나는 다음 네 가지 영역에 초점을 맞춘다.

1. 바늘을 움직이는 의사결정

인수 합병이나 새로운 사업군, 조직 재편성 같은 이야기를 해야 할 때 비용 보고서를 거론하며 에너지를 낭비하지 말라. 점진적인 개선은 그보다 낮은 직급의 관리자들이 다뤄야 할 영역이다. 매출이 10억 달러가 넘는 한 기업의 CEO는 관련 수치의 '0의 개수'를 판단 기준으로 삼는다. 지금 이야기하는 것이 50만 달러짜리인가, 500만 달러짜리인가? 0의 개수가 충분치 않으면 그 의사결정은 전략적인 것이라 할 수 없으니 중역들의 시간을 빼앗아서는 안 된다. 고위 리더는 단계별 개선이 아니라 더욱 근본적인 일에 초점을 맞춰야 한다.

2. 큰 화살표

회사를 여러 개의 작은 화살표(프로젝트, 사업, 고객, 거래와 계약 등)를 포함한 하나의 커다란 화살표라고 생각하라. 큰 화살표는 더 큰 목적의식이다. 더 확실한 초점을 원한다면 이 질문을 던져라.

"앞으로 12개월 동안 달성해야 할 가장 중요한 성과는 무엇인가?"

CEO와 그의 직속 부하인 고위 리더들이 바로 그 큰 화살표의 주인이다. 문제는 사람들이 부서 간 장벽을 더욱 높이 쌓고, 사소한 일로 서로 다투고, 의도적이든 아니든 더 큰 사명을 무시하는 동안 작은 화살표들이 다른 방향을 향하게 된다는 점이다. 고위 리더들은 부서 간 장벽을 허물고 모든 사람이 회사의 전략 및 문화 방향과 일치하도록 만들 의사결정을 내리고 본보기를 보일 책임이 있다. 이렇게 해야만 모든 화살표가 같은 방향으로 향한다.

3. 차세대 리더

대부분의 고위 리더가 수행해야 할 가장 중요한 역할 중 하나는 바로 차세대 리더들을 참여시키고, 그들의 리더십과 의사결정력을 키워주는 것이다. 그것이 바로 회사가 성장하는 길이다. 차세대 리더들에 대해 이야기하고, 인재 육성 계획을 세우고, 의사결정을 아래로 내려보내고, 그들을 전략적 토론에 참여시키는 등의 투자는 바람직한 결과를 가져다줄 것이다.

4. 거론할 수 없는 것들

이 마지막 영역에 가장 큰 감정 용기가 필요하다. 아무도 말하지 않는 것을 말하는 것이야말로 회사의 성과를 높이는 확실한 방법이다. 다른 리더에 관한 것일 수도 있고, 특정 사업부의 실적일 수도 있다. CEO의 리더십 스타일이나 중역 간 신뢰의 부재 문제일 수도 있다. 중요한 문제가 거론되지 않는다는 사실 자체가 조직의 발전을 막고 있다는 확실한 증거다.

자기 책상 위에 놓이는 일만 처리하다 보면 통제권을 다른 사람의 손에 넘기게 된다. CEO와 고위 리더들은 그렇게 수동적으로 굴어서는 절대 안 된다. 리더로서 당신이 하는 모든 일은 영향력을 가져야만 한다. 당신이 할 일은 크게 생각하는 것이다. 앞에 놓인 문제가 이 네 가지 영역 밖에 있다면 그것은 조직 내에서 하급 관리자가 처리해야 할 일이다.

점심시간 동안 나는 CEO에게 이 네 가지 영역을 이야기했고 우리는 그의 팀에서 가장 큰 문제는 직속 부하 직원들이 서로 협력하지 못하는 점이라는 데 동의했다. 그것은 꽤 오랜 시간 동안 아무도 꺼내지 못한 얘기였다.

사람들이 회의실로 돌아오자 프로젝터는 사라지고 없었다. 처음에는 다들 어쩔 줄 몰라 했다. 공들여 준비한 프레젠테이션은 어쩌란 말인가? 슬라이드 뒤에 숨어서 느끼는 안전한 기분은?

"프레젠테이션이나 듣고 앉아 있기에 여러분의 두뇌는 너무 귀합니다. 머리를 한데 모아 생각할 필요가 있어요."

CEO가 말했다. 그런 다음 그가 화들짝 놀랄 말을 했다.

"방 안을 둘러보세요. 누가 잘 어울리지 못하고 있습니까? 그 이야기를 해봅시다!"

침묵이 이어졌다. 다행히 CEO는 어색한 침묵을 깨겠다며 먼저 말을 꺼내고 나서지 않았다. 그가 공을 던졌으니 이제 상대방이 일어서서 공을 받아낼 차례였다.

긴 침묵이 흐른 뒤 마침내 한 사람이 입을 열고 방 안 모든 사람이 이미 알지만 절대 입 밖에 꺼내지 않았던 한 가지 사실을 인정했다. 그와 방 안에 있는 다른 한 사람이 협력하기를 힘들어한다고 말이다. 그때부터 세 시간에 걸쳐 활기차고, 열정적이고, 때로는 힘든 대화가 이어졌다. 단 한 사람도 탁자 아래에서 몰래 이메일을 확인하지 않았다.

이것이 활기로 가득 차고 초점이 맞은 팀의 모습이다. 중요한 것이 더 있다. 큰 목적의식을 향해 매일 초점을 맞추고 활기를 불어넣는 일이다. 이때 일종의 필터가 필요하다. 그 필터를 이용하는 시기는 휴가에서 막 돌아온 첫날이 가장 적절하다.

28
초점을 필터로 이용하라

→

조직을 앞으로 나아가게 하는 일에만 집중하는 법

→

휴가를 끝내고 돌아오면 그동안 밀린 일이 당신을 기다리고 있다. 고위 리더라면 그 일은 훨씬 더 많을 것이다. 수백 통, 어쩌면 수천 통의 이메일, 확인하지 못한 음성메시지, 자리를 비운 동안 평소보다 두 배, 혹은 세 배로 늘어난 할 일이 있을 것이다. 고객, 상사, 동료 직원, 거래처의 요구에도 응답해야 한다. 한마디로, 급한 불을 끄고 업무를 다시 장악해야 한다.

당신은 밀린 일을 해내기 위해 최선을 다하며 가장 급한 일부터 먼저 처리한다. 며칠이 지나면 쌓여 있던 일이 다 마무리되고 다시 전진할 준비가 된다. 통제력을 되찾았다. 성공한 것이다. 정말 그럴까?

이게 당신이 휴가 뒤 출근하자마자 하는 일이라면 초점에 활기를 더할 수 있는 엄청난 기회를 놓친 셈이다.

리더의 가장 중요한 역할은 무엇인가? 앞에서 이미 살펴본 것처럼 바로 초점이다.

고위 리더로서 할 수 있는 가장 중요한 일은 사람들이 조직의 큰 화살표와 방향을 같이하고, 모두가 더 큰 목적의식에 전념하도록 하는 것이다. 그것을 잘 해낸다면 조직은 최고의 생산성을 올리며 돌아갈 것이고, 최대의 영향력을 갖게 될 것이다. 그러나 그건 쉬운 일이 아니다. 한 명이라도 초점을 맞추고 가장 중요한 목표와 방향을 같이하게 만드는 것도 어려운데, 조직 전체를 그렇게 만드는 일은 말도 못하게 어려울 것이다.

그런데 가끔 한 번씩 완벽한 기회를 얻게 된다. 평소보다 쉽고, 사람들이 열린 마음을 보이고, 당신이 명확하게 행동할 수 있고, 당신의 메시지가 효과적으로 전달될 수 있는 때가 있다.

휴가에서 돌아온 첫날이 바로 이런 기회 중 하나다. 마침 당신은 일상적인 업무에서 거리를 조금 두었다. 사람들이 당신에게 얘기를 들은 지도 좀 되었다. 그들도 휴가를 다녀왔을 수 있다. 그들은 당신의 말을 기다리고 있다. 평소보다 조금 더 그들에게 영향력을 발휘할 수 있다.

받은메일함이나 할 일 목록을 가지고 씨름하면서 이 소중한 기회를 날려버리지 말자. 하나의 이메일이라도 답장하기 전에 몇 가지 질문을 던져보자.

"지금 당장 조직이 해야만 하는 긴요한 일은 무엇인가? 무엇이 회사의 결과물에 가장 큰 변화를 만들겠는가? 큰 화살표를 달성하려면 어떤 행동을 장려할 필요가 있는가?"

가장 중요한 마지막 질문이 있다.

"덜 중요한 것은 무엇인가?"

이 질문들에 답하면 당신의 초점에 활력이 생길 것이다. 이 질문들에 답하기 위해 조직에 가장 큰 차이를 가져다줄 3~5가지 중요한 일을 정하라. 그 일이 무엇인지 알아내고 나면 그것들을 진척시키는 데 자신이 가진 에너지의 95퍼센트를 쏟아야 한다. 어떻게 하면 그럴 수 있을까?

1. 그 3~5가지 일을 명확히 정하라. 종이에 적어두고, 사용하는 단어나 표현을 세심히 선택하라. 소리 내어 읽어보라. 잘 표현된 것 같은? 간단명료하고 명확한가? 유용한가? 다른 사람들이 의사결정을 내리고 조치를 취할 때 도움이 되겠는가? 당신의 초점을 명확히 반영하는가?

2. 그것을 필터로 삼아 당신의 모든 의사결정, 대화, 요청, 할 일, 작성하는 이메일을 걸러라. 다른 사람들이 당신에게 일을 요청하거나 의사결정을 부탁하면 그들에게 이렇게 말하

라. "우리의 큰 화살표가 X인 점을 고려한다면 지금 Y를 하는 것이 이치에 맞습니다."

지금 답장하려는 그 이메일이 당신이 정한 3~5가지 우선순위를 더욱 보강하는가? 올바른 방향으로 추진력을 더해줄 것인가? 만약 그렇다면 방향을 큰 화살표와 더욱 잘 맞추고 당신의 초점을 더 명확히 해줄 수 있는 방식으로, 그 내용이 적어놓은 3~5가지 일 중 하나 이상과 최대한 가까워지도록 답장을 써라.

메일을 읽고 회사의 최우선순위 3~5가지와 연결할 명확한 방법을 찾을 수 없다면 그것은 그대로 두고 다음 이메일로 넘어가라. 3~5가지 일과 관련 없는 문제들의 우선순위를 과감히 낮추라. 중요한 것은 초점에 활기를 더하는 것이고, 몇몇 일에 맞춰진 초점에 활기를 더하려면 다른 것은 무시할 필요가 있다.

바쁜 업무 중에 훌륭한 기회가 생겼다. 당신의 주된 역할이자 가장 힘든 과업인 조직의 초점을 잡아주는 일이 조금이나마 쉬워진 이 보기 드문 기회를 그냥 놓칠 셈인가.

휴가에서 돌아왔을 때 중요한 건 단순히 밀린 업무를 하는 것이 아니다. 중요한 건 앞으로 나아가는 것이다. 자신의 초점을 명확히 하고 그것을 필터로 삼는 것은 여기서 매우 중요한 단계다. 그다음 단계는 거기에 가속도를 붙이는 것이다. 그러려면 반복이 필요하다.

29
몇 번을 말해도 부족하다

메시지를 제대로 전달하는 반복의 힘

나에게는 나름대로 믿음직한 구강 관리 루틴이 있다. 하루 두 번 치실을 쓰고 칫솔질을 하는 것이다. 그 정도면 충분하지 않은가.

그러나 치과의사는 그렇게 생각지 않았다. '흠', '음' 하는 소리를 내며 내 입속을 한참 이리저리 쑤셔대던 그가 새롭고도 귀찮은 루틴을 추천했다. 이제 나는 치실을 쓰고, 칫솔질을 하고, 치간 칫솔로 구석구석 청소한 뒤, 마지막으로 불소와 항균제가 든 구강청결제로 입안을 헹궈낸다.

그런데 놀라운 사실은, 구강청결제까지 써야 마지막 남은 음식 찌꺼기가 깨끗하게 빠지는 경우가 많다는 점이다. 다시 말해, 치실, 칫솔, 치간 칫솔만으로는 원하는 결과를 내지 못한다는 뜻이다. 모든 게 깨끗해지려면 마지막 가글까지 해줘야 한다.

오늘 아침 이를 닦으면서 이 일을 생각하고 있는데 미국 공영 라디오 방송 NPR에서 봄맞이 자선 모금 광고가 들려왔다. 그들이 그 광고를 내보낸 것도 일주일 가까이 되었다. 그 이야기를 들을 때마다 나도 모금에 동참해야겠다고 생각했지만 창피하게도 오늘, 모금 마지막 날이 되어서야 나는 실제 모금에 필요한 일을 마쳤다.

이런 게 바로 '구강청결제 원칙'이 필요한 이유다. 이것은 강력한 리더십의 필수 요소이기도 하다. 사람들에게 강한 인상을 남기고 싶다면, 어떤 식으로든 그들의 행동에 영향력을 발휘하고 싶다면, 계속 메시지를 전하고, 메시지 전달이 끝났다고 생각한 한참 뒤에도 다른 각도에서 여러 번 접근해야만 한다.

천 번씩 같은 내용을 반복해 연설하는 정치인은 이 사실을 아주 잘 안다. 또 우리 머릿속에서 광고 노래가 떠나지 않게 계속해서 반복해대는 광고주도 마찬가지다.

모두 아는 사실이지만 우리는 대부분 실천하지 않는다. 많은 관리자와 팀장이 어떤 사항을 한 번, 두 번, 가끔은 세 번 말하고는 메시지가 완전히 전달되었다고 생각한다. 그러다가 다른 사람들이 분명히 전달된 기대치에서 어긋나는 행동을 하면 불같이 화를 낸다.

문제는 바로 말하는 것과 듣는 것에는 큰 차이가 있다는 사실이다. 어떤 사항을 말할 때에는 미리 준비했을 것이다. 머릿속에서 이런 저런 생각을 해보았을 것이고, 그 일에 대해 이미 다른 몇몇 사람에게 이야기했을 수도 있다. 그런 다음에야 최종 결정이나 생각에 이른다. 일종의 과정을 거쳤다는 뜻이다. 게다가 그걸 말하는 사람이 당신이라면 그건 그 말이 다른 어떤 사람들보다 당신에게 더 중요하다는 뜻일 것이다. 그러니 한 번만 말해도 충분한 것처럼 느껴질 수밖에 없다.

그러나 똑같은 이야기를 남에게 듣거나 다른 곳에서 읽을 때에는 그것이 그 이야기를 처음 접하는 것일 뿐 아니라 그 순간에도 당신을 향해 날아드는 수많은 다른 메시지와 함께다. 그건 당신의 메시지가 아니다. 다른 메시지와 많은 생각의 불협화음 속에서 그 메시지가 눈에 띄려면 반복해야 할 필요가 있다.

그래서 내가 메시지를 말하는 경우 서너 번만 반복해도 과도한 것처럼 느껴지나 그 메시지를 전달하기에는 충분치 않다. 이게 바로 구강청결제 원칙이다.

내 고객이자 9억 달러 상당의 기업 CEO인 리처드는 최근에 이 구강청결제 원칙을 아주 잘 사용했다. 사외 워크숍 준비를 하면서 그는 직원들에게 그곳에서 함께 논의할 몇 가지 문제를 적은 이메일을 보냈다. 그런데 그 미팅에서 거론하기에는 시간이 너무 많이 걸릴 것이 뻔한 문제가 하나 있었다(편의상 그것을 옵션 D라고 부르자). 그 문제는 이번 회의에서 다룰 대상이 아니었지만 팀원 중 몇 명이 그 문제를 논의하고 싶어한다는 걸 리처드는 알고 있었다. 그래서 그는 옵션 D는 이번에 의논할 주제가 아니라는 사실을 이메일 처음, 중간, 끝에 총 세 번 확실히 명시했다. 맨 마지막에 쓸 때는 모두 대문자로 적기까지 했다.

그런 다음에는 미팅을 시작하기에 앞서 그날 의논할 사안을 이야기한 뒤, 고압적으로 보이겠지만 옵션 D를 의논하느라 시간 낭비하고 싶지 않다고 다시 한 번 강조했다. 이런 게 바로 구강 청결제 원칙이고, 그건 확실히 효과가 있었다.

이건 단순히 남들에게 강한 인상을 남기는 것이 아니라 우리 자신에게도 그리하는 셈이 된다. 어떤 글을 두 번 읽고 나서야 처음에 놓친 것이 눈에 들어오는 경우가 얼마나 많은가? 무언가를 배우거나, 행동을 바꾸거나, 결정을 내렸다고 생각한 뒤에 자기도 모르게 예전으로 되돌아가는 경우는 또 얼마나 많은가?

리더십이나 의사소통, 시간 관리에 대해 마지막으로 읽은 책이 아무리 좋았어도 또다시 같은 주제에 대한 다른 책을 읽어야 하는 이유도 바로 이 때문이다. 각각의 책에 당신을 흠 잡을 데 없는 리더나 의사소통 전문가, 시간 관리자로 만들어줄 완벽한 공식이 없어서가 아니다. 그저 생산성을 갉아먹는 부정적인 행동을 마지막 하나까지 없애려면 똑같은 일을 몇 번이나 반복해야 하기 때문이다. 이는 우리가 자신의 이야기를 말할 때에도 귀 기울여 잘 듣지 않는다는 뜻이 된다. 자신의 초점에 활기를 불어 넣으려면 반복이 필요하다.

남의 말을 잘 듣는 사람이 되는 건 언제나 좋은 생각이다. 그러나 자신의 논점을 잘 전달하기 위한 전략으로 다른 사람들의 경청에만 의존하지 마라. 더 나은 전략이 있다. 반복에 익숙해져라. 필요하다고 생각하는 것보다 더 자주 이야기를 반복하고, 당신이 그렇게도 명확히 설명한 것들을 사람들이 제대로 하지 않는다고 해서 너무 실망하거나 화내지도 말자. 하지 않는 게 당연하다고 생각하자.

오늘 아침, 치실을 쓰고, 이를 닦고, 치간 칫솔로 사이를 청소하고, 구강청결제로 가글한 뒤, 아이들에게 이를 닦았느냐고 물었다. 그날 아침만 네 번째로 물은 것이었다. 그랬더니 세 명 중 두 명만 닦았다고 했다. 네 번이나 물어봐서 다행 아닌가.

반복의 힘은 강력하다. 특히 단 하나의 중요한 초점을 세우고 더욱 강조하고자 할 때는 더욱 그렇다. 그런데 놀랍게도 그 반대의 방법도 효과가 좋다. 때로는 다른 사람들을 주목시키는 데 침묵의 힘이 필요할 때도 있다.

30
때로는 말을 적게 하는 것이 낫다

→

사려 깊은 침묵이 필요한 순간

→

대규모 금융 서비스 기업의 관리 이사 조지는 방 안 가득한 사람들에게 자신의 시각을 받아들이게 만드는 아주 묘한 능력을 가졌다. 항상 사람들이 좋아할 만한 말만 하는 것도 아닌데 그는 대단히 능수능란한 설득가다.

그의 직급 때문이 아니다. 그는 같은 직급에 있는 다른 동료들도 잘 설득한다. 그의 말을 듣는 사람들이 잘 휘둘리기 때문도 아니다. 그는 상당히 경쟁심 강한 동료들과 일한다. 그의 우아하고 독특한 영국 억양 때문도 아니다. 같은 영국인 동료들도 다른 사람들과 똑같이 그의 말에 홀딱 넘어가며, 그렇다고 그 동료들이 그와 같은 설득력을 발휘하는 것도 아니다.

조지에게는 남다른 강점이 있다. 나도 처음에는 바로 알아차리지 못했다. 그가 하는 말에만 귀를 기울였기 때문이다. 그의 힘은 바로 말하지 않는 것에 있다.

조지는 '말하는 다른 사람들'보다 훨씬 더 많이 침묵을 지키고, 가장 마지막으로 말을 꺼내는 경우가 잦다.

위에서 그냥 '다른 사람들'이 아니라 '말하는 다른 사람들'이라고 한 것에 주목해야 한다. 실제로 아무 말 하지 않는 사람들도 너무나 많다. 그런 사람들은 설득력이 없다. 많은 이가 느끼듯, 침묵은 부재와 같다. 그러나 조지는 그 자리에 없거나 수동적으로 느껴지는 침묵이 아니다. 사실 그는 말을 하는 다른 이들보다 바쁘다. 조용히 경청하고 있기 때문이다.

말이 안 되는 것처럼 느껴지기도 하겠지만 실제로 경청은 말하는 것보다 훨씬 더 설득력이 클 수 있다.

우리는 습관적으로 논쟁을 벌여 상대를 설득하려 한다. 그러나 논쟁은 사람의 마음을 바꾸지 못하고 오히려 비협조적으로 만들기도 한다. 침묵은 크게 과소평가된 힘의 원천이다. 침묵을 지키면 지금 상대가 말하는 것뿐 아니라 말하지 않는 것도 들을 수 있다. 침묵 속에서는 진실에 닿기가 더 쉬워진다.

사람들의 말에는 그들이 말하는 것 표면 아래에 더 많은 실체가 담겨 있는 경우가 대부분이다. 드러내고 싶지 않은 문제가 있거나, 알리지 않는 꿍꿍이가 있거나, 공개하기에는 받아들여지기 힘든 의견 같은 것들이 있을 수 있다.

그런데 우리가 조용히 있을 때에는 그런 것들을, 그 이상을 들을 수 있다. 온갖 소음 뒤에 숨겨진 실체를 느낄 수 있는 것이다.

조지가 어떤 방법을 쓰는지 알아낼 수 있었던 건 그가 마침내 입을 열 때면 상대가 말하는 주장의 요지를 일목요연하게 설명해내기 때문이다. 상대가 했던 말에 대해 이야기할 때면 잘 알아들었다는 듯 그 사람을 쳐다보면서 이야기하고, 그들이 말한 것을 모두 함께 추구하는 목적의식인 큰 화살표에 연결한다.

또 흥미로운 점이 있다. 조지가 자신의 말을 잘 들었음을 알기 때문에 사람들이 그와 논쟁을 벌이지 않는다는 것이다. 그는 사람들의 말을 모두 잘 듣고 이해했기 때문에 그 방 안에서 가장 현명한 시각을 갖출 수 있다.

조지가 믿을 만하고 설득력 있는 사람이 된 또 다른 이유가 있다. 그는 언제나 다른 사람의 시각에서 배울 용의가 있고, 그들의 시각을 통해 자신의 시각이 조금 바뀌었을 때면 언제나 그 사실을 상대가 알게 한다. 그들의 시각을 자신의 시각과 통합시켜 그 자신의 초점에 더욱 활기를 더하는 것이다.

말이라는 것은 방해가 되는 일이 많기 때문에 때로는 침묵이 상대방과 유대를 맺도록 도와준다. 한 번만이라도 그저 귀를 기울여보라. 다른 사람들의 태도가 부드러워지고, 당신도 계속 경청하고 싶어진다. 다른 사람들의 시각을 당신의 시각과 합치고 싶어질 것이다.

그러나 침묵을 일종의 게임이나 상대의 시각을 조종하려는 수단 정도로 여긴다면 분명 역효과가 날 것이다. 필연적으로 들통날 수밖에 없고 상대방은 배신감을 느끼며 마음에 상처를 받을 것이다. 속아서 유대감을 갖게 되면 조종당한다고 느끼게 되고, 그러면 그들은 당신을 영영 믿지 않을 것이다.

침묵을 이용할 때는 상대를 존중해야 한다.

사려 깊게 침묵을 지키면 좋은 이유는 너무나도 많다. 그런데 왜 우리는 자주 침묵하지 않을까? 한 가지 이유를 찾자면 불편하기 때문이다. 동의하지 않는 시각에 귀를 기울여야 하고, 좋아하지 않는 사람들의 말을 들어줘야 하기 때문이다.

그러나 그건 팀워크와 리더십을 위해 해야만 하는 일이기도 하다. 남들의 이야기를 듣고, 그들을 있는 그대로 바라보고, 그들이 각자의 욕구, 시각, 이해관계를 궁극적으로 모두가 달성하고자 하는 그 큰 목적의식에 연결할 수 있도록 도와야 한다.

침묵을 지킬 때 설득력 있는 리더가 할 수 있는 일이 하나 더 있다. 다른 사람들이 참여할 공간을 만들어주는 것이다. 중국의 철학자 노자는 이렇게 썼다.

"사람들이 지도자의 존재를 거의 모를 때, 그의 일이 완수되고 목표가 달성되었는데 사람들이 '우리 스스로 해낸 일이다'라고 말할 때, 그 지도자는 최고의 지도자다."

사람들은 리더의 아이디어를 단순히 따를 때보다 자기 아이디어를 낼 때 더 열심히 일한다. 침묵에 이은 몇 가지 신중한 단어와 표현은 이러한 리더십의 이상을 성취하기 위한 안전하고 확실한 방법이다.

현실에서는 어떻게 하면 될까? 침묵을 지키는 방법은 누구나 알고 있다. 중요한 것은 말하고 싶은 충동을 참을 수 있느냐다. 이때 감정 용기가 필요하다.

말하고 싶은 충동을 참을 수 있는 사람은 거의 없다. 여러 사람이 모여 있을 때 조용한 순간이 별로 없는 것이 그때문이다. 그러나 조지의 말에 따르면 그 사실을 역으로 이용할 수 있다.

"한 무리를 대상으로 질문을 던질 때면 그것을 일종의 경쟁이라고 생각하세요. 질문을 던지고 스스로 답을 내놓으면 당신은 진 겁니다. 하루 종일 자기 질문에 자기가 답하게 될 거고 아무도 노력을 하지 않을 겁니다. 얼마나 시간이 오래 걸리든 무리 중 누군가가 입을 열 때까지 침묵 속에 기다려보세요. 그러면 그들이 자신들을 이끄는 데 필요한 일을 계속해서 해나갈 겁니다."

그렇다. 그게 바로 조지의 비결이다. 다른 이들이 침묵을 깨뜨리게 하고, 그들의 말 뒤에 숨은 진실에 조용히 귀 기울여라. 그런 다음 당신이 들은 바를 인정하고(아마 들은 것에다가 당신의 의견까지 합쳐져 더 좋아졌을 것이다) 다른 사람들이 자신의 말이 경청되었음을 느꼈을 때 당신의 시각을 제시하라.

그들이 당신의 말에 모두 동의한다면? 그게 바로 침묵의 힘 아니겠는가.

6장

에너지를 모아라

31
팀의 에너지를 한데 모아라

→

리더가 팀 내에서 육성해야 할 3가지 자질

→

"제 직속 부하들을 더 강한 리더로 개발시켜줬으면 합니다."

몇 년 전 연 매출 3억 5,000만 달러 규모의 IT기업 파세니의 새 CEO 존이 내게 한 말이다.

처음에 나는 여느 컨설턴트처럼 접근했다. 일단 존에게 왜 내 도움을 원하는지 물었다. 그는 회사가 침체되었다고 했다. 몇 년 동안 같은 수준의 매출을 올리는 데 그쳤고, 경쟁 업체들의 시장점유율이 올라가고 있다고 했다. 그는 기회를 엿보았고 성공이 그의 직속 부하 직원들의 손에 있음을 알았다. 그의 말이 납득이 되었다.

존과 나는 훌륭한 리더가 갖추어야 할 자질을 목록으로 만들었다. 업무의 전문성, 전략적 사고 능력, 강력한 의사소통 능력, 문제해결 능력 등이 나열되었다.

그런 다음 나는 시간을 들여 그와 그의 직원들을 만나보고 그들이 우리가 작성한 리더십 자질과 관련해 어떤 강점과 약점이 있는지 알아보았다.

목표를 규명하고, 현 상황을 평가하고, 목표와 현 상황 사이의 간극을 이해한 다음 그것을 줄여 없앤다. 컨설팅의 기본 아닌가. 간단하지 않은가. 아니, 이 경우에는 간단하지 않았다. 간극 자체가 없었기 때문이다.

전체적으로 파세니의 리더들은 똑똑하고, 유능하고, 의사소통을 잘하고, 전략적인 사람들이었다. 몇몇은 확실한 카리스마도 있었다. 그들은 좋은 리더였다. 개선할 여지는 있었지만 나는 그것이 그가 나와의 시간을 제대로 활용하는 방법이 아니라고 말해주었다. 그런 식으로 해서는 바늘을 움직일 수 없었다.

우리는 아무 말 없이 잠시 가만히 앉아 있었다. 그러다가 내가 직감으로 느낀 바를 시험 삼아 말했다.

"해보고 싶은 게 있습니다. 이유는 정확히 말씀드릴 수 없지만 부하 직원분들이 한 자리에서 미팅하는 모습을 보고 싶습니다."

그가 망설였다. 지금까지 내가 가치를 입증한 적이 없으니 당연한 일이었다. 그러나 그는 하겠다고 나섰다. 내가 본 바는 다음과 같았다.

회의 중 한 가지 의제는 매출 하락 대책이었다. 대화가 시작되자 영업부 수장이 자기 팀을 변호하고 나섰다. 그는 마진을 중시하는 CEO 때문에 가격이 너무 높다고 했다. 생산부에서 원가를 줄일 수 있다면 매출이 올라갈 것이라고 했다. 그러자 생산부 부장이 나섰다.

"잠깐만요, 제품 제작 방식 때문에 원가를 줄일 수가 없습니다. 엔지니어링 부서에서 제품을 복잡하게 만들지 않으면 생산단가가 저렴해질 겁니다."

엔지니어링 부서장이 쏘아붙였다.

"그게 무슨 소립니까? 우리는 마케팅에서 고객의 요구를 충족하기 위해 하라는 대로 만들 뿐입니다. 고객의 상황에 맞춤식으로 해야 할 필요가 없다면 훨씬 더 효율적인 제품을 제작할 수 있을 겁니다."

대화는 그런 식으로 계속되었다. 마치 심지 끝이 타들어가는 폭탄을 다급히 옆 사람에게 넘기는 폭탄 돌리기 게임 같았다.

그날 함께 저녁을 먹으며 내가 존에게 말했다.

"이제껏 엉뚱한 문제에 초점을 맞췄네요. 직속 부하 직원들을 강한 리더로 만들어달라고 하셨지요. 하지만 그들은 이미 강력한 리더입니다. 개별적으로는요. 그저 조직적으로 강력한 리더가 아닐 뿐입니다."

각각의 리더는 공격적으로 자기 부서의 이익을 좇으며 부서를 성공적으로 운영했다. 각 리더는 목표를 달성했고, 때로는 초과 달성하기도 했다. 그들은 각자 자기 부서의 성과에 헌신하고 그것을 매우 중요하게 여겼다.

그러나 그것이 그들이 관심을 가진 전부였다. 자기 부서 말이다. 모두 리더로서 훌륭했지만 리더가 모인 팀으로서는 엉망이었다. 26번에서 설명한 것처럼 그들의 화살표는 아주 독자적으로 혼란스러운 방향을 향하고 있었다. 팀으로서 큰 화살표가 무엇인지 찾고, 각각의 작은 화살표를 큰 화살표와 방향을 맞추기 위해 조직적으로 무엇을 할 필요가 있는지 이야기한 바 있다.

여기서는 조금 다른 질문을 하고자 한다. 그러한 일을 성공적으로 해내려면 어떤 사람이 필요할까?

달리 말해, 팀원들의 에너지를 성공적으로 한곳에 모으려면 어떤 사람으로 팀을 채워야 하는가? 큰 목적의식에 기여할 수 있는 가치 있는 사람이 되려면 다음 세 가지 자질을 갖춰야 한다.

1. 재능이 있어야 한다

한마디로 자신에게 주어진 일을 잘해야 한다. 똑똑하고, 잘 준비되어 있고, 상황에 정통해야 하며, 호기심과 수용 능력을 가지고 대화에 참여해야 한다. 그러나 팀의 리더가 되려면 그것만으로는 부족하다. 재능 있는 의사소통가이자 재능 있는 학습자로서 남을 기분 나쁘게 하지 않고, 충돌을 관리하고, 조직이 자라면서 변화하는 자신의 역할에도 잘 적응해야 한다.

2. 투지가 있어야 한다

위험을 감수할 용기가 있어야 한다. 다른 사람들의 이의와 비판을 감수하고 받아들이려면 무엇이든 고려할 용의가 있어야 한다. 그러려면 엄청난 용기가 필요하다. 방어적으로 변명하지 않고 다른 사람들이 의문을 제기하도록, 설사 비난이나 위협을 받더라도 허용하는 용기 말이다.

3. 관대해야 한다

자기 부서나 팀, 계획보다도 회사의 이익을 우선해야 한다. 인심이 좋고 서로 존중하고 품위를 지키면서, 남을 지배하거나, 우위를 차지하려 하거나, 남을 희생시켜 자기 혼자 빛나고 싶은 충동을 이겨내야 한다. 다른 사람에게 관대하다는 것은 다른 팀원의 부서에 관심을 갖고, 그 부서에 대해 알고, 의견을 제시한다는 뜻도 포함된다.

재능과 투지가 있으면서 관대하기까지 한 것은 대단히 힘든 일이다. 이런 자질들이 우리를 매우 취약한 상태처럼 느껴지게 만들 수 있기 때문이다. 그게 바로 감정 용기가 필요한 이유다.

리더가 되어 우리 팀의 에너지를 한곳으로 모으려면 바로 그 용기가 필요하다.

존과 나는 각 팀원들을 개발하여 그들의 협력 형태를 가다듬고 그들의 에너지가 이런 자질들에 향하도록 했다. 오랜 시간과 노력, 헌신이 필요했으며 모두에게 통하는 방법은 아니었다. 스스로 재능과 투지, 관대한 마음을 갖추기 위한 노력을 기울이지 못한 사람들은 그 팀에 남지 못했다.

시간이 흐르면서 리더들의 에너지를 한곳에 모으는 노력이 성과를 가져다주었다. 리더들이 협력하기 시작한 이후로 파세니는 연매출이 약 3억 5,000만 달러에서 10억 달러로 늘어났다. 같은 기간 동안 주가는 주당 19달러에서 107.50달러까지 올라갔다.

이런 성장은 당연히 여러 요인으로 이루어진다. 그중에서도 경쟁사와 비교해 뚜렷한 우위를 가져다주는 단 하나의 요인은 재능 있고, 투지 있고, 관대한 리더다.

재능 있고, 투지 있고, 관대한 리더로 구성된 팀을 갖추었다면 그 팀은 큰 화살표를 이루어낼 능력이 있다. 이제 필요한 것은 그들이 그 화살표를 자기 것으로 여기게 하는 것이다. 그들의 에너지를 한데 모으려면 '농장에서 식탁까지' 방법이 필요하다.

32
처음부터 참여하라

→

팀원들의 에너지는 주인의식에서 나온다

→

주방은 난장판이었다. 조리 도구와 식기를 쓰고 나서 바로 닦아 치우려고 했지만 그날 광란의 요리에는 속도를 맞출 수가 없었다.

나는 당근 견과 빵 한 덩이와 호박 스파이스 빵 두 덩이를 구웠다. 당근 딜 수프와 차갑게 식힌 요거트 오이 딜 수프, 케일 근대 당근 수프를 만들었다. 비트와 민트를 잘게 썰어 샐러드도 만들고, 가지 피망 토마토 요리도 만들고, 오븐에서 피망도 구웠다.

오해할까 봐 밝혀두는데, 보통 내가 굽는 거라곤 쿠키뿐이다. 그것도 슈퍼마켓에서 사온 튜브 안의 반죽을 그대로 짜기만 하면 되는 것 말이다. 내가 저녁을 차리는 날이면 보통 찐 야채와 밥, 아이들을 위한 냉동 피자가 전부다. 아, 물론 데워서 내놓는 것은 잊지 않는다.

그런데 내게 무슨 일이 벌어진 건가? 왜 내가 그런 진수성찬을 차리기 위해 그토록 애를 쓴 건가?

그날 우리 가족은 약 4만 평방미터 크기의 한 농장에서 주말을 보냈다.

아이들은 실제 농장에 가본 적이 없었기에 아주 흥분해 있었다. 그래서 아침 6시부터 일어나 염소를 보러 가자고 법석을 피웠고 우리는 그렇게 했다.

당신이 염소젖을 짜본 적이 있는지 모르겠지만 안 해봤다면 농장을 찾아 꼭 해볼 것을 추천한다. 기분이 좋아서도 아니고, 동물 젖을 어떻게 짜는지 알 수 있어서도 아니다. 당연히 언젠가 너무너무 목이 말라서 동물의 젖을 짜야 할 필요가 있을지 몰라서 알아두라는 것도 아니다. 이건 지식이나 이해, 혹은 능력의 문제가 아니다.

이건 경험의 문제다. 염소젖을 한번 짜보면 우유를 마시거나 치즈를 먹는 일이 그전과는 완전히 달리 보일 것이다. 우유를 더 신중하게 고르게 될 것이다. 누가 젖을 짰는지, 그 사람이 젖소를 어떻게 대했는지, 젖소가 무얼 먹고 자랐는지 알고 싶을 것이다. 우유를 마실 때 맛을 깊이 음미하게 될 것이다.

한마디로 이전보다 훨씬 더 우유에 관심을 갖게 될 것이다.

염소젖을 짠 뒤 우리는 채소밭으로 갔고 그곳에서 아이들과 미친 듯 채소를 캤다. 땅에 박힌 당근을 잡아당겨 뽑았다. 케일과 근대 줄기를 부러뜨려 담았다. 딜도 한 움큼씩 모았다. 호박도 따고 토마토도 땄다. 피망도 따 모았다.

우리는 신선한 채소를 가득 실은 채 차를 몰아 집으로 돌아갔다. 다음 날 나는 홀린 듯이 몇 달 동안 요리한 양을 합친 것보다도 훨씬 더 많은 채소를 썰고, 자르고, 끓이고, 구워댔다. 외부의 자극이나 동기는 필요 없었다. 손님이 오는 것이 아니라 다급한 마음도 없었고, 돈을 벌려는 마음도 없었다. 소위 당근과 채찍 같은 것도 필요 없었다. 내 동기는 진짜 당근, 내가 직접 땅에서 뽑은 것에서 나왔다.

어떤 과정을 진행한다고 치자. 당신이 어느 시점에서 언제 진입했느냐가 당신이 그 과정의 결과에 얼마나 애착을 갖는지 결정하는 강력한 요인이다. 어떤 새로운 프로젝트에 대해 내가 결과를 받는 쪽에 있다면 처음부터 직접 관여하는 사람일 때보다 훨씬 더 비판적으로 접근할 것이다.

새로운 영업 방법이 있다고 가정해보자. 그 방법을 리더인 당신이 직접 알아내 영업부 직원들한테 설명하려고 들지 마라. 그들이 당신과 함께 알아내게 하자. 그들이 직접 씨를 뿌리고, 잡초를 뽑고, 수확을 한다면 그걸 더욱 기쁜 마음으로 먹을 것이다.

큰 화살표를 정하는 과정에 그들을 관여시키면 그들의 에너지는 그것을 달성하는 데 더욱 집중하게 될 것이다.

고객이 당신의 서비스나 제품을 구입하기를 바라는가? 그것을 만드는 단계에 참여시켜라. 내가 따낸 프로젝트는 내가 고객과 함께 설계한 것이다(이제 나는 이렇게 딴 프로젝트만 맡는다). 그런 프로젝트는 내가 혼자 구상하고 제안한 것보다 항상 훨씬 더 낫다. 고객이 회사에 대해 아는 깊은 지식, 즉 회사의 문화, 개성, 변화를 흡수할 능력 등이 그대로 반영되기 때문이다. 무엇보다도 그런 프로젝트는 직원들에게 더 잘 수용되고 성공을 거둔다. 그 프로젝트에 영향을 받는 사람들이 처음부터 그들이 원하는 영향에 에너지를 집중하기 때문이다.

그럴 때 그들은 항상 더 결과에 만족한다. 프로젝트가 잘 진행되어 성공했다는 단순한 기쁨보다 더 심오한 것을 느낀다. 자신들이 주도한 일의 성공에 자부심을 느낀다. 자신들을 성공으로 이끌어준 그 여정에 만족감을 느낀다. 그 일을 가능케 했고 다시 또 해낼 수 있다는 자신감을 느낀다.

주인의식은 해야 할 가장 중요한 일에서 행동을 이끌어내는 효과가 매우 높다. 다른 사람들이 주인의식을 갖고 난 후에는 그들이 당신의 기대치에 따라, 각자의 기쁨에 따라 일을 끝까지 해내도록 도울 필요가 있다.

33
믿을 만한 사람이 되도록 돕기

완벽한 마무리를 이끌어내는 비결

"걱정이 있어요. 이번 재편성이 효과가 있으면 정말 좋겠지만 그 사람들을 도통 믿을 수가 없어요."

빠르게 성장 중인 한 금융 서비스 회사의 리더들과 함께 외부 워크숍을 준비하기 위해 엘리자베스에게 전화를 걸었을 때, 그녀는 새로 조직한 인사부에 대해 말했다.

이전에, 그러니까 엘리자베스가 인사부를 믿었던 시절에는 필요한 것을 바로 처리해주는 전담 인사 담당자가 있었다(이름이 루신다였다). 이제는 그룹 전체 인사 업무를 한곳에서 맡아 처리하기 때문에 그녀가 전화를 걸면 그곳 직원들이 하나의 조직으로서 그녀의 요구를 처리했다.

"왜 그들을 못 믿나요?" 내가 물었다.

엘리자베스는 선뜻 대답하지 못했다. 그들이 요청한 것을 제대로 해내지 못한 적은 없었지만 그녀는 언젠가 그런 일이 벌어질 것이라고 믿었다. 그렇게 많은 사람이 관여하니 언젠가는 분명 틈이 생겨 일을 빠뜨릴 것이라고 말이다.

"저글링하는 사람이 많아질수록 공을 떨어뜨릴 가능성도 커지니까요."

엘리자베스가 말했다. 맞는 말이다. 그러나 단체 저글링에는 긍정적인 면도 있다. 저글링하는 사람이 많으면, 너무 정신 없고 바쁜 사람이 공을 떨어뜨릴 때 다른 사람이 받아낼 수 있다.

"그렇게 많은 사람에게 어떻게 책임을 지울 수가 있겠어요? 루신다 혼자 일할 땐 최소한 책임이 누구에게 있는지는 확실했어요."

엘리자베스가 여전히 불편하다는 듯 말했다.

엘리자베스의 말도 일리가 있다. 그러자 문득 궁금해졌다. 공은 주로 언제 떨어지는가? 지난 한 달 동안 내가 목격했던 온갖 자잘한 사고와 잘못 취급되었던 일과 실수를 떠올리자 그것들이 발생한 시점을 모두 하나로 요약할 수 있었다. 바로 다른 사람에게 전달하는 시점이었다.

대부분의 경우 문제는 무능력이나 게으름, 무관심 때문이 아니었다. 부족한 의사소통이 원인이었다. 어떤 일을 해야 하는지 두 사람이 의논할 때 어떤 식으로든 잘못되는 경우가 많았다.

이때 담당자를 한 명으로 정한다고 해서 해결이 되는 건 아니다. 규모가 크고, 복잡한 다국적 조직에서 담당자를 하나로 정한다고 일이 간단해지는 것은 절대 아니다. 해결책은 이보다 더 단순해야 한다. 담당자가 한 명이든 여러 명이든 효과가 있어야 하고, 계층과 부서, 사업부를 가리지 않고 통해야 한다.

외부 워크숍 준비를 위한 면담을 마치면서 나는 각 리더에게 숙제를 하나 내주었다. 바로 아툴 가완디Atul Gawande의 책《체크! 체크리스트The Checklist Manifesto》를 읽으라는 것이었다.

의사이자 작가인 가완디는, 체크리스트라는 것이 너무 단순하고 심지어 모욕하는 것과 같다며 그것을 거부하는 의사들을 거론하면서, 체크리스트를 작성하고 따르는 병원 직원들이 '기적의 명약'이나 수술법보다 더 많은 목숨을 살린다는 사실을 알려 준다. 가완디는 왜 전문가에게 체크리스트가 필요한지, 특히 재미없고 일상적인 일에 더욱 체크리스트가 필요한 이유를 역설한다. 어떤 일이든 전문성이 생기면 많은 일을 당연히 여기게 되고, 그 결과 너무나도 뻔한 것을 놓치게 된다.

우리는 대부분 우리가 의사소통을 잘한다고 생각한다. 아이러니하게도 바로 그 오해 때문에 우리는 중요한 정보를 빼놓거나

(다른 사람도 이미 그걸 한다고 생각하기 때문에), 구체적으로 설명하지 않거나(다른 사람도 이미 그걸 이해할 거라고 생각하기 때문에), 명확하게 설명하지 않는다(그것이 다른 사람에게 모욕이 될까 걱정하기 때문에).

다행히, 단순한 해결책이 하나 있다. 체크리스트를 만들어 어떤 일을 다른 사람에게 전달할 때마다 이용하는 것이다.

외부 워크숍 도중 리더들은 과거에 어떤 분야에서 문제가 있었는지, 앞으로 어떤 분야에서 문제가 일어날 가능성이 높은지 살펴보았다. 거의 대부분 다른 이들에게 전달하는 과정에서 문제가 발생했다.

그래서 우리는 다음과 같은 의무적인 '업무 전달 체크리스트'를 만들었다. 일을 전달하는 측이 그 일의 완수를 맡은 측에 물어봐야 하는 질문들이다.

업무 전달 체크리스트

1. 우선순위가 무엇이라고 이해하는가?

2. 언급되지 않은 우려나 아이디어는 무엇인가?

3. 중요한 다음 단계는 무엇이며 언제까지 그것을 완수할 계획인가?

4. 성공하려면 무엇을 해주어야 하는가?

5. 지금 계획해야 할 만일의 사태가 있는가?

6. 진척 상황/문제에 대해 다음번 확인 시기는 언제인가?

7. 우리 말고 누가 우리 계획을 알아야 하며 어떻게 그들에게 전달할 것인가?

이 체크리스트를 확인하는 데 걸리는 시간은? 1분에서 5분 사이다. 이 체크리스트를 통해 아낄 수 있는 시간과 노력은? 측정할 수 없을 정도로 어마어마하다.

우리가 이런 체크리스트를 만든 것은 이 조직에서 공을 떨어뜨릴 수 있는 가장 흔한 이유들을 잡아주기 때문이다. 당신이 직접 작성한 업무 전달 체크리스트는 다를 수 있다. 조직 내 모든 사람에게 적용되는 표준 운영 절차로 만들기만 하면 된다. 체크리스트를 확인하며 이 질문들에 답하면, 오해가 생길 수 있는 부분을 빠르게 확인하고 그 자리에서 바로잡아 몇 주씩 엉뚱한 방향으로 일을 하느라 신뢰가 약해지는 불상사를 막을 수 있다.

동시에 그들이 앞으로 어디에 에너지를 쏟을지 실시간으로 볼 수 있고 초점이 흐트러질 때 다시 맞추도록 활용할 수 있다. 이것이 바로 체크리스트의 힘이다.

외부 워크숍이 끝나고 몇 달 후 나는 엘리자베스에게 전화를 걸어 어떻게 지내는지 물었다. 새로운 HR 공유 조직은 문제가 없는지, 루신다가 그립지는 않은지 말이다. 엘리자베스가 대답했다.

"당연히 루신다가 보고 싶지요. 하지만 그녀가 꼭 필요한 건 아니에요."

그녀는 우리가 앞으로 함께해야 할 일을 각자 잘 이해하고 있는지 확인하기 위해 자기가 만든 체크리스트를 꺼냈다.

체크리스트는 기대되는 바를 명확히 알고 알리기 위한 이상적인 방법이다. 그것이 준비되고 나면 그다음에는 사람들에게 실행을 위한 책임을 지워야 한다.

34
책임의식 창출하기

책임의식 문화를 구축하는 5가지 구성 요소

존은 침착하려고 최선을 다했지만 그가 얼마나 화가 났는지는 누가 보아도 알 수 있었다. 재닌은 이 분기에 그녀의 팀이 목표를 달성할 가능성이 거의 없다는 사실을 설명하고 있었다.

"솔직히 말씀드리면 목표가 애초에 현실성이 없었습니다. 우리가 그걸 달성할 수 있을 것 같지 않습니다."

그녀가 말했다. 존이 이성을 잃은 건 바로 그 순간이었다.

"예산 미팅에서 그 목표에 동의했잖나! 자네가 정한 거라고!"

재닌은 한동안 말이 없었다. 그리고 나서 중얼중얼 조그만 소리로 변명을 했지만 그것도 존이 금세 뭉개버리고 말았다. 나중에 존과 내가 그 대화를 되짚어볼 때 그가 내게 질문을 했다. 무수히 많은 리더에게 무수히 많이 들었던 질문이었다.

"어떻게 하면 직원들이 결과에 더 책임의식을 갖게 할 수 있습니까?"

책임의식이란 단순히 일이 잘못되었을 때 책임을 지라는 뜻이 아니다. 내 잘못이요, 고백하라는 것도 아니다. 책임의식이란 어떤 일에 전념하여 그 일을 이행하기 위해 노력하는 것이다. 단순히 일련의 과업이 아니라 큰 화살표, 더 큰 목적의식을 표적으로 하도록 책임을 지는 데 팀 전체의 에너지가 집중되도록 만드는 것이다. 또한 세심하고 전략적인 마무리와 함께 주도적으로 나서는 것을 의미하기도 한다.

이것은 조직 내 모든 계층에서 필요하다. 그러나 직위가 높은 임원들은 부하 직원들이 일을 끝까지 마무리하지 않으면 제대로 책임을 질 수조차 없다. 이것은 당연히 문제가 된다. 많은 리더가 직원에게 방향을 제시하고, 질문을 던지고, 애원하는 것을 보았다. 고함을 지르고, 간접적으로 분노를 표하고, 어찌해야 할지 모르겠다는 듯 두 손을 허공에 치켜올리는 것도 보았다. 모두 '사람들에게 책임의식을 심어주기 위해서'였다.

그러나 이런 방법들은 모두 효과가 없다. 기대에 못 미치는 사람들에게 화를 내는 건 책임의식을 심어주는 생산적인 방법이 아니다. 오히려 동기와 성과를 깎아내릴 뿐이다.

어떻게 하면 사람들에게 책임의식을 심어주고 그들의 에너지를 한데 모을 수 있을까? 다음 다섯 가지 요소를 명확하게 제시해야 한다(앞에서 말한 '업무 전달 체크리스트'를 기억하는가? 이것을 '책임의식 체크리스트'로 여겨도 좋다).

1. 명확한 기대치

첫 단계는 당신이 기대하는 바를 아주 명확히 이야기하는 것이다. 이는 곧 당신이 원하는 결과, 성공을 측정할 방법, 그 목표를 달성하기 위해 사람들이 나아갈 방향 등에 대해 명확히 설명하는 것을 뜻한다. 모두 당신이 말해줘야 할 필요는 없다. 아니, 직원들이 숙련되고 경험이 많을수록 그들에게서 아이디어와 전략이 더 많이 나와야 한다. 진정한 의미의 쌍방향 대화를 나누고, 대화를 끝내기 전에 대화에서 나온 중요한 내용, 즉 원하는 결과, 달성 방법, 성공 측정 기준을 요약하여 서로 확실히 이해하는지 확인하자. 간단하게 작성하면 좋지만 그것을 소리 내어 말하면 더 좋다.

2. 명확한 역량

기대치를 충족하려면 어떤 기술을 갖춰야 하는가? 어떤 자원이 필요한가? 필요한 것을 갖추고 있지 않다면 모자란 부분을 얻을 수 있는가? 그렇다면 계획은 무엇인가? 만약 이 모든 것을 충족시킬 수 없다면 그 일은 다른 사람에게 맡겨야 한다. 안 그러면 결과는 보나마나 실패다.

3. 명확한 측정

리더에게 예상치 못한 실패에 맞닥뜨리는 것보다 더 화나는 일은 없다. 때로는 결과를 만들어야 할 사람이 도움 청하기를 겁내기 때문일 수 있다. 또 때로는 리더와 실무자 모두가 때 이른 낙관론을 품기 때문일 수도 있다. 어떤 이유로든 그런 예상치 못한 실패는 얼마든지 피할 수 있다. 기대치에 대한 대화를 나눌 때 명확하고, 측정 가능하고, 객관적인 목표와 함께 매주 달성해야 할 구간을 미리 합의해 정해놓아야 한다. 이런 목표 중 어느 것이라도 놓치는 것이 보이면 바로 개입하여 해결책을 브레인스토밍하고, 잠정적인 해결 방법을 모색하고, 일정을 다시 짜거나 그 사람을 본 궤도에 다시 올려놓을 다른 방법을 찾아본다.

4. 명확한 피드백

솔직하고, 개방적이고, 지속적인 피드백이 무엇보다 중요하다. 사람은 자신이 현재 어떤 위치에 있는지 알아야 한다. 명확한 기대치와 역량, 측정 방법이 갖추어지면 피드백은 사실을 기반으로 쉽게 전달할 수 있다. 직원은 자신이 전념하기로 약속한 바를 이행하는가? 다른 이해관계자들과 잘 협력하는가? 역량을 높여야 할 필요가 있다면 제 방향으로 가고 있는가? 피드백은 양방향으로도 오갈 수 있다. 당신이 그 직원을 도울 일은 없는가? 매주 피드백을 주자. 명심하라. 마음이 다칠까 걱정하면서 할 말을 못하는 것보다는 조금 냉정하게 들리더라도 상대에게 도움이 되는 것이 더 중요하다.

5. 명확한 결과

앞서 말한 네 가지를 명확하게 밝혔다면 직원들의 성과를 높이는 데 도움이 될 일을 하고 있다고 어느 정도 확신할 수 있다. 이 시점에서 당신이 해야 할 일은 세 가지다. 반복하기, 보상하기, 사람 내보내기. 조직 내에 아직도 명확함이 부족하다면 앞의 단계를 반복하라. 직원이 성공을 거두면 적절한 보상(인정이나 승진 등)을 해야 한다. 당신이 앞 단계를 알맞게 따랐다고 확신하는데 그들이 책임의식을 보이지 않으면 그 역할에 적합하지 않은 것이니 내보내야 한다(역할을 바꿔주거나 해고하기).

이 다섯 가지가 책임의식 문화를 만드는 데 필요한 구성 요소다. 중요한 것은 이것들이 하나의 시스템으로서 함께 작용해야 한다는 점이다. 하나라도 놓치면 책임의식은 바로 그 틈으로 빠져나가버릴 것이다.

내 경험상, 특정한 프로젝트를 시작하기 전에 책임의식을 가져야 할 사람들에게 이 목록을 공개하고 함께 의논하는 것도 꽤 유용했다.

존에게 이런 내용을 설명하자 그는 재닌과의 의사소통에서 자신이 빠트린 것을 쉽게 찾아냈다. 그의 기대치는 명확했으나 그녀의 역량이 부족했다. 그들은 그 문제를 단 한 번도 거론한 적이 없었다. 그곳이 바로 에너지가 새어나가는 지점이었다. 이 틈에 대해 이야기하고 난 뒤 존은 코칭을 통해 재닌의 능력 개발을 도왔고, 그녀의 목표 구간을 자주 확인했다. 그러자 그녀에게 명확하고 시기적절한 피드백을 주는 데 필요한 데이터가 마련되었고, 명확성과 의사소통 덕분에 에너지가 새어나가는 틈을 막을 수 있었다. 재닌은 큰 화살표에 기여할 견인력을 얻었다.

앞에서 나왔던 질문을 기억하는가? 너무나도 많은 리더를 괴롭히는 바로 그 질문, "어떻게 하면 직원들이 성과에 대해 더욱 책임의식을 갖게 할 수 있습니까?"

자, 그 답은 여기에 있다. 그건 상황에 따라 다르다. 위의 다섯 가지 요소 중 당신이 그동안 간과했던 것은 무엇인가?

튼튼한 팀을 갖추고, 그들의 에너지를 더 큰 목적의식에 집중시키고, 완벽한 마무리와 책임의식을 위한 적절한 구조와 관행을 마련했다면 이제는 그들을 자유롭게 풀어줄 차례다.

35
스스로 하게 놔두라

통제하지 않고 리드하는 법

함께 하는 5일간의 워크숍 중 4일째 되는 날, 우리는 대혼란에 빠졌다. 이 책 초반에 이야기한 앤 브래드니의 리더십 워크숍 도중 거의 30명이나 되는 사람들이 작은 방에 모였다.

새라는 몇 달 전에 다쳤다는 팔과 다리를 감싸안고 바닥에 앉은 채 5년 전에 세상을 떠난 아들을 생각하며 울고 있었다. 거기에서 몇 발짝 떨어진 곳에서는 안젤로가 두 손을 가슴에 모으고 어머니와 사이가 멀어진 경험을 떠올리며 역시 울고 있었다. 방 반대편에서는 조이와 클로이 자매가 어머니를 잃은 아픔을 함께 느끼고 서로를 잃을지도 모른다는 두려움에 떨면서 얼싸안고 있었다.

방 안을 둘러보니 다른 사람 두세 명도 여기저기 흩어져 각자의 상실감, 두려움, 분노, 슬픔과 싸우고 있었다. 시끄러운 소리에 정신이 어지러웠다. 사람들은 동시에 울고, 웃고, 소리치고, 끌어안고, 서로 위로했다. 완전히 통제 불능이었다.

우리 인생처럼 말이다.

이곳은 세상과 내가 지금껏 접해본 모든 조직의 축소판 같았다. 용기만 있다면 어디를 봐도 고통이 존재하겠지만, 고통뿐 아니라 엄청나게 다양한 활동이 펼쳐졌다. 다양한 개인과 무리가 각각 자신만의 걱정과 필요, 욕구에 정신이 팔리거나 심지어 완전히 사로잡혔다.

그 아수라장을 관리할 수 있는 리더는 앤뿐이었지만, 그건 불가능했다. 그녀는 한 번에 일곱 군데에 있을 수 없었다. 그녀의 도움이 필요한 모든 사람을 도와줄 수도 없었다. 리더로서 실패할 수밖에 없는 상황을 스스로 만들어놓은 것이다.

그녀가 무슨 계획을 세운 건지 서서히 이해가 되기 시작했다.

앤은 우연히 그런 혼란스러운 상황을 만든 게 아니었다. 오히려 부추겼다. 리더십을 이끌어내기에 완벽한 계기가 바로 리더를 포함해 우리 대부분이 피하기 위해 그렇게도 애쓰는 것, 즉 감당하기 버거운 상황에 처하는 것이기 때문이다.

리더는 상황을 통제하기를 좋아한다. 나도 그렇다. 나는 일이 제대로 돌아가기를 바라고 때로는 내가 제대로 통제하기만 한다면 그렇게 될 것이라고 착각하기도 한다.

그러나 중요한 것은 이것이다. 어떤 일에 대해 우리가 더 많은 통제권을 갖게 될 때 다른 사람들이 그들만의 리더십을 발휘할 여지는 더욱 줄어든다. 앤이 아무 도움을 필요로 하지 않는다면 우리는 그냥 느긋하게 앉아 그녀가 리더 역할을 하게 두고 구경이나 하고 있을 것이다.

방 안을 둘러보자 그 순간에 도움이 필요한 사람은 예닐곱 명뿐이었다. 20명 가까이 되는 나머지 사람들은 도움을 제공할 수 있는 신체적, 정신적, 감정적 여유가 있었다.

그러나 도움을 주겠다고 나서는 것, 자신의 리더십을 발휘하는 것은 쉽지 않은 일이다. 어마어마한 용기가 필요하다. 자신의 생각이 틀리고, 자신의 한계를 넘어서고, 홀로 서야 하는 위험을 감수해야 한다.

그게 우리에게 '넛지(강압하지 않고 부드러운 개입으로 사람들이 더 좋은 선택을 하도록 유도하는 방법-옮긴이)'가 필요했던 이유다.

그래서 앤은 자기 스스로는 도저히 감당할 수 없는 상황을 만들었고, 사람들이 나섰다. 재니스라는 한 참가자가 조이와 클로이 자매에게 다가가 부드러운 목소리로 그들을 달랬다. 다른 참가자 할리는 아들을 잃은 슬픔에 울고 있던 새라 옆에 앉아 그녀를 안아주었다. 내가 안젤로에게 가자 그는 잠깐 나를 물끄러미 쳐다보더니 곧 내 품에 안겨 울기 시작했다.

재니스와 할리, 내가 그 워크숍에서 항상 리더였던 것은 아니다. 그 전날 울던 사람은 나였고 달래준 사람은 안젤로였다. 그날, 그 순간에 우리 세 사람이 남에게 도움의 손길을 뻗을 수 있는 위치에 있던 것뿐이다.

혼란을 설계하여 워크숍 과정에 집어넣는 것은 대부분의 리더가 하는 일과는 정반대되는 행위다. 대체로 우리는 한 번에 한 가지 일에만 집중하려고 한다. 한 개의 목표, 한 개의 개념, 하나의 대화, 하나의 업무, 이런 식으로 말이다.

그러나 현실에서, 진짜 조직에서 한 번에 하나씩 일어나는 일은 없다. 아무도 모든 일을 마음대로 통제하지 못한다. 어느 시점엔가 참가자 중 한 명이 앤에게 너무 난리법석이 나게 놔두는 건 아니냐고 했다. 앤의 대답은 신속하고도 확실했다.

"아니요. 사람들은 리더가 모든 걸 보고 모든 걸 알게 만들고 싶어 합니다. 그러나 전 평범한 사람일 뿐이에요. 모든 걸 볼 수 없고 모든 걸 알 수 없어요. 저도 실수를 저지릅니다. 당신이 저를 인간 이상의 존재로 만들려고 한다면 그건 스스로 아무 책임이나 위험도 감수하지 않으면서 날 실패로 몰고가는 거예요. 지금 자신의 리더십을 발휘해보세요."

달리 말하자면 그녀는 우리 모두가 우리가 아는 모든 것, 모든 주인의식과 기술을 더 큰 목적의식에 집중시키고 우리 스스로 일을 진행할 수 있는 능력이 있다는 사실을 말해준 것이었다.

그런데 잠깐만. 매우 좋은 말씀인 것 같긴 한데, 조직의 모든 사람이 각자 자신의 리더가 되려고 하면 어떻게 할 것인가? 모두가 자신의 충동을 따른다면? 그야말로 무정부 상태의 난장판이 되지 않겠는가?

그럴 수도 있다. 그건 그 조직이라는 그릇이 얼마나 튼튼한가에 달려 있다. 큰 화살표, 즉 큰 목적의식은 얼마나 명확한가? 비전은 얼마나 분명한가? 가치관은? 문화는? 우리가 무슨 일을 왜 하는지, 우리에게 무엇이 중요한지, 우리가 어떻게 일해야 하는지 안다면 신뢰와 집중된 에너지가 존재할 것이고 하나로 통일된 리더십이 넘쳐날 것이다. 그렇지 않다면 무정부 상태가 되고 말 것이다.

그 그릇이 튼튼하지 않거나 사람들이 하나의 목적의식을 중심으로 똘똘 뭉쳐있지 않다면, 그때에도 무정부 상태가 초래될 것이다. 리더들이 얼마나 간절히 원하든 모든 걸 통제하는 건 불가능하다. 통제할 수 없는 것을 통제하려고 하면 상황을 더욱 악화시킬 뿐이다. 사람들이 빠져나간다. 주인의식을 느끼지 못한다. 최소한의 일만 한다. 우리가 놓친 것들이 틈새로 새어나간다.

이 책에서 지금까지 이야기한 모든 것들을 해냈다면, 자신감을 갖고 일어서고, 다른 사람들과 유대를 맺고, 더 큰 목적의식에 전념했다면, 이제는 놓아줄 준비가 된 것이다. 그게 사람들의 에너지를 한데 집중시키는 최고의 경지다. 그들이 스스로 하게 놔두는 것이다.

그게 바로 어려운 부분이다. 통제하지 않고 리드하는 법 말이다. 다른 사람들이 리더십을 발휘할 수 있는 여지를 남겨두고 자신의 리더십을 발휘하라. 많은 사람이 이에 관여할수록 다 같이 힘을 합쳐 공통의 목적의식에 에너지를 집중할 것이다.

통제를 놓아버릴 때 필연적으로 따르는 부작용이 한 가지 있다. 사람들이 실수를 저지르게 된다는 것이다. 당신이 그들의 실수, 실패, 어려움에 어떤 반응을 보이느냐에 따라 그들이 연이은 실패를 맛볼 수도 있고, 다시 에너지를 모아 성공을 거둘 수도 있다.

36
실패를 심기일전의 기회로 삼아라

"대체 왜 투자액을 늘렸나? 생각이 있는 거야, 없는 거야?"

헤지펀드 CEO가 포트폴리오 관리자에게 고함을 쳤다. 관리자는 중얼중얼 변명을 늘어놓았지만 CEO한테 곧장 박살이 났다. 관리자가 사무실을 나가자 CEO가 여전히 분노에 가득 찬 얼굴로 나를 돌아보고 물었다.

"연패의 분위기를 어떻게 하면 뒤집을 수 있을까요?"

내가 대답했다.

"그런 식으로는 안 되죠."

높은 성과를 올리는 리더들은 자신과 주변 사람에게 많은 걸 기대한다. 물론 당연한 일이다. 그런데 사람들이 그런 기대치에 부응하지 못할 때 리더가 그 실망감을 어떻게 다루는가가 중요하다. 이것을 통해 우리는 높은 성과와 계속되는 실패의 소용돌이를 판가름할 수 있다.

이것은 많은 강력한 리더에게 보이는 심각한 문제다. 상황이 좋을 때는 굉장히 고무적으로 행동하지만 성과가 예상에 미치지 못할 때는 이성을 잃거나 사람들과 어울리지 않고 숨어버린다.

"사람들에게 책임의식을 심어줄 필요가 있어요. 내가 소리를 좀 지를 때도 있지만 다들 그 정도는 받아들일 수 있는 어른이잖아요."

실망스러운 결과를 보일 때 사람들을 다그치는 리더에게 종종 듣는 말이다. 물론 그 정도는 받아들일 수 있을 것이다. 그런데 소리를 지를 때 원하는 것이 무엇인가? 지나간 일을 벌하고 싶은가, 아니면 미래의 성과를 높이고 싶은가? 거기엔 큰 차이가 있다.

사람들에게 결과에 대한 책임의식을 갖게 하는 건 중요하다. 그런데 리더들이 "누군가에게 책임을 지운다"라고 말할 때는 "누군가는 책임지고 벌을 받아야 한다"라는 뜻인 경우가 훨씬 많다.

사실 어떤 사람이 벌을 받아야 하는 경우는 매우 드물다. 본래 높은 성과를 올리는 사람이라면 이미 자기가 목표에 못 미침을 알 것이다. 그리고 그 상황을 스스로도 심각하게 여긴다.

그렇다면 실패한 뒤에 우리는 무엇을 해야 하는가? 그들의 에너지를 다시 집중시킬 방향과 자신감을 제시하고 실패 후 성공을 거두는 데 뒤따르는 위험을 감수해야 한다.

당신이 성과는 높지만 참을성이 없는 리더라면 힘든 시기에 다른 사람들을 지지하고 믿어주는 것이 특히 더 힘들 수 있다. 그런 경우 낮은 성과에 대해 보이는 당신의 본능적이고 반사적인 반응은 바로 당신 자신과 남들을 향한 분노이기 때문이다. 본능적이고 반사적인 반응은 역효과를 낳는 경우가 많다. 분노에 가득 찬 반응은 그 시점에서는 옳게 느껴질 수 있지만 거의 항상 상황을 악화시킨다.

그렇다면 우리는 어떻게 반응해야 할까?

1. 심호흡을 하라

아주 잠깐만이라도 자신을 멈춰라. 기본값으로 정해져 있던 반응을 뒤집을 수 있는 시간이면 충분하다. 그 순간 자신이 본능적으로 어떤 반응을 보이는지 느껴라. 성과가 낮을 때 당신은 보통 어떻게 대응하는가? 화를 내는가? 스트레스를 받는가? 자신감을 잃는가? 냉담하게 구는가? 이때 당신의 목표는 사람들이 성과를 올리도록 돕는 것이지 기분을 풀려고 분노를 표출하는 것이 아니다.

2. 원하는 결과물이 무엇인지 판단하라

이 경우에는 꽤 단순하다. 바로 성과를 개선하는 것이다. 그래도 구체적으로 말할 필요는 있다. 저성과나 실패를 되돌리기 위해 이 사람에게는 무엇이 필요한가? 더 강력한 전략을 정하거나, 다른 전술을 브레인스토밍하거나, 실패를 한 뒤 잘된 일이 무엇인지 규명하는 데 도움이 필요할 수 있다. 아니면 당신이 그들을 신뢰하며 그들 편이라는 사실을 알아야 할 수도 있다.

사람들이 절대 필요로 하지 않는 것도 있다. 바로 겁을 먹거나 한 대 얻어맞은 것 같은 기분이다. 그런데 우리가 분노에 차서 그들에게 책임의식을 심어주려 할 때 그들이 바로 이런 기분을 느낄 때가 아주 많다.

3. 이미 불쾌한 기분을 더욱 뚜렷이 보여주는 행동보다는 당신이 원하는 결과를 달성할 수 있는 반응을 보여라

힘든 시기에 사람들은 리더와 더욱 유대감을 느끼고 싶어한다. 2부에서 살펴본 내용을 명심하라. 사람들과 유대를 맺어라. 사람들이 당신을 믿어야 할 필요가 있고, 이 경우에는 무엇보다도 당신이 그들을 믿고 있음을 느낄 수 있어야 한다.

그러나 우리의 본능적인 반응은 그들에게 그런 모습을 덜 보이고, 덜 긍정적으로 소통하려고만 한다. 그런 본능에 맞서서 더 깊이 유대를 맺어야 한다. 그건 곧 임원과 나머지 조직원들 사이는 물론 임원들 사이에서도 더 많은 대화를 나눠야 한다는 뜻이다.

내가 아는 한 CEO는 회사가 목표 달성에 실패하고 힘든 한 해를 보낸 뒤 사람들을 강하게 몰아붙이고 싶은 충동을 잘 이겨냈다. 그전까지만 해도 좋지 못한 결과가 나오면 그렇게 했다. 그러나 우리는 직원들이 상여금을 받지 못하게 된 것에 이미 낙담해 있다는 사실에 대해 이야기를 나눴다. 그는 직원들에게 기운을 북돋워주고 싶어서 사람들의 생각과 반대되는 행동을 했다. 보상을 내린 것이다.

그는 직원들에게 결과가 좋지 못해 상여금을 받지 못하게 되었지만 그 자신과 다른 임원들은 모두들 얼마나 열심히 일했는지 잘 알고 있다고 말했다. 그러고는 임원들의 보상 중 일부를 떼어 직원들에게 나누어주겠다고 발표했다. 이렇게 해서 생긴 새로운 에너지와 충성심은 성과를 다시 호전시킬 수 있었다.

내가 아는 다른 CEO는 한 프로젝트 팀과 미팅을 잡았다. 그 팀은 파일럿 프로젝트를 맡고 있었는데 잘 해내기만 하면 더 큰 일감을 받을 수 있는 아주 중요한 일이었다. 그런데 팀은 고전했고, 프로젝트는 많은 어려움에 직면했으며, 그중에는 그 팀의 잘못도 있었다. CEO는 이 프로젝트가 너무나도 중요하고, 회사의 사활이 달려 있으며, 어떻게 하면 그 문제를 해결하고 성공시킬 수 있을지 알리는 장황한 연설을 준비했다.

그런데 나와 이야기를 나누고 난 뒤, 그는 큰맘 먹고 전술을 조금 바꾸기로 했다. 어느 때보다 긍정적이고 집중된 에너지가 필요하다는 걸 알았고, 실제로도 그는 직원들을 믿었다. 그래서 일단 처음 계획대로 이야기를 시작했다.

"이 프로젝트는 우리가 성공하기 위해 대단히 중요합니다."

그다음 접근 방식을 바꿨다.

"여러분이 이 프로젝트를 성공시키기 위해 최선을 다하고 있음을 압니다. 저는 이 프로젝트가 성공하기를 바랍니다. 반드시 그래야 합니다. 하지만 그러지 못해도 괜찮습니다. 다른 프로젝트를 따낼 것이니까요. 저는 여러분을 믿고, 여러분이 최선을 다하고 있다고 믿습니다. 감사합니다."

그 말을 들은 직원들은 노력을 두 배로 높였고 업무 분위기를 반전시켜 결국 더 큰 프로젝트까지 따냈다.

LEAD↑NG

W↑TH

EMOT↑ONAL

COURΛGE

4부

감정 용기를 기른다

자신감을 키우고, 다른 사람들과 유대를 맺고, 더 큰 목적 의식에 전념하는 동안 당신은 동시에 감정 용기도 개발해 왔다. 그러지 않을 수가 없다. 힘든 대화를 나누고, 사람들 의 피드백을 듣고(특히 당신이 방어적으로 반응하지 않았다 면), 당신이 그들의 모습을 보아주고 목소리를 들어주었다 고 사람들이 느끼게 하고, 가장 중요한 일에 전념하고 주 변 사람들의 힘을 한데 모으면서, 당신은 수없이 많은 감정 을 느꼈을 것이다. 두려움, 불안, 흥분, 쑥스러움, 막연함, 기 쁨, 분노, 짜증, 좌절, 자부심, 수치심, 이 밖에도 많을 것이 다. 이 모든 감정을 느끼며 행동하는 것 자체가 어마어마 한 성취다. 그것이 바로 감정 용기를 갖는다는 것의 의미이 며, 그것이 당신이 더 큰 사람이 될 수 있고 더 큰 일을 할 수 있게 해주는 자유를 가져다준다. 4부에서는 당신의 감정 용기를 마스터 수준까지 끌어올리게 될 것이다. 모든 감정을 느낄 용의가 있다면 무엇이든 해낼 수 있다.

7장 '과감하게 느껴라'에서는 감정 속으로 더 깊이 파고들어가 볼 것이다. 당신이 무엇을 느끼는지, 몸의 어느 부위에서 그것을 느끼는지 규명하기 위해 자기 인식을 더욱 높여줄 것이다. 여러 가지 이야기와 조언을 통해 당신은 고통과 즐거움, 기쁨과 슬픔, 명확성과 불확실성에 이르기까지 모든 감정을 느끼게 될 것이다. 이 모든 감정과 기분에 대한 친숙함과 저항력을 키우는 동시에 당신에게 가장 중요한 일에 막대한 견인력을 얻어, 그것을 끝까지 마무리하는 데 반드시 필요한 기술과 역량, 느껴야만 하는 감정을 느낄 수 있는 자유 역시 키우게 될 것이다.

8장 '대담하게 행동하라'에서는 똑똑하고, 의도적이며, 전략적인 위험을 감수함으로써 바로 그 기술, 역량, 자유를 행동에 적용하게 될 것이다. 위험 감수는 당신에게 가장 중요한 일을 진행하기 위한 시작의 문을 여는 것과 같다. 8장의 내용은 당신의 위험 감수 용량을 높여줄 것이다. 그동안 미뤄왔던 의사결정을 내리고, 마음속 깊은 곳에서 내내 기다려온 진실을 말하고, 마음을 열 때 수반되는 위험을 감수하도록 도울 것이다. 위험을 더욱 편안하게 느낄수록 자신에게 가장 중요한 일을 이루어낼 가능성 또한 높아진다.

7장 과감하게 느껴라

37
어떤 감정을 느꼈는가

억누르지 않고 그대로 느끼고 표현하기

나와 아내 엘리노어는 처음 만난 이후 30년 넘게 우리 자신을 개발하는 데 상당한 시간과 돈, 에너지를 투자했다. 각자 혹은 함께 워크숍에 참가하고, 명상과 요가를 배우고, 일기를 쓰고, 꿈에 대해 이야기하고, 교육 프로그램에 참여하고, 상담을 받았다.

몇 주 전, 시골 길을 걷다가 문득 왜 우리가 그런 일을 하는지 궁금해졌다. 내면을 향상하려는 모든 노력은 그저 지나친 자기 몰두에 불과한 걸까? 아니면 실제로 우리의 삶에 영향을 미치고 있을까?

그런 이야기를 하면서 모퉁이를 돌았는데, 도로 한쪽에 있는 어느 집에서 시끄러운 파티 소음이 들려왔다. 그 집에 가까워지자 열 명쯤 되는 대학생 또래의 젊은 남자들이 마당에서 시끄럽게 떠들면서 술을 마시는 모습이 보였다.

그 순간 내 몸이 긴장되고 감정이 강렬해졌다. 두려움과 불안함, 경쟁심과 질투가 뒤섞여 느껴졌다. 그들이 아내가 매력을 느낄 만한 남자들, 즉 덩치 좋고, 자신감 있는 알파 남성들로 느껴지자 나 자신이 그들보다 열등하게 느껴졌고, 그들을 향한 공격성을 불러왔다. 내가 어떤 감정을, 왜 느끼는지 깨닫기까지는 1분 정도 걸렸다.

나는 엘리노어에게 내 느낌을 말했다. 그녀는 웃음을 터뜨렸다. 아내도 공격성을 느꼈고 즉각적이면서도 본능적인 감정 반응을 보였지만, 내 느낌과 방향이 정반대였다. 아내는 그들을 불쾌하고, 무신경하고, 눈꼴사나운 성차별주의자들이라고 여기고 자신이 그들보다 우월하다고 느꼈다. 그들이 결국 우리 사회에서 권력을 차지할 사람들이라는 사실에 분개했다.

그 몇 분 동안 언뜻 단순하지만 실제로는 놀라울 만큼 어려우면서도 대단히 중요한 두 가지 일이 벌어졌다. 우리가 어떤 기분을 느끼는지 인식하고 그것에 대해 이야기를 나눴다는 점이다.

단순히 어떤 감정을 인식할 의지를 갖는 데에도 용기가 필요하다. 우리는 종종 고통스러울 수 있다는 이유만으로 우리가 느끼는 것을 무시하기 위해 상당한 무의식적 노력을 기울인다. 두렵거나, 질투 나거나, 불안한 마음을 느끼고 싶어 하는 사람이 어디 있겠는가? 그래서 우리는 그런 감정을 억누르고, 스스로를 다그쳐 그런 감정에서 빠져나오고, 아니면 바쁜 일이나 소소한 대화로 정신을 팔리게 한다.

그러나 어떤 감정을 인식하지 않는다고 해서 그것이 그대로 사라지는 것은 아니다. 오히려 그 반대다. 감정을 제대로 느끼지 않으면 그것은 절대 사라지지 않는다.

인정되지 않은 감정은 표면 아래에서 서서히 끓어오르면서 아무것도 모르는 주변 사람을 덮치기만 기다린다. 상사가 당신이 보낸 이메일에 답장을 하지 않아서 당신은 상처를 받았다. 그러다가 아무 관련도 없는 다른 일로 부하 직원에게 고함을 치고 만다. 왜 그럴까? 분노가 튕겨나가기만 기다리면서 돌돌 말린 채 당신 몸속에 도사리고 있기 때문이다. 상사에게 불만을 제기하기보다 아랫사람에게 고함 치는 편이 훨씬 안전하기 때문이다.

이것은 어떤 감정이라도 표현하는 것이 위험하게 느껴지는 초고효율, 생산성 중심의 직장에서 특히 치명적이다. 우리는 여러 가지 일을 극복해내고, 일에 집중해야지, 다른 데 정신이 팔려서는 안 된다.

그러나 감정을 억압하는 것은 효과적인 전략이 못 된다. 바로 거기에서 수동적인 공격성이 태어난다. 그것이 문제가 많은 대부분 조직 정치의 기반이다. 그것이 책임의식을 갉아먹고, 우리가 만들어내기 위해 지금껏 노력해온 행동을 무너뜨린다.

내가 60명의 사람들 앞에서 프레젠테이션을 하고 있는데 함께 일하는 여자 동료가 갑자기 내 말을 끊더니 내가 잘못 접근했다면서 다른 방향으로 이야기를 하라고 지시했다. 나는 연단 위에서 말싸움을 벌여서는 안 된다고 판단하고는 그녀가 말한 대로 진행했다. 프레젠테이션은 문제없이 끝났다.

그러나 그녀가 방해하고 나설 필요까지는 없었다. 그러지 않았더라도 프레젠테이션은 잘 진행되었을 것이다. 나는 화가 났다. 짓밟힌 기분이 들었다. 그녀가 공동 계획이 아닌 자신의 계획만을 우선했다고 생각했다.

복수를 하고 싶었다. 내가 당한 창피를 그대로 돌려주고 싶었다. 다른 많은 사람에게 그녀가 한 짓을 이야기하고 동정과 지지를 얻고 싶었다. 기분이 좋아지고 싶었다.

그러나 그 자리에서는 아무 일도 하지 않았다. 마구 뒤섞인 여러 감정을 느끼며 앉아 있는 동안에도 마음이 아프고, 무엇보다 그녀에게 신뢰를 못 받고 있다는 감정이 가장 컸다.

나는 용기를 끌어모아 그녀에게 이메일을 썼다. 찰나의 순간에 의사결정을 내리는 것이 어렵다는 것은 알지만, 내가 상처를 받았고 그녀에게 신뢰를 받지 못한다고 느낀다고 알려주었다. 그러자 답장이 왔다. 자신의 실수를 인정하면서 잘못한 점을 기꺼이 알려주어 고맙다는 내용이었다.

그런데 놀랍게도 답장을 본 순간, 내 몸속에 배배 꼬여 있던 모든 분노가 스르르 풀리더니 사라졌다.

내가 운이 좋았을 수도 있다. 그녀는 내가 무능력하고, 쓸데없이 연단을 독차지하고, 형편없는 의사소통을 해서 자기가 나설 수밖에 없었다고 답장을 쓸 수도 있었다. 솔직히 그녀가 그렇게 나왔다 하더라도 괜찮았을 것이다. 그 순간에는 쉽지 않겠지만 어쨌거나 나는 그 일에서 교훈을 얻을 수 있기 때문이다.

중요한 사실은 그 일로 우리 관계가 더욱 돈독해졌다는 것이다. 내가 그녀 뒤에서 욕을 하거나, 나를 지지하고 함께 그녀에게 화를 내줄 사람들과 한패가 되어 그녀를 공격했다면 어땠을까? 그 순간에는 기분이 좋을지 몰라도 궁극적으로는 그녀나 우리 조직, 나는 다쳤을 것이다.

자신이 어떤 감정을 느끼는지 알고 그것을 표현하라니, 쉽게 들릴지도 모른다. 그러나 그러려면 큰 용기가 필요하다. 이메일을 통해 그녀에게 내가 얼마나 화가 났는지 알리고 싶은 마음이 굴뚝같았다. 그랬다면 나는 힘 있는 사람처럼 느껴졌을 것이다. 분노는 상처보다 강하게 느껴지기 때문이다. 그러나 나의 약한 진짜 감정을 전달했기 때문에 서로를 향한 우리의 감정도 달라졌다.

어떻게 하면 약하다고 느껴지는 감정에 다가갈 수 있을까? 잠깐 시간과 공간을 마련해 지금 어떤 기분을 느끼는지 자신에게 물어보라. 자신이 느끼는 모든 것에 주목하고, 모든 것을 느끼게 놔두어라. 무언가 조금 위험하고 조금 불안하게 느껴지는 것이 감지될 때까지 계속 질문하라. 바로 그 느낌이 그것을 느끼기를 망설이는 이유이자 이제 당신이 소통을 할 준비가 되었다는 징조라고 할 수 있다.

소통하는 것이 불안하게 느껴질 때까지 기다렸다가 소통을 하라니! 직관에 어긋나는 일처럼 보일 것이다. 그러나 그건 바람직한 법칙이 된다.

술 마시는 대학생들을 보았을 때 내가 느낀 감정을 엘리노어에게 말하지 않았다면 그녀가 나를 사랑하는지 확인하려고 그녀에게 매달렸을 것이다. 그때 그녀가 내게 확신을 주지 않았다면 나는 혼자서 삐치고, 화내고, 불안했을 것이다. 내가 무슨 생각을 하는지 전혀 모르는데 어떻게 그녀가 애정을 확인시켜줄 수 있겠는가?

그러나 우리는 함께 웃으면서 상대방에게 집중했고, 흥미로운 대화를 나눴다. 오랜 세월 투자한 자기 몰두가 실제로 우리 삶에 영향을 미치는 것이 분명했다.

자신이 무엇을 느끼는지 인식하면 순간이든 장기적으로든 더 나은 의사결정을 내릴 수 있게 된다. 자신이 볼 수 없는 영향력에 지배당하지 않게 된다. 그러한 인식을 높여가다 보면 당신이 느끼는 감정이 단순한 개념이 아니라 신체적인 것임을 알게 될 것이다. 감정이 가져다주는 신체적 느낌과 관계를 더욱 잘 다지다 보면 스트레스 상황에서도 전략적이고도 의도적으로 행동할 수 있는 자유가 더 생겨날 것이다.

38
감정은 신체적인 것이다

→

분노를 원하는 대로 다루는 법

→

방금 쓴 이메일을 보내서는 안 된다는 걸 안다. 분노와 짜증 상태에서 쓴 이메일을 보내는 건 바보 같은 짓이라는 사실은 누구나 안다.

그래도 난 그걸 정말로 보내고 싶었다. 그래서 그 상황을 아는 친구에게 그 메일을 전달하고 제목에 이렇게 적었다.

"이걸 보내도 될까?"

거의 즉각 그녀에게 답장이 왔다.

"오늘은 보내지 마. 오늘밤에 꼭 보내고 싶다면 잘못된 이유 때문일 거야. 무슨 말인지 알겠어?"

내가 다시 답장을 보냈다.

"알았어. 고마워."

3분 뒤, 나는 친구를 숨은 참조로 하여 그 이메일을 보내고 말았다. 친구는 당연히 깜짝 놀랐다.

"그렇게 빨리 마음을 바꾼 거야?!"

내가 답장했다.

"아니. 내 마음은 네 생각에 동의해. 하지만 마음이 이메일을 보낸 게 아니라 내 기분이 보낸 거야. 보내고 나니까 기분이 훨씬 좋아!"

거의 항상 나는 프로답고, 집중력이 높고, 감정이입을 잘하고, 사려 깊고, 이성적이다. 그러나 그건 노력이 필요한 일이고 나는 주기적으로 나 자신을 제어할 수 없게 된다. 부적절하게 공격적인 이메일을 쓰기도 하고, 아이들이 말을 듣지 않을 때 소리를 지르기도 하며, 내 말을 도통 못 알아듣는 콜센터 상담 직원에게 화를 내기도 한다. 그럴 때는 이성이 이길 가능성은 없다. 마치 미친 듯 달려드는 황소를 향해 지적이고 논리적인 말로 진정하라고 설득하는 것과 같다.

이성과 감정은 다른 언어를 사용한다. 이성은 지적이고, 감정은 육체적이다. 이성은 말을 선호하고, 감정은 행동을 좋아한다. 정신이 아무리 열심히 조언을 해도 결국 우위를 갖는 건 바로 우리의 몸이다.

잠시 멈춰 자신의 감정을 느낀다면 몸속을 타고 흐르는 하나의 에너지처럼 그 존재를 알아차릴 수 있을 것이다. 우리는 항상 그 에너지와 함께 살아가고 있고 그것은 대체로 유용하다. 그 에너지는 우리에게 생기를 불어넣어 주고, 다른 사람들과 관계를 맺게 해주고, 행동을 취할 준비를 하게 해준다.

그런데 가끔, 또는 꽤 자주, 감정은 우리를 압도하고, 그럴 때면 괴물이 우리를 장악하여 우리는 행동의 통제권을 쉽게 잃어버리고 만다.

우리 몸속에 이 괴물이 살고 있고 그것이 우리의 분노와 두려움, 불확실성을 먹고 살아간다고 상상해보자. 그런 감정이 자라면 괴물도 커진다. 결국 우리 몸이 점점 더 좁아져 괴물이 탈출하기 직전에 이르렀을 때, 우연히 이메일을 열고 자신을 화나게 만드는 내용을 읽었다면 '펑!' 하고 폭발하는 것이다. 그 폭발은 생각이 아니다. 그건 감정이며 신체적 느낌이다.

그런데 흥미로운 점이 있다. 폭발이 일어난 뒤 우리는 편안해진다. 분노의 이메일을 보내면 기분이 끝내준다. 괴물이 몸을 빠져나갔기 때문이다. 그러나 그에 따른 부정적인 결과는 피할 수 없다. 내 성난 이메일을 받은 사람은 어떤 반응을 보일까? 그때부터는 이야기가 달라진다.

중요한 문제는 이것이다. 어떻게 하면 큰 피해 없이 우리 몸속의 괴물을 해방시킬 수 있을까?

앞에서 말했듯이 많은 사람이 불쾌한 감정을 관리하거나 무시하려고 애쓴다. 억누르고, 치우고, 아니면 초월하려고 노력한다. 그러나 그건 실수다. 그런 반응은 괴물이 아무 제한 없이, 아무도 모르게 무럭무럭 자라나게 만들 뿐이다. 결국 우리는 이유도 모른 채 아프거나, 폭발하거나, 완전히 지쳐 아무것도 할 수 없게 된다.

더 나은 해결책이 있다. 감정을 관리하려고 하지 마라. 그것과 춤을 춰라. 괴물이 몸 밖으로 나오고 싶어 하면 내보내줘라. 그러나 당신이 원하는 방식으로 해야 한다. 아무도 없는 곳까지 가는 동안 잠깐은 꾹 참아야 할지도 모른다. 그런 뒤 부정적인 결과가 나타나지 않을 곳, 보거나 듣는 사람이 없는 곳에 도착하면 괴물이 마음대로 하게 둬라. 내키는 대로 발길질을 하고, 소리를 지르고, 주먹을 휘둘러라. 완전히 분별을 잃는 것이 어떤 기분인지 느껴라.

얼마 전에 세 아이와 함께 차를 타고 가던 중에 이성을 잃을 뻔한 적이 있다. 나는 아이들을 한없이 사랑하지만 아이들은 어떻게 해야 내가 인내심을 잃고 폭발하는지 너무나도 잘 아는 것만 같다. 나는 아이들을 집 앞에 내려줄 때까지 꾹 참았다. 그다음 차에 홀로 남자, 괴물에게 주도권을 넘겼다. 나는 악을 쓰고,

욕을 하고, 비명을 지르며 운전대를 때리고, 때리고, 또 때렸다.

보기 좋은 모습은 아니었다. 지나가던 사람이 창문을 통해 내 모습을 봤더라면 완전히 미친 사람이라고 생각했을 것이다. 그러나 집 안으로 들어갈 즈음 나는 완전히 다시 태어난 사람 같은 기분이었다. 무엇보다도 다시 좋은 아버지가 될 수 있었다.

숲 속에서 고함을 질러보고, 매트리스를 연거푸 때려보고, 마치 단단히 화난 다섯 살짜리 꼬마처럼 발을 구르며 펄쩍펄쩍 뛰어보기도 했다. 사무실이나 비행기, 호텔처럼 다른 사람들이 가까이 있는 곳에서는 화장실에 들어가 조금 조용한 소리로 씩씩거리고, 길길이 뛰고, 몸을 부들부들 떨었다.

이상한 소리처럼 들리겠지만 당신도 한번 해보라. 정말 기분이 좋아진다. 그러는 동안 조금 주의를 기울인다면 몸속에서도 정확히 어디에 괴물이 살고 있는지(그때마다 달라질 수 있다) 찾아낼 수 있다. 몸속에서 에너지가 이동하면서 감정이 몸을 따라 움직이는 것을 알 수 있다. 위로, 바깥으로 말이다.

혼자만의 공간으로 가는 것이 불가능하면 이메일 대신 워드프로세싱 프로그램을 열어 성난 이메일에 하고 싶은 말을 모조리 써보라. 자제하지 말고, 키보드가 부서질 듯 쾅쾅 두들기면서, 쓰고 싶은 욕설을 죄다 써라. 괴물이 자유롭게 돌아다니도록 하라. 그런 다음 그 파일을 삭제하고, 옷매무새를 가다듬은 뒤, 다시 프로로 돌아가라.

핵심은 분노가 폭발해 괴물이 탈출하기 전에 괴물이 나오도록 의도적이고 안전한 출구를 만들어주는 것이다. 감정의 에너지를 자신이 원하는 대로 움직이는 것이다.

내 성난 이메일을 받은 당사자에게 답장이 오기까지는 오래 걸리지 않았고, 그 사람도 당연히 화가 나 있었다. 나도 한 번 도발을 했고, 그녀도 그렇게 했다. 그러나 이번에 나는 준비가 되어 있었다. 혼자만의 방으로 들어가 소리를 지르고, 쾅쾅 뛰고, 허공을 향해 주먹을 휘둘렀다. 잠시 후 나는 다시 강력하고 균형 잡힌 존재가 되었다. 그 뒤 나는 할 일을 했다. 수화기를 들고 그 사람에게 전화를 걸어 이성적인 대화를 나눈 것이다.

감정의 신체적인 본질을 느끼고 나면 그것이 다른 감각이라는 걸 받아들일 수 있다. 꼭 감정에 압도될 필요는 없다. 오히려 감정을 즐기는 방법을 배울 수도 있다.

39
느끼는 방식을 훈련하라

유혹을 받아들이기

────────────────────────────────→

"와, 이거 정말 맛있는데, 피터. 홈메이드 아이스크림인데 농도가 완벽해. 여기 맨 위에 레몬 쿠키 좀 봐. 음~ 정말 안 먹을 거야?"

톰이 식탁 너머로 내게 숟가락을 건네며 짓궂게 웃었다. 톰은 IT기업의 CEO로 나의 고객이지만 거의 10년째 같이 일하면서 절친한 친구가 되었다.

우리는 샌프란시스코의 채식 레스토랑 그린스에 있었다. 뉴욕의 내 사무실 책장에 그 레스토랑에서 출간한 요리책이 꽂혀 있는 것을 본 톰이 내가 정말 좋아할 걸 알고 그 레스토랑을 선택한 것이었다.

톰이 날 놀린 건 식사 도중 내가 단 디저트를 끊었다고 말했기 때문이다. 설탕을 피해야 하는 건강상의 이유나 필요성은 없었다. 그저 설탕을 안 먹으면 몸 상태가 좋았다. 그러나 그는 내가 과거에 엄청난 양의 단 간식을 먹는 것을 보았고 내 의지가 약하다는 걸 알고 있었다.

"정말 맛있겠네요. 즐기고 있다니 다행이에요. 하지만 혼자 먹어요. 난 절대로 안 먹을 테니까." 내가 말했다.

"그러지 말고, 피터. 이 디저트는 몸에 좋은 거야. 게다가 오늘 우리 채소만 먹었잖아. 그리스에서 디저트 맛도 안 보면 좋은 기회를 놓치는 거라고. 자네가 제일 좋아하는 음식이잖아."

그는 순전히 날 놀리기 위해 주문한 두 번째 디저트인 베리 파이를 한 입 먹더니 황홀하다는 듯 눈알을 굴렸다.

"캬, 이거 진짜 맛있네. 거의 과일이 전부야. 먹어봐. 한 입만이라도."

그가 파이 접시를 내 쪽으로 밀자 마침 설탕에 졸인 베리에서 즙이 떨어져 접시 가장자리로 흘러내렸다.

디저트를 맛봐야 할 이유는 충분했다. 톰이 내 고객이고 고객을 조금이나마 기쁘게 해야 한다는 압박감은 차치하더라도, 그의 합리화는 그 순간 내 머릿속을 떠다니던 이유와 같았다.

그의 말을 들을수록, 디저트를 쳐다볼수록, 그것을 먹고 싶은 욕구가 더 크게 느껴졌다. 그 갈망이 몸으로 느껴졌다. 혀끝부터 뱃속 깊은 곳까지, 나는 그 디저트의 달콤함을 갈망했다. 그러나 나는 굴복하지 않았다.

그 비결은 바로 이것이다. 유혹을 뿌리칠 수 있는 유일한 길은 느낌을 참고 견디는 것이다.

유혹에 굴복하는 이유를 생각해보자. 어떤 것을 원하느라 전전긍긍하는 것을 피하기 위해 우리는 그 욕구를 충족한다. 그러면 바로 그 순간, 원하는 느낌은 사라진다. 일단 디저트를 먹고 나면 그것을 먹고 싶다는 욕구는 없어진다. 욕구는 충족되고, 긴장감은 없어지고, 바로 앞에서 소개한 괴물은 해방된다.

그것이 우리가 다이어트에 실패하는 이유다. 이성을 잃는 이유이기도 하고, 뒤에서 남의 욕을 하는 이유이기도 하다. 우리가 느끼는 것의 긴장감이 그 순간 너무 과도하게 느껴지기 때문이다. 그래서 우리는 그 유혹에 무릎 꿇음으로써 그 긴장감과 느낌을 해소한다.

톰이 디저트를 먹으라고 압박할수록, 내가 오래 버틸수록, 디저트를 먹지 않겠다는 내 결심이 강해지는 것을 느꼈다.

이것은 감정 용기를 갈고 닦는 좋은 연습이다. 힘든 감정을 계속 느끼면서 참아내는 힘을 키워줄 것이다. 당신이 어떤 결심을 하면 다른 사람들이 그 결심을 깨도록 당신을 부추기는 것이다.

저녁을 먹으러 가면서 내게는 디저트를 먹고 싶지 않은 이유가 한 가지 있었다. 그러나 톰이 자꾸만 놀려대니 또 다른 이유가 생겼다. 그의 놀림 앞에서 결심을 깨기가 창피했던 것이다. 동료의 압박에 굴복하는 사람이 되고 싶지 않았다.

내 반항적인 기질 때문일지도 모르겠지만 아내가 내 손에 들린 쿠키를 가리키며 "그거 안 먹을 거지?"라고 말하면 나는 재빨리 그걸 입안에 쑤셔 넣곤 한다. 설탕을 멀리하도록 날 도와달라고 부탁을 했음에도 '내가 먹고 싶은 건 뭐든 다 먹을 거야!'라는 감정을 느끼는 것이다. 그건 재미있는 게임이자 서로를 향한 도전이 되었다. 어쩐 일인지 아내가 날 도와줄 때면 나는 책임의식이 덜해진다.

그러나 톰이 부추겼을 때는 얘기가 달랐다. 내 행동에 책임을 져야 할 사람은 나였다. 도와줄 사람도 없으니 나 스스로 해내야 했다. 위험이 크다는 것도 알고 있었다. '지금 저 디저트를 먹으면 앞으로 절대 이 일을 만회하지 못하리라.' 톰 덕분에 디저트를 먹지 않고 버티는 것이 더 재미있어졌다. 그의 압박을 성공적으로 버텨내는 것은 결심에 대한 자신감을 더욱 키워주었다.

이런 접근법은 광범위하게 적용할 수 있다. 회의 시간에 덜 이야기하고 남들이 더 말하도록 하고 싶은가? 동료에게 자신을 부추겨달라고 부탁하라. 야근하지 않고 일찍 퇴근하고 싶은가? 다른 사람에게 오후 5시에 아직 끝내지 못한 일들을 상기시키며 그렇게 해서 집에 갈 수 있겠느냐고 놀려달라고 하라. 퇴근 후에 이메일을 확인하지 않고 싶은가? 잠들기 직전에 전화기를 노려보면서 건드리지 마라(이게 가장 어려울지도 모른다!).

이것을 효과적인 전략으로 만들어주면서 동시에 즐겁게 하게 해주는 두 가지 조건이 있다. 당신은 자발적으로 결심해야 하고, 당신을 놀려줄 사람은 지위를 악용하지 않는 믿을 수 있는 친구여야 한다.

놀리기가 끝나면 무슨 일이 벌어질까? 이 역시 두 가지다. 첫째, 감정 용기 근육이 단련된다. 둘째, 그 결심을 지키고 싶은 더 큰 동기가 생길 것이다.

내 경우, 그날 저녁 식사의 동기 부여 효과는 식사가 끝난 뒤에도 오래 지속되었다. 그 뒤로도 몇 달 동안이나 나는 설탕을 먹지 않을 수 있었다. 그 몇 달 중에는 엘리노어와 프랑스에서 보낸 일주일간의 휴가를 포함해 너무나도 맛있어 보이는 달콤한 간식들을 맛볼 기회가 충분히 많았는데도 말이다.

그것을 먹고 싶은 기분이 들 때마다 나는 잠시 멈춰서 충족되지 못한 갈망의 긴장감을 고스란히 느꼈다. 내가 그 느낌을 이겨낼 수 있으리라고 믿었다.

또 톰과의 식사 시간을 떠올리면서 이렇게 생각한 것도 큰 도움이 되었다. '엄청난 압박과 유혹, 먹어야 할 수많은 멀쩡한 이유에도 불구하고 그때도 디저트를 안 먹었는데 왜 지금 이걸 먹

겠어?'

그러한 유혹을 이겨내려면 감정 용기가 필요하다(그 결과로 감정 용기가 더욱 자라난다). 그 유혹의 감정을 참아내지 못했다면 디저트를 먹었을 것이다. 그러나 그것을 원한다는 느낌을 기꺼이 느끼게 되자 그것을 먹지 않기로 선택할 수 있었다.

자신이 무엇을 느끼는지 인식하고, 그 느낌의 신체적 느낌 또한 세심히 받아들이고, 그런 느낌을 즐기면서 참아낸다면 느끼는 능력을 더욱 키울 수 있다. 이제부터는 우리가 가장 중요한 일을 향해 나아가면서 피할 수 없는 몇 가지 감정에 더욱 친숙해져보자. 그 시작은 불확실성이다.

40
불확실성을 피하지 마라

감정을 느끼는 데 용기가 필요한 이유

길을 잃었다. 지도를 들여다보며, 여기가 어디인지 전혀 모른다는 사실을 스스로 인정하려니 심장이 쿵쾅거렸다. 다른 사람들한테 말하기엔 너무나 창피했다.

1990년 여름에 나는 한 무리의 학생을 이끌고 30일간 등산 탐험을 하던 중이었다. 시작한 첫날이었고 아이들은 그런 경험이 전혀 없었다. 그들은 오직 나만 믿었다. 불안감이 점점 커지더니 결국 완전히 나를 뒤덮었다.

만나서 함께 야영하기로 한 두 그룹과의 약속 시간에는 이미 한 시간이나 늦었고, 벌써 세 시간째 산을 오르는 중이었다. 도대체 여긴 어디일까.

시계를 보고 이제 시간이 없음을 깨닫자 더 초조해졌다. 곧 해가 질 테고 그러고 나면 이동하기 힘들 것이었다. 해가 지기 전에 야영 준비를 해야 했다.

나는 손톱을 물어뜯으며 집요하게 지도를 보았다가, 산줄기를 보았다가, 다시 지도를 보았다. 당장 위험에 처한 건 아니었다. 물과 먹을 것은 충분했다. 그러나 난 창피했다. 불안하게 손이 떨리고 심장이 두근거렸다.

30분 뒤, 눈이 내리기 시작했다. 그것도 7월에. 물론 이 정도 고도에서는 드문 일이 아니었지만 그건 우리가 목적지에서 꽤 멀리 떨어져 있음을 확인시켜주었고 야영을 해야 한다는 뜻이었다. 다 틀렸다.

나는 진실을 말하기로 했다. 학생들을 둥글게 모아 세운 뒤 눈밭에서 우리끼리 야영을 해야 한다고, 다른 그룹은 내일 찾아야겠다고 말했다.

"그럼 우리 길 잃은 거예요?" 한 학생이 물었다.

그 순간 나는 너무나 변변찮고 무능한 사람처럼 느껴졌다. 이건 내가 생각한 리더가 되었을 때의 기분과 완전히 달랐다. 지도자란 모든 정답을 가지고 있어야 한다. 리더는 본래 확신과 자신감으로 차 있고 뭐든지 아는 사람이 아닌가. 우리가 어디에 있는지, 어디로 가고 있는지 늘 알아야 하는 것 아닌가.

그런데 그 뒤 수십 년 동안 리더십 경험으로 깨달은 바는 그렇지 않다. 물론 여러 가지 다른 면도 있지만, 리더십이란 무엇보다도 감정의 모험이라 할 수 있다.

강력한 리더가 되고 싶다면 사람들이 당신을 따르는 동안 길을 잃어버리는 상황과, 식은땀이 흐르고, 불안감이 차오르고, 아드레날린이 솟구치는 감정에 익숙해져야 한다. 바로 그런 게 종종 리더가 느끼는 감정이기 때문이다.

강한 리더가 지닌 주요한 특징은 불확실성과 애매성을 이겨내는 능력이다. 그들은 수치심과 창피, 불안, 두려움을 뚫고 움직일 의지가 있다. 이런 감정은 용기, 끈기, 믿음 같은 감정만큼이나 리더들이 자주 느끼는 감정이다. 바로 이런 감정이 늘 존재하기에 우리에게 용기와 끈기, 믿음이 필요하다.

남을 이끌려면 어마어마한 자신감이 필요하다. 모든 정답을 가지고 있다는 자신감이 아니라(그건 오만이다) 정답 없이도 전진할 수 있는 자신감 말이다. 포기하지 않으면서 곤란함과 불확실함을 느낄 수 있어야 한다. 자신과 팀이 이 상황을 이겨낼 힘이 있고, 쓰러지더라도 다시 몸을 일으켜 시작할 수 있다는 걸 믿어야 한다. 용기를 가지고 감정을 느껴야 한다.

하지 말아야 할 일도 있다. 상황을 통제하는 척하지 마라. 그건 신뢰를 갉아먹고, 수치심을 높인다. 도우러 나서고, 배우고, 도울 수 있는 기회를 사람들에게서 앗아간다.

"그래, 길을 잃었다. 정말 부끄럽구나. 하지만 우린 괜찮을 거야. 내일 아침에 다른 두 그룹을 찾을 거다. 이걸 눈밭에 야영하는 방법을 배울 기회로 삼자꾸나."

나는 솔직히 말했다. 그걸로 내 불안감이 지워졌다고 하면 좋겠지만, 그렇지 않았다. 나는 다음 날 다른 그룹들을 찾아내 내가 어디서 길을 잘못 들었는지 알아낼 때까지도 계속 불안했다.

그래도 솔직히 털어놓은 덕분에 괴로움은 조금 줄어들었다. 그날 밤, 함께했던 모든 사람이 서로 친해지는 특별한 경험을 하기도 했다. 길을 잃더라도 반드시 길을 찾아낼 것이라는 자신감도 얻었다.

불확실성과 그에 수반되는 상처받기 쉬운 마음, 이 두 가지에 익숙해지는 것은 감정 용기를 기르는 데 중요한 단계다. 힘 있게 남을 이끌고 싶다면 똑같이 피할 수 없는 감정이 하나 더 있다. 바로 고통이다. 기꺼이 고통을 느끼려는 자세에는 용기가 필요하고, 그것은 궁극적으로 자신을 있는 그대로 내보이는 동시에 가장 중요한 일을 할 수 있는 자유를 준다.

41
고통 속으로 기꺼이 뛰어들어라

리더가 고통을 느껴야만 하는 이유

나는 비행기에 타고 있었다. 앞에서 몇 번 언급한 앤 브래드니의 집중 리더십 워크숍에 참여하기 위해 일주일간 캘리포니아에 머물다가 뉴욕으로 다시 돌아가는 길이었다.

내 자리에서 통로 반대편 자리의 한 엄마가 일곱 살, 다섯 살쯤 되어 보이는 두 딸과 함께 앉아 있었다. 우연히 고개를 들어 그쪽을 보았는데 엄마가 막내딸을 데리고 수학 문제를 풀고 있었다. 잠깐 듣고 있자니 절로 숨이 막혔다.

엄마는 문제의 답을 맞히지 못하는 딸에게 불같이 화를 냈다.

"왜 이걸 몰라? 대체 뭘 배운 거야? 그러면서도 매일 텔레비전만 보지!"

아이가 울기 시작했다. 그러자 엄마의 분노는 더욱 커졌다. 아이가 훌쩍이는 동안에도 엄마는 계속 문제를 읽었다. "1달러짜리 사탕 한 개랑 1달러 25센트짜리 음료수 한 개를 샀어. 그럼 얼마 내야 해? 응? 얼마를 내야 하냐고!"

아이가 고개를 반대로 돌리고 흐느꼈다. 그 시점에서 나도 눈물이 났다.

아이가 안됐기도 했지만 그 엄마 때문이기도 했다. 그녀가 살면서 어떤 고통을 겪었는지, 무엇 때문에 화가 났는지는 모른다. 그러나 아이가 수학 문제를 풀지 못해서는 분명 아니었을 것이다. 그리고 그녀가 딸의 나이였을 때 비슷한 대우를 받았더라도 그리 놀랍지 않을 것이다.

또한 내가 어머니와 나와 내 아이들을 생각하며 울고 있다는 것도 깨달았다. 나도 어릴 때 그 아이와 같은 기분을 느꼈다. 어른이 된 뒤에는 어떤 것을 모른다는 이유로 내 아이들에게도 화를 냈다.

그런데 문제는 이것이다. 우리가 인간으로서 자연스럽게 경험하는 고통을 피해버리면, 그 고통은 영원히 굳어져 가족은 물론이고 동료들과 우리가 관리하는 사람들과의 인간관계에서 우리에게, 또 그들에게 악영향을 미친다. 우리가 피하는 감정들, 느끼는지도 몰랐던 감정 속으로 깊이 뛰어드는 것이야말로 상처와 고통, 무력감의 사슬을 끊는 유일한 희망이다.

그건 우리가 앤의 리더십 워크숍에서 한 일이기도 했다. 그룹 내의 한 CEO는 자기 팀원들이 유능하다는 걸 알면서도 권한 위임을 피해왔다고 이야기했다. 회사의 무게를 오롯이 혼자 지탱하면서 다른 사람들이 실수를 저지르는 것을 막고, 그들의 일을 대신 하느라 이제 그녀는 완전히 지쳤다.

그런데 흥미로운 점이 있었다. 그녀는 단지 지쳤다는 사실을 말한 것이 아니다. 그것을 온몸으로 느꼈다. 매트리스에 누운 채로 다른 사람들의 포옹을 받으며 엉엉 울었다. 곧 그녀는 몇 년 전에 자살한 오빠 이야기를 하기 시작했다. 그녀는 눈물을 흘리면서 오빠를 구하지 못한 무력감에 대해 털어놓았다.

그러자 오빠를 구하지 못한 그녀가 이제 다른 사람들을 구하기 위해 애를 쓰고, 그것은 일종의 습관이 되어 그녀를 지치게 하며, 회사의 성장을 막는다는 것이 분명해졌다.

이건 리더십 '기술'의 문제가 아니다. 그녀는 이미 권한 위임에 대해 알아야 할 것은 모두 알고 있었다. 그러나 오빠를 구할 수 없었다는 사실을 단순히 머리로만이 아니라 신체적으로나 감정적으로도 받아들이기 전까지는, 세상 모든 권한 위임 기술도 그녀를 돕지 못할 것이다.

이쯤 되면 이 캘리포니아스러운 워크숍이 터무니없다며 눈알을 굴려대는 사람이 나올지도 모르겠다. 리더십 워크숍에서 눈물을 흘린다고? 서로 껴안아주고? 자기 속내를 모두 드러내면서?

그건 중요하지 않다. 감정을 이야기하는 것만으로는 얻을 수 있는 것이 많지 않다. 그것이 바로 정서 지능을 하나의 기술로서 가르칠 때의 문제점이다. 그걸로는 부족하다. 정말로 정서적으로 지적이고 감정적으로 성숙해지려면 그 감정을 경험해야만 한다.

워크숍을 진행하는 5일 동안 우리가 문제를 키우는 자멸적인 패턴 속에 갇힌 사례는 무수히 많았다. 매 경우마다 습관의 원인은 뿌리가 아주 깊고, 우리가 미숙했을 때 감당하기 너무 힘들었던 고통에서 나온 것이었다. 그러한 감정은 정신뿐 아니라 몸에도 아주 깊이 박혀 있다. 전통적인 심리 치료를 몇 년씩 받아도 뽑아낼 수가 없다. 그러나 우리는 그것을 빼내야만 한다.

해결책은 무엇일까? 바로 용기 있게 감정을 느끼는 것이다. 모든 감정을 느껴라. 깊이. 특히 고통스러운 것을.

우리를 도와주고, 사랑해주는 용기 있는 사람들로 주변을 채우고, 들어가기 싫은 웅덩이, 즉 과거와 현재의 고통스러운 감정으로 도로 들어가 헤엄치면서 우리가 빠져 죽지 않는다는 사실을 깨달아야 한다. 때로는 금방이라도 죽을 것만 같을 것이다. 그러나 그 워크숍에 참여했던 사람들 모두가 처음 시작했을 때보다 훨씬 더 생생히 살아 있는 기분을 느끼며 과정을 마쳤다.

나는 내가 살아갈 가치가 있는 사람임을 증명하기 위해 평생 애썼다. 앞서 말했듯 내 어머니는 유대인 학살을 아슬아슬하게 피했고, 아기였던 에리얼 이모는 살아남지 못했다. 나는 매일같이 나치의 손에 죽임을 당한 600만 유대인을 생각하며, 그들 때문이라도 더 나은 삶을 살아야 한다고 생각하며 자랐다.

그런데 지금 나는 내가 아는 유명 인사의 이름을 여기저기 흘리고 다니고, 내가 이룬 일을 너무 많이 떠벌인다. 다른 사람의 성공이나 내가 중요하다고 믿는 여러 가지 일의 성공이 아니라 내 성공에 대해 자랑을 늘어놓는다.

이건 파멸로 가는 길이다. 남에게 좋은 인상을 주려 할수록 나 자신에 대한 믿음은 줄어든다. 나는 절대로 바라는 것만큼 좋은 사람이 못 될 것이라는 사실에서 비롯되는 고통을 온전히 느끼지 않는다면, 또 내 삶은 절대 그 600만 명의 사람들이 잃은 삶을 대체할 수 없다는 사실을 인정하지 않는다면, 의사소통 교육을 아무리 많이 받아도 소용이 없을 것이다. 우리가 앞으로 나아가고, 온전한 삶을 살고, 용기 있게 남들을 이끄는 유일한 길은 진정 성숙한 인간이 되기에 충분할 정도로 감정을 느끼는 것이다.

살면서 고통을 느끼지 않고서는 리더가 될 수 없다. 고통을 느끼는 것을 피하면 곧 형편없는 리더십과 편협한 삶만이 남는다. 다른 사람을 인정하지 않고, 모든 걸 통제하려고 하고, 이성을 잃고 과도하게 타인을 비판하게 된다. 우리가 감정을 느끼지 않는다면, 감정에 지배될 것이다.

비행이 끝나갈 무렵, 그 엄마가 잠이 들었고 아이도 평화롭게 엄마 품에 기대어 앉았다. 엄마가 깨어서도 아이에게 그렇게 마음의 위안을 줄 수 있다면 얼마나 좋겠는가?

아까 이야기한 CEO가 자신의 유능한 직원들에게 신뢰를 전달하고, 그들이 과업을 완수할 것이라는 확신을 가지고 권한을 위임한다면 얼마나 더 강력해지겠는가?

진실을 털어놓으면, 내가 남들 눈에 어떻게 보일지 걱정하지 않고 진실을 말하고 글로 쓴다면 나는 얼마나 더 나은 아버지이자 남편이자 작가이자 리더가 되겠는가?

이 글을 쓰면서 자랑을 늘어놓는 나 자신, 별것 아닌 일에 쉽게 눈물을 흘리는 나 자신을 고백하는 내 모습을 생각하자니 절로 심장이 두근거린다. 무섭기도 하지만 동시에 힘이 생기는 것이 느껴진다. 바로 이런 게 리더십의 느낌이다.

내가 나 자신에 대해, 당신이 당신 자신에 대해 생각하는 모습은 복잡하다. 우리는 서로 모순되는 부분도 포함해 동시에 여러 가지 모습과 단면을 가지고 있다. 그게 인간이라는 복잡한 진실이다. 그 복잡한 진실을 직면하는 가장 좋은 방법은 타협하지 않고, 망설이지 않고, 부끄러워하지 않고 모든 감정을 느끼는 것이다.

42
모든 감정을 그대로 느껴라

→

온전한 인간으로서 잘살기 위한 기술

→

허리케인 샌디가 해안으로 서서히 다가왔다. 예보는 암울했다. 지금껏 북동부 지역을 강타한 허리케인 중 손에 꼽을 만큼 위력적인데 역대 최악이 될 수도 있다고 했다. 느리게 움직이고, 널리 퍼져 있고, 서쪽의 겨울 폭풍과 북쪽의 찬 공기와 충돌하며, 하필 보름의 만조와 겹치는 등 여러 요인이 합쳐져 자연재해 급의 홍수와 엄청난 규모의 정전, 수십억 달러 상당의 재산 피해와 인명 피해를 낳을 수 있었다.

한편, 우리 아이들은 신이 났다. 월요일에 휴교령이 내려질 것이라는 소식을 듣자 아이들은 소리를 지르며 월요일을 어떻게 보낼지 계획을 세우기 시작했다. 아이들이 흥분하여 떠드는 동안 나와 아내는 먹을 것을 사오고, 물병에 물을 채우고, 방마다 초를 갖다놓고, 이웃과 연락을 하며 허리케인을 맞을 준비를 했다. 뉴스를 확인하고 인터넷으로 허리케인의 경로를 추적했다. 허리케인에 대비하는 사람들로 도시 전체가 떠들썩했다.

이제는 모두 다 알지만, 허리케인은 실제로 엄청난 피해를 입혔다. 터널이 물에 잠기고, 로커웨이에서 대형 화재가 일어나 집 50채가 불타고, 수백만 가구가 정전으로 고생했다. 웨스트체스터에서 나무가 집을 덮쳐 열한 살과 열세 살 남자아이 두 명이 사망했다는 기사를 읽고 눈물을 흘리기도 했다. 우리 집은 운좋게도 정전이 되지 않았다

그러는 와중에도 내 서재 바깥에서는 아이들이 깔깔대면서 얼음땡 놀이와 숨바꼭질을 하며 휴일을 만끽하는 소리가 들려왔다. 그렇게 끔찍한 기사를 읽었는데도 아이들 소리에 절로 미소가 지어졌던 기억이 난다.

이건 단순한 이야기가 아니다. 나는 하나의 감정을 느끼고 뒤이어 다른 감정을 느낀 것이 아니다. 고통과 기쁨을 동시에, 물론 그 정도가 똑같지는 않았지만 동시에 느꼈다.

그런데 이 이야기를 한층 더 복잡하게 만드는 요소가 있다. 그때 내가 느낀 기쁨은 우리가 그 재해를 무사히 피했다는 안도감에서 나온 것이 아니라는 사실이다(물론 그런 기분도 느끼긴 했지만).

내가 느낀 슬픔과 행복은 모두 허리케인 때문이었다. 대대적인 피해에 대한 슬픔과 아이들과 함께 보낸 날에서 나온 기쁨. 이렇게 말하고 보니 냉혈한이 된 것 같다.

그러나 그것이 바로 우리 감정과 삶의 현실이다. 똑같은 하나의 사건이 때로는 서로 상충하는 감정을 일으킨다.

회사에서 몇몇 사람이 해고를 당했다고 치자. 당신은 상실감에 슬픔과 분노, 좌절을 느끼겠지만 한편 그중에 자신이 해당되지 않았다는 사실에 안도감을 느낄 것이다. 이 모두는 받아들이기 쉬운 감정이다. 그러나 이제 다른 사람이 하던 일을 새로이 맡을 기회가 생겼음에 흥분이 느껴질 수도 있다. 아니면 싫어하던 사람이 회사를 떠나는 것을 보고 기뻤을 수도 있다.

그러고 나서는 그런 기쁨과 흥분을 느꼈다는 사실에 대해 수치심을 느낄 수도 있다. 너무나도 수치스러워 그런 감정을 느꼈다는 사실을 인정하지 않을 수도 있다. 다른 사람에게 고통을 안겨주는 일에 즐거움을 느낀다는 것이 옳지 못한 것처럼 느껴지기 때문이다.

그런데 여기엔 문제가 있다. 억압된 감정은 부적절하고 은밀한 방식으로 새어나간다. 감정이 에너지라고 했던 것을 기억하는가? 그걸 제대로 인정하지 않으면 몸속에 갇혀 있다가 때로는 다른 모습으로 다시 나타나기도 한다는 것도?

그 다른 모습 중 하나는 바로 신체적인 고통이다. 목이 뭉치거나, 허리가 아프거나, 병에 걸린다. 억압된 감정이 부리는 술수는 그것만이 아니다.

다른 사람들의 해고가 가져다준 기회에 누군가가 흥분감을 표시했을 때 당신이 그런 무감한 반응에 과도하게 화를 낼 수도 있다. 왜 그럴까? 단순히 그 사람이 너무 무신경하게 굴었기 때문일 수도 있지만, 만약 당신의 분노가 조금 지나치다면 그 사람과 같은 감정을 느끼고 있다는 사실이 수치스럽기 때문일 수도 있다. 당신은 그 감정에 거리를 두고 싶어 하기 때문에 자연히 그 사람과도 거리를 둔다. 그 사람을 동정심 없고, 무정하고, 냉정한 사람이라고 낙인찍는다. 더는 그 사람을 믿지 않는다. 그러면 그 사람과 함께할 수 있는 기회를 잃는다. 친구를 잃기도 한다.

자신의 감정에 더 거리를 두고, 더 깊숙한 곳에 묻어두면 몸이 아프거나 다시 화가 날 가능성이 높아지고 더 많은 사람을 멀리하게 된다.

그러나 대안이 있다. 그것은 잘살고 온전히 살기 위한 기술이기도 하다. 바로 모든 걸 느끼는 것이다.

하나의 감정이 다른 감정을 무효로 만드는 것은 아니다. 그저 그걸 복잡하게 만들 뿐이다. 가족과 함께 하루를 보내면서 아이들이 즐거워하는 모습을 보며 느낀 기쁨은 허리케인이 지나간 뒤 재난 상황을 보며 느꼈던 고통을 줄여주지 않는다. 그저 그 감정을 복잡하게 만들 뿐이다.

중요한 것이 있다. 모든 걸 느낀다고 해서 모든 걸 표현하라는 뜻은 아니다.

모든 걸 느끼는 건 전혀 부적절하지 않다. 매우 중요하다. 그렇다고 해서 그 감정을 주변 모든 사람과 무분별하게 나누는 것이 적절하다는 뜻은 아니다. 어떻게 해야 할까?

1. 모든 걸 느끼고 인정하라

깊이 느껴라. 아무것도 검열하여 없애지 마라. 단 하나의 단순한 감정만 느끼는 일은 드물다. 보통, 감정은 한데 뒤섞여 나타난다. 고통과 즐거움, 기쁨과 슬픔, 흥분과 두려움이 같이 온다. 차단하지 말고 그것을 고스란히 느껴보자. 이성적으로는 그 감정들을 모두 분류할 수 없다는 사실을 인정하고, 그것들을 이치에 맞게 만들려 하거나 기분을 좋게 하려고 애쓰지 마라.

2. 복잡한 감정을 보여줄 사람을 찾고 그 사람을 믿어라

우리는 자신을 있는 그대로 보여줄 사람이 적어도 한 명은 필요하다. 당신이 옳고 그름을 따지지 않을 사람, 당신의 본 모습을 온전히 보여줄 때 관심과 애정이 더욱 깊어질 사람 말이다.

어떤 이들에게는 배우자나 파트너, 가까운 친구가 그런 사람이 된다. 그런 사람이 없다면 믿을 만한 사람에게 자신을 더 온전히 드러낼 것을 고려해봐도 좋고, 당신이 느끼는 모든 것을 받아들이도록 도와줄 훈련받은 코치나 상담사를 만나봐도 좋다. 중요한 건 자기가 알아서 감정을 검열하고 억누르지 않는 것이다.

3. 감정을 공유하기 전에 듣는 사람을 생각해보라

이런 자세는 언제나 바람직한데, 복잡하고 상충하는 감정의 경우에는 더욱 중요하다. 일단 모든 사람은 각자 다른 상황에 처해 있고 다른 감정을 갖는다. 최근에 해고를 당한 사람은 당신이 아무리 긍정적인 감정을 말해도 당연히 불만을 표시할 것이다. 또한 모두가 당신만큼 용기 있게 감정을 받아들이고 표현하는 것은 아니다. 많은 이가 자기 감정을 억누르고 있고, 그래서 당신이 자신의 감정을 받아들이는 것을 보고 비난할 수도 있다. 당신의 말을 듣는 상대가 어떻게 반응할지 확신할 수 없다면 최소한으로 말하거나 아예 아무 말도 하지 않는 편이 낫다. 이런 경우에는 자신의 감정을 검열하는 것이 적절하고 똑똑한 대처법이다.

허리케인이 휩쓸고 지나간 다음 날, 나는 아이들과 함께 센트럴파크로 나가 강풍에 쓰러진 나무와 허리케인이 할퀴고 간 흔적을 구경했다. 산책을 하면서 사람들이 경험하는 고통에 대한 나의 아픔, 우리가 최악의 사태를 면했음에 감사하는 마음, 따뜻

하고 안전한 집을 가진 우리는 이 세상에서 비교적 큰 특권을 지닌 사람이라는 생각 등에 대해 아이들과 이야기를 나누었다. 깔깔거리며 농담을 주고받고, 물웅덩이를 밟으며 물장난을 치고, 빗속에서 신나게 뛰어놀며 임시 휴교일을 즐겼다.

이런 글을 쓰고 출간하는 것이 위험하게 느껴진다. 앞에서 말했듯이 내 글을 보고 불만을 가질 사람이 있을까 봐 걱정이 된다.

그러나 그게 바로 내 주장의 요지가 아닌가. 나는 이렇게 하지 못하는 상황이 더욱 두렵다. 오직 어떤 감정만 받아들여지고 어떤 감정은 마음속 깊이 눌러놓아야 하는 세상, 수용할 수 있고 인정할 수 있는 우리의 자아가 마침내 황폐하고 무시된 자아에게 압도당해 폭발하거나 자폭하고 마는 세상에서 살아야 하는 것이 더 두렵다.

그래서 나는 느끼고, 글을 쓰고, 그 글을 출간한다.

8장 대담하게 행동하라

43
리더십의 열쇠는 용기다

당신의 성공 공식을 결정할 핵심 질문

짐 울펜슨^{Jim Wolfensohn}이 호주 시드니대학교 2학년에 다니던 어느 날, 친구이자 펜싱팀 주장인 루퍼트가 "내일 멜버른에 가서 전국 대학선수권 펜싱대회에 출전하지 않겠느냐"고 물었다. 짐이 대답했다.

"제정신이야? 난 한 번도 펜싱을 해본 적이 없어."

루퍼트는 당연히 제정신이었다. 그저 필사적일 뿐이었다. 팀원 중 한 명이 갑자기 아파서 못 가게 되었는데 참가 자격을 잃지 않으려면 대체 선수가 필요했던 것이다.

정말 말도 안 되는 생각이었다. 짐은 멜버른에 가는 데 필요한 경비가 없었고 시합에 이길 가능성도 없었다.

그러나 짐은 가겠다고 했다. 부모에게 돈을 빌리고 멜버른으로 가는 기차 안에서 팀 동료들에게 펜싱의 기초를 배웠다.

그가 자기도 몰랐던 타고난 재능을 발휘하여 상대를 모조리 물리치고 우승을 거머쥐었다면 얼마나 신나는 이야기가 되겠는가! 그러나 짐은 모든 경기에서 졌고 단 한 점도 따내지 못했다. 그래도 그는 이렇게 말했다.

"상대에게 점수를 따낼 묘수를 찾아내려고 애썼어요. 그만큼 신났던 적이 없어요."

그가 전패했는데도 팀은 우승했다. 그 뒤 그는 몇 년 동안 펜싱을 계속해 결국 1956년 올림픽에 출전했고, 나중에는 1995년부터 2005년까지 세계은행 총재를 역임했다.

잠깐만, 뭐라고? 펜싱 경험이 존경받는 사업가이자 정치인으로서 커리어와 무슨 상관이 있단 말인가? 큰 상관이 있다.

모든 인생 이야기는 아주 복잡하고, 한 사람의 운명에 기여하는 요인은 무수히 많다. 그런데 거기에는 늘 우리가 경험과 습관으로 상호작용하는 패턴이 있다. 시간이 흐르면서 이 패턴은 운명이 된다.

대부분의 사람은 생애 초기에 이 패턴이 나타난다. 짐을 훌륭하게 개인적·사업적·정치적 성공으로 이끌었던 그의 패턴은 패배했던 그 펜싱 시합에서 이미 뚜렷하게 나타났다.

일단 몇 가지 밝혀두겠다. 나는 거의 평생 짐을 알고 지냈고 항상 그를 존경했다. 그가 이룬 업적이 대단하기 때문만이 아니라 인간이자 리더로서 그가 진실했기 때문이다. 그는 내가 커서 되고 싶은 사람, 즉 내게는 롤모델이었다. 그렇다면 짐의 성공에는 어떤 패턴이 있는가?

심리학자라면 성장 배경에 초점을 맞출지 모른다. 그는 가난한 환경에서 성장했고 성공한 많은 이의 밑바탕이 되는 경제적 불안정과 야심이라는 성공 요소를 갖추고 있었다.

인생 코치라면 자기가 감당할 수 있는 것보다 더 큰 기회에 기꺼이 뛰어들어, 가끔은 자기가 무슨 일을 시작하는지도 제대로 모르는 채 성공을 위해 지치지 않고 노력하고, 찾을 수 있을 때면 언제든 도움을 받아들인 사실을 지적할지 모른다.

컨설턴트라면 '그래, 물론 그것도 중요하지만 그의 성공의 진짜 원천은 분석적인 사고방식과 잘 훈련된 문제 해결 방식이야'라고 여길 것이다. 그는 어떤 상황에 발을 들이고 그것을 평가하면서 체제를 이해하고 무엇이 자신을 방해하는지 알아내려고 애쓴다. 가장 큰 영향력을 발휘할 수 있는 가장 적은 수의 행동이 무엇인지 알아내고 그것을 끝까지 해낸다.

긍정심리학자는 낙관주의 덕분이라고 말할 것이다. 대단한 낙관주의자가 아니라면 나가는 시합마다 족족 패배하고선 "그만큼 신났던 적이 없어요"라고 말할 수 있겠는가. 그의 인간관계도 그에게는 기회였다. 루퍼트가 그에게 대체 선수로 들어오라고 제안하지 않았다면 펜싱을 할 일은 없었을 것이다.

하버드대학교에서 그를 가르친 교수들은 그가 능력이 없었다면 아무것도 이루지 못했으리라고 주장할 것이다. 짐은 똑똑하고 노련하다. 열심히 노력한다. 배우기를 멈추지 않는다. 펜싱대회 이야기는 대단히 극적이지만 펜싱 선수로서, 또 사업가이자 세계적인 지도자로서 그의 성공은 그 시합과 올림픽 사이의 긴 기간 속에 숨겨져 있다. 그는 몇 년씩 열심히 노력하고, 실력을 갈고닦고, 재능을 키웠다.

짐의 성공 패턴은 하나의 공식으로 정리된다.

짐의 성공 = 진실함 + 불안정 + 야심 + 무슨 일이든 응하기 + 도움 청하기 + 문제 해결 + 낙관주의 + 인간관계 + 유능함

말하지 않았던가. 인생 이야기는 누구든 복잡하다고.

그러나 짐을 생각할수록 그의 성공에 숨은 단순함을 더욱 뚜렷이 볼 수 있다. 그의 의사결정을 주도한 단 하나의 근본적인 힘. 그것이 바로 그의 공식을 풀 수 있는 열쇠다. 그것이 없었다면 그의 어마어마한 재능은 발현되지 못하고 영원히 잠만 잤을 것이다.

그 열쇠는 바로 질문이다.

사람들은 대부분 어떤 기회나 다음 단계, 의사결정에 대해 생각할 때 이렇게 묻는다.

"내가 성공할까?"

그러나 짐은 달리 묻는다.

"이 일은 내가 위험을 감수할 가치가 있는가?"

이 두 질문의 차이는 곧 평생 펜싱을 하지 않는 것과 펜싱 선수로 올림픽에 출전하는 것 사이의 차이를 만들어낸다. 루퍼트가 그에게 펜싱대회에 출전하자고 했을 때 그가 성공할 가능성은 전혀 없었다. 실패와 패배가 필연적인 결과였다. 그런데 그것은 위험을 감수할 가치가 있는 일이었나? 짐에게는 분명 그런 일이었다.

짐이 인생에서 취하는 접근법은 위험을 감수하고, 그것에서 배우고, 새로 얻은 지식과 이해를 그다음 위험에 적용하는 것이다. 실패는 그의 전략에서 빼놓을 수 없는 요소다.

진정으로 위험을 감수하려면 실패가 필요하다. 그 위험이 성공으로 이어지도록 열심히 노력할 만큼은 실패를 두려워해야 하지만, 애초에 그 위험을 감수하려고 나서지 않을 정도로 두려워해서는 안 된다.

학습이라는 렌즈를 통해 보면 실패에는 적어도 성공만큼 많은 장점이 있다. 성공이 보장된 일만 하면 당신이 이룰 수 있는 일에 상당한 제약이 된다. 그러지 말고 위험을 감수하여 새로운 일에 도전하라. 그러고 나서 무슨 일이 벌어질지 보자.

당신의 성공 공식은 짐과는 다를 수 있다. 그러나 그의 성공 공식을 푸는 열쇠, 즉 합리적이고, 많은 생각을 투자했으며, 의도적인 위험을 기꺼이 감수하려는 태도는 어떤 문이든 열 수 있는 마스터키와 같다. 그것은 당신의 성공의 문도 열어줄 것이다.

그렇다면 위험을 감수하는 능력과 그럴 용기를 키우는 방법은 무엇일까? 바로 위험 감수 근육을 키우는 것이다.

44
위험을 감수하라

행동의 변화를 가져오는 아주 사소한 위험들

내가 다니는 유대교 회당에 좋은 점이 있다면 그건 바로 다름을 인정하려는 노력이다. 우리 공동체는 종교에 상관없이 모든 사람을 환영하고, 다른 종교나 다른 전통의 관습을 받아들이고 인정한다.

유대인 달력에서 가장 엄숙한 날인 욤 키푸르Yom Kippur, 즉 속죄의 날이었다. 서너 시간에 걸친 기도가 끝난 뒤 나는 전통 회당에서 단 한 번도 본 적이 없을 일을 해보고 싶은 충동이 들었다. 요가와 명상이 속한 동양의 영적 전통에서는 맨발로 있는 것이 예의바른 것이고 충실한 명상과 기도에 도움이 된다고 여겨진다. 그러나 유대교 회당에서 그렇게 한다는 것은 생각만 해도 겁이 났다.

나는 몇 가지 논리적인 변명을 동원해 신발을 벗지 않는 행동을 합리화했다. 어디 하나 흠잡을 데 없이 정장을 차려입은 내 옆의 남자가 뭐라고 생각하겠는가? 그는 윗옷 가슴 주머니에 손수건까지 꽂았다. 그의 기도를 방해하고 싶지 않았고 그가 못마땅한 눈초리로 날 쳐다보는 것도 원치 않았다. 나는 맨 앞줄에 앉아 있어서 다른 많은 신자의 눈에 띄었고, 무엇보다도 이곳 이사회의 일원이었다. 다른 사람들이 어떻게 생각하겠는가? 랍비는 어떻게 생각하겠는가? 이사회 일원이 유대교 회당에서 맨발로 있다면 어떻게 보이겠는가? 나는 생각했다.

'안 하는 게 낫겠어.'

그때 조너선이 내 눈에 들어왔다. 그는 유대교 율법서인 토라를 꺼내기 위해 방주를 여는 영예로운 일을 맡고 있었다. 물론 논란의 여지는 있지만 속죄의 날 행사에서 가장 남들 눈에 띄는 일이라고 할 수 있었다. 모두가 그를 쳐다보았다. 조너선이 무대로 걸어가는 순간, 나는 웃지 않을 수 없었다. 그는 맨발이었다.

그 순간 나는 신발을 벗어도 괜찮다는 사실을 깨달았다. 바보처럼 보일까 봐 여전히 걱정이 되었고 사람들의 시선이 여전히 두려웠다. 그러나 다른 사람이 위험을 용감하게 감수하는 것을 보니 나의 작은 위험 부담은 가볍게 느껴졌다. 그래서 나도 신발을 벗었다.

우리는 종종 리더십을 크고 극적인 방식으로 생각한다. 야심찬 비전, 잘 정리된 전략, 설득력 있는 연설, 주목을 끄는 대화.

이런 것들은 물론 강력한 리더를 위한 유용한 도구가 될 수 있다. 그러나 그것이 리더십의 정수는 아니다. 리더십의 정수는 주변 사람들과 다른 모습을 보일 용기를 갖는 것이다. 바로 그거다. 간단하다.

나 자신을 포함해 내가 아는 사람들은 대부분 우리가 이룰 수 있는 것에 조금 못 미친 상태에서 멈춘다. 솔직히 말해 겁이 나기 때문이다. 남들 눈에 안 좋게 보이는 것, 실패하는 것, 창피당하는 것이 겁난다. 그래서 상처받기 싫고, 위험을 감수해야 할지 확신하지 못해서 그냥 숨어버린다. 그러나 리더십은 우리에게 누구보다 먼저 앞에 나서서 다른 사람들이 두려워하는 위험을 감수하라고 요구한다.

중역 여러 명과 함께하는 미팅에 참석한 적이 있다. 다들 회사의 정체된 매출에 대해 서로 비난하느라 바빴다. 이 미팅의 목표는 매출 하락의 원인을 찾는 것이었는데 그들은 모두 다른 부서가 문제의 근원이라고 손가락질했다. 영업팀 수장은 엉뚱한 고객을 표적으로 삼은 마케팅팀을 탓했다. 마케팅팀은 경쟁력 있는 가격을 책정하지 못했다며 운영팀을 욕했다. 운영팀은 회사의 기술이 너무 복잡하고 번거롭고 값비싸 가격을 낮출 수가 없다고 투덜거렸다.

그때 고객서비스팀 수장이 입을 열었다. 그는 지금 회사가 직면한 문제가 복잡하지만 자기 부서가 그것을 더욱 악화시킨 측면을 최소한 세 가지 찾아냈다며 운을 띄웠다. 가장 중요한 고객을 우선으로 하지 못했고, 고객에게 수집한 정보를 효과적으로 조직 곳곳에 전달하지 못했으며, 가장 큰 문제는 자기 부서 내에 사기가 저하되어 있는 것 같다고 했다. 그러고는 이 세 가지 문제를 해결하기 위해 계획한 것들을 설명하기 시작했다.

그가 말을 마친 뒤 방 안에 침묵이 감돌았다. 이윽고 다른 팀도 차례로 매출 하락에 자기 부서가 끼친 영향을 인정했다. 그런 게 바로 맨발의 리더십이다.

맨발의 리더십에서 중요한 것은 다른 사람의 행동을 바꾸는 것이다. 힘든 대화 나누기, 책임의식 창출하기, 행동 불러일으키기 등 다른 사람들이 겁내는 위험을 감수하여 방 안에 있는 사람들, 팀, 조직 전체의 문화를 바꾸는 것이다.

내 고객사인 한 IT기업에서 일부 제품의 품질 문제로 고생하고 있었다. 이사진은 그 문제를 해결하기 위해 분기마다 최선을 다했지만 어쩔 수 없는 상황에 처할 때면 언제나 매출의 큰 타격을 감수하기보다는 미세한 결함이 있는 제품을 그대로 출고하고 분기별 목표를 달성한다는 결정을 내렸다.

CEO와 나는 지속적인 이러한 선택이 부정적으로 더욱 강화

되는 패턴을 보이고 있음을 걱정했고, 어느 날 CEO는 수백만 달러의 매출을 올릴 수 있는 중요한 거래를 거절했다. 결함이 있는 제품이 출고되어 품질 문제가 발생할 것이 명백했기 때문이다.

"잠깐만요. 일단 출고부터 하고 현장에서 수리하면 됩니다." 영업부 부장이 만류하고 나섰다. 다른 사람들도 동의했다. 운영팀 임원, 엔지니어링 담당 임원, 심지어 인사 담당 임원까지 CEO를 말렸다. CEO는 뜻을 굽히라는 강한 압박을 받았지만 흔들리지 않았다. 그 결과 그해 말 CEO를 포함해 모두의 상여금은 많이 깎이고 말았다.

그러나 그 기업이 심각한 품질 문제를 겪은 건 그해가 마지막이었다. 그런 게 바로 맨발의 리더십이다.

이런 원칙은 CEO나 임원들에게만 적용되는 것이 아니다. 작은 것이라도 공개적으로 위험을 감수하고 다른 사람들의 본보기가 될 의향이 있는 사람이라면 누구나 마찬가지다.

내가 신발을 벗은 뒤 얼마 지나지 않아 내 옆에 앉아 있던 멋쟁이 신사가 내 발을 쳐다보는 것이 느껴졌다. 나는 생각했다.

'이런, 한 소리 듣겠군.'

그런데 놀랍게도 그가 나를 향해 씩 웃더니 허리를 굽혀 신발과 양말을 벗는 것 아닌가. 행사가 끝난 뒤 그에게 왜 그랬느냐고 물어보았다.

"당신의 맨발을 보니 나도 신발을 벗어도 되겠다는 허락처럼 보이더군요."

그가 대답했다. 그러고는 재빨리 덧붙였다.

"아, 물론 내게 허락이 필요한 건 아니었지만요. 그래도 덕분에 쉬워지긴 했습니다."

대담한 행동에는 언제나 감당하기 힘든 감정이 따라오게 되어 있다. 그래서 위험을 감수하는 연습을 할 필요가 있다. 전진하는 데 가속을 붙이면서 동시에 그것을 연습할 수 있는 간단한 방법이 있다. 바로 결정을 내리는 것이다. 특히 그동안 미뤄온 일이라면 더 좋다.

45
결정을 내려라

나는 결정을 내리지 못하고 몇 분 동안 레스토랑 메뉴를 뒤적였다. 모든 요리가 다른 방식으로 날 유혹했다. '다 주문할까······.'

이건 고심할 필요가 없는 싱거운 결정인가? 그럴 수도 있다. 그러나 당신도 나 같은 경험을 해본 적이 있을 것이다. 음식 주문이 아니고 다른 일에서 말이다.

우리는 일상에서 똑같이 매력 있는 여러 선택지를 두고 과도한 시간과 어마어마한 에너지를 소모한다. 문제는 선택지들이 각각 다른 매력을 지니고 있고 타협이 필요한 장단점이 있다는 점이다. 케일 샐러드(건강하고 가볍다)와 연어(허기를 채워준다), 라비올리(맛있지만 탄수화물 함량이 높다) 중에 하나를 결정하는 것만

해도 그렇다.

이런 일상적인 의사결정에도 시간과 에너지가 소모되는데 조직에서 중요한 의사결정을 할 때는 어떻겠나? 어떤 제품을 개발하고 어떤 제품을 중단해야 하는가? 누구를 채용하고 누구를 해고해야 하는가? 그 어려운 대화를 꼭 해야 할까?

이런 질문은 무수히 많은 다른 질문으로 이어진다. 그 어려운 대화를 시작한다면 언제 해야 할까? 어떻게 할까? 전화를 걸까, 직접 만날까, 이메일을 보낼까? 남들이 있는 앞에서 해야 할까, 단 둘이서만 해야 할까? 정보를 어느 정도로 공유해야 할까? 등.

이런 온갖 의사결정을 어떻게 효율적으로 처리할 수 있을까? 내가 사용하는 방법은 세 가지다.

첫 번째 방법은 일상적인 의사결정에 따르는 피로를 줄이기 위해 습관을 이용하는 것이다. 어떤 의사결정을 습관으로 삼아버리면, 예를 들어 점심으로 언제나 샐러드를 먹는 것을 습관화하면, 매일 점심으로 뭘 먹어야 할지 결정할 필요가 없다. 의사결정에 쓰이는 에너지를 아꼈다가 다른 곳에 이용할 수 있다. 이 방법은 예측 가능하고 주기적으로 해야 하는 의사결정에 쓸 수 있다. 그렇다면 예측 불가능한 의사결정은 어떻게 할까?

두 번째 방법은 예측 불가능한 선택지를 일상화하는 '만약/그렇다면' 사고방식이다. 예로 어떤 사람이 계속해서 내 말을 끊고 끼어드는데 어떻게 반응해야 할지 모르겠다고 치자. 이런 경우 '만약/그렇다면'은 다음과 같다. '만약 저 사람이 한 대화에서 두 번 내 말을 끊는다면 참지 말고 뭐라고 말하자.'

습관화와 '만약/그렇다면'이라는 두 가지 기법은 우리가 살면서 직면하는 전형적이고 일상적인 선택지를 간소화할 수 있다.

습관화할 수 없고 예측할 수도 없으며, 더 크고 더 전략적인 의사결정은 해결하지 못했다. 이럴 때 대담한 행동이 필요하다.

내 고객사 중 한 곳의 CEO와 임원들이 단 한 번만 하면 되는 특수한 상황이면서도 결과를 정확히 예측할 수 없는 다수의 의사결정 앞에 섰다.

경쟁사의 위협에 어떻게 대응할 것인가, 어떤 제품에 더 깊이 투자할 것인가, 인수한 기업을 어떻게 잘 통합할 것인가, 어느 분야 예산을 줄일 것인가, 보고 라인을 어떻게 조직할 것인가 하는 문제였다.

이런 문제는 몇 주, 몇 달, 심지어 몇 년씩 질질 끌면서 조직 전체의 전진을 막는 종류의 의사결정을 요한다. 습관으로 만드는 것도 불가능하고 '만약/그렇다면' 사고방식으로도 해결할 수 없다. 무엇보다도 명확한 정답이라는 것이 없다.

우리는 이런 의사결정을 두고 오랜 시간 끙끙 앓는 경향이 있다. 많은 데이터를 수집하고, 과도하게 장점과 단점을 저울질하고, 다른 사람들의 의견을 구하고, 결정을 미루면서, 더 좋은 결과를 가져다주고 위험을 줄여줄 만한 명확한 해답이 나오기를 기다린다.

그런데 의사결정을 빨리 내리기 위해 명확한 해답이 없다는 사실을 이용하면 어떨까?

중요한 안건을 두고 논쟁을 벌이던 중 CEO가 이렇게 말했다. "지금 3시 15분입니다. 3시 30분까지 결정을 내려야 해요."

그러자 CFO(최고재무책임자)가 말했다.

"잠깐만요. 이건 복잡한 문제입니다. 명확한 해답이 나올 때까지 대화를 계속해야 해요."

그러나 CEO는 단호했다.

"아니요. 앞으로 15분 내에 결정을 내리는 겁니다."

어떻게 됐느냐고? 그들은 15분 안에 결정을 내렸다. 그들은 모두 불확실성, 불안, 두려움, 책임의식, 흥분 등 복잡한 감정을 느꼈고 그런 감정에 맞서 대담하게 움직여야 했다.

여기에 세 번째 의사결정 방법이 등장한다. 타이머를 이용하는 것이다.

지금 앞에 놓인 문제가 타당한 심사를 거쳤고, 선택지는 똑같이 매력적이며, 여전히 명확한 해답이 없다면, 지금 당장 선택할 수 있는 확실한 길이 없다는 사실을 받아들여라.

최소 투자로 의사결정을 작게 만들어 시험 삼아 해볼 수 있다면 도움이 된다. 그러나 그럴 수 없다면 그냥 결정을 내려라. 과감히 감정을 느끼고, 대담하게 행동하라. 헛되이 고심하지 않고 시간을 아낀다면 생산성 면에서 막대한 성과가 돌아올 것이다.

"잠깐만요. 시간을 조금 더 투자하면 해답이 나올 겁니다."

이렇게 말하는 사람도 있을 것이다. 물론 그럴 수도 있다. 그러나 명확한 결정을 기다리느라 귀중한 시간을 낭비하게 되고, 의사결정에서 한 번 명확한 해답을 얻었다고 해도 앞으로 마주할 많은 의사결정 앞에서 성과 없이 시간을 낭비하기 쉽다. 그냥 결정을 내리고 전진하라.

지금 한번 해보자. 지금까지 미뤄온 문제를 하나 골라 3분간 고민한 다음 그냥 결정을 내려라. 결정해야 할 사안이 너무 많으면 종이를 한 장 가져다가 그 문제들을 쭉 적어라. 시간을 정한 다음에 그 시간 내에서 하나씩 최선의 결정을 내려라. 일단 결정을 하고 나면 불안감이 줄어들고 앞으로 나아갈 수 있다. 일이 너무 많아 감당하지 못하는 괴로움에서 벗어나는 최고의 해결책은 그냥 그 일을 해치우고 앞으로 나아가는 것이다.

나는 점심으로 케일 샐러드를 주문했다. 최선의 선택이었을까? 모르겠다. 그러나 뭘 주문할지 망설이느라 시간을 낭비하지는 않았으니 괜찮다.

　대담하게 행동하려면 감정 용기가 필요하지만, 반대로 행동이 감정 용기를 키워주기도 한다. 이것은 긍정적이고 전진하는 소용돌이다. 지금 당신에게 다른 의사결정을 한 가지 권하고 싶다. 당신에게 최고의 위험처럼 느껴질 수도 있지만 동시에 가장 단순하면서도 쉬운 일이기도 하다. 바로 진실을 말하는 것이다.

46
진실을 말하라

대담하게 진실을 말하는 것은 우리의 임무다

IT기업의 CEO이자 거의 10년 가까이 내 고객이었던 라시드가 전화를 걸어 새로 합류한 임원 몇 명에게 심각한 문제가 있다고 털어놓았다.

'임원에게 심각한 문제가 있다'는 말을 들으면 어떤 생각이 드는가? 그들이 싸웠는가? 형편없는 결정을 내리는가? 사업과 관련해 결정하고 약속한 바를 끝까지 지키지 않는가? 다른 직원을 함부로 대하는가? 회사에서 물건이나 정보를 훔치고 있는가?

여러 기업에서 이런 문제들을 본 적이 있다. 그러나 그중에 라시드의 회사에서 벌어지는 일은 없었다. 라시드가 말한 심각한 문제는 이보다 훨씬 더 미묘했고, 대부분의 회사에서 용인되는 것이었다.

라시드는 새 임원 두 명이 회사에서 목격한 몇 가지 문제에 대해 솔직히 털어놓을지 말지 조용히 망설이고 있다는 소문을 들었다.

이게 정말 그렇게 큰 문제일까? 우리 중에 조용한 회사를 들쑤시기보다는 침묵을 지키는 사람이 얼마나 많은가? 아니면 타 부서에서 문제를 찾아내기보다 자기 팀에서 팀워크를 발휘하는 사람으로 보이는 걸 더 우선할 사람은? 우리 팀에서 일어난 문제를 별것 아닌 것으로 꾸미면서 남이 알아채기 전에 그것을 해결하려는 사람은 어떤가?

민감한 문제를 공개적으로 거론하는 건 어렵다. 그러나 라시드의 회사가 빠르게 성장하면서 훌륭한 성과를 올리는 데 가장 중요했던 것은 리더에게 요구되는 근본적인 요건, 바로 용기였다.

용기는 모든 위험을 똑똑하게 감수하는 기본 바탕이다. 바로 앞 장에서도 그것이 의사결정과 어떤 연관이 있는지 살펴보았다. 위험을 감수할 용의가 있는 리더가 없다면 어떤 회사도 성장할 수 없다. 우리가 본 것과 생각하는 것에 대해 진실을 말할 수 없다면, 리더로서 필요한 다른 위험을 똑똑하게 감수할 가능성 역시 낮아진다.

CEO의 직속 부하가 자기 생각을 그대로 말할 뜻이 없다면 심각한 문제다. 자기 생각을 솔직히 말하지 않는 임원은 조직에 둘 가치가 거의 없다고 말하고 싶다.

먼저 사람들이 하고 싶은 말을 마음 놓고 할 수 있는 안전한 환경이 조성되었는지 라시드에게 물어보는 것도 좋다. 그건 생각해보아야만 하는 요소이고, 그런 환경을 조성하도록 돕는 것이 내 일이기도 하다.

또한 리더들이 민감한 주제를 조심스럽고 유능하게 말하는 기술을 갖추었는지도 확인할 필요가 있다. 말하기 힘든 문제를 거론하고 다른 사람도 그렇게 하도록 설득하려면 상당한 기술이 필요하기 때문이다. 리더가 그런 기술을 갖추고 있지 않다면 쉽게 교육할 수 있다(이 책을 한 권씩 주기만 하면 된다!).

궁극적으로 라시드는 각자 규모가 크고 복잡한 사업을 책임지고 있는 리더들에게 상당한 보수를 지불하고 있다. 그러니 그들이 용기 있게 자기 생각을 말하기를 기대하는 것도 합당한 일이다. 성공적인 커리어를 이끌어온 사람이 어떻게 자신이 책임지고 있는 사업에서 목격한 문제를 전달할 용기가 없을 수 있는가.

우리가 직면한 가장 큰 문제는 완벽한 전략을 찾아내는 것도, 괜찮은 제품을 개발하는 것도, 사업에서 빈틈을 찾아내는 것도 아니다. 중요한 건, 어렵고 때로는 무섭기까지 한 진실을 말하는 데 따르는 위험을 감수할 용기다.

그것이 바로 라시드의 회사가 성장하고 그의 임원들이 성공을 거둔 비결이다. 좋은 리더는 해야 할 일을 알고, 훌륭한 리더는 그 일을 해낸다.

"제가 어떻게 해야 할까요?"

라시드의 물음에 나는 이렇게 대답했다.

"간단합니다. 그들의 행동이 사업에 해가 된다고 직접적으로 말하세요. 그들에게 원하는 대담한 진실을 이야기하세요. 본보기를 보이세요. 그것이 유일한 방법입니다."

대담하게 행동한다는 건 평소와 다른 행동을 선택한다는 뜻이다. 그러지 않으면 대담하게 느껴지지 않을 것이다. 이때 당신은 가장 어려우면서도 피할 수 없는 감정, 거짓을 말하는 것 같은 어색함을 느낀다.

47
낯선 방법을 시도하라

→

감정 용기 실행법 3단계

→

"아이고, 뭐 하는 거니?"

내가 경악하여 물었다. 딸 방에 들어갔는데 아이가 과학 숙제를 하고 있었다. 평소 같으면 그 광경을 보고 무척 기뻐했을 것이다. 그러나 이번 아이의 숙제에는 모래가 필요한 모양이었다. 그것도 아주 많이. 바닥에 비닐을 깔긴 했지만 그걸로는 턱없이 부족했다. 얼마 전 새로 깐 바닥재 위로 모래가 사방에 흩어져 있었다.

내 기분이 좋지 않음을 느낀 아이가 변명을 하기 시작했다.

"비닐 깔았다고요!"

"그런데도 모래를 사방에 흘렸잖아!"

내가 더 화난 목소리로 말했다. 아이가 소리쳤다.

"그럼 어디서 하란 말이에요?"

'왜 자기가 잘못한 걸 인정하지 않는 거야?' 나의 두려움이 아이의 미래까지 뻗어나가는 것이 느껴졌다.

'벌써부터 자기 실수를 인정하지 않으면 앞으로 아이의 인생이 어떻게 될까?'

걱정은 더 큰 분노로 이어졌다. 이번에는 자기 잘못을 인정하는 것이 매우 중요한데 그것을 하지 않으려는 아이에게 화가 났다. 우리 두 사람의 목소리가 점점 커졌다. 아이가 버릇없는 소리를 했고 나도 목소리를 높였다. 결국 아이가 울음을 터뜨렸다.

이런 일이 처음이었으면 좋겠지만 딸아이와 나는 전에도 똑같은 싸움을 한 적이 있다. 이번에도 똑같이 고통스러웠고 우리 두 사람 다 형편없는 사람이 된 기분이 들었다.

이건 부모 자식 사이의 문제만이 아니다. 리더나 팀장도 직원과 예측 가능한 싸움에 빠져든다. 그 예는 이 책에서도 여럿 읽었을 것이다. 보통은 달성되지 못한 기대치("생각이 있는 거야?")로 시작해 양편 모두의 분노, 짜증, 슬픔, 자신감 상실로 끝난다. 직장에서는 울지는 않더라도 그와 비슷한 일이 벌어질 것이다.

나는 언제나 '내가 왜 그런 식으로 반응했을까?'라는 질문을 던진다. 이 경우 그 답은 딸을 향한 사랑, 아이를 가르치고 싶은 마음, 지저분한 걸 못 견디는 내 성미, 모든 걸 통제하고 싶어 하는 욕구, 아이가 성공하기를 바라는 마음 등이 복잡하게 뒤얽힌 이유 때문이었다.

그러나 그건 중요한 게 아니다. 내가 왜 그런 식으로 행동했는지 안다고 해서 내 행동이 바뀌는 건 아니기 때문이다. 그렇게 되리라고, 그렇게 되어야 한다고 생각하겠지만 절대 아니다. 정말로 중요하고 어려운 것은 바로 내가 어떻게 바뀌느냐다.

첫째, 아이에게 더 나은 반응을 보일 수 있는 방법이 필요했다. 그래서 이 분야의 대가인 아내에게 도움을 청했다. 그 상황에서 내가 뭐라고 말했어야 하는지 물었다. 그러자 아내가 딸아이와 이야기하는 것처럼 역할극을 하며 말했다.

"우리 예쁜이, 여기 모래가 많이 떨어졌구나. 바닥에 흠집이 나기 전에 치워야겠어. 내가 도와줄까?"

얼마나 간단하고 효과적인가.

1. 문제를 규명한다.

2. 해야 할 일을 말한다.

3. 도움을 제안한다.

문제를 해결하는 아주 훌륭한 방법이다. 직장에서 문제가 있는 사람을 떠올려보자. "우리 예쁜이"라고 불러서는 안 되겠지만 그

나머지는 얼마든지 적용 가능하다.

한 팀장이 엉성하고 부정확한 프레젠테이션을 한 팀원 프레드에게 화가 났다. 프레드는 팀장이 보인 반응에 자신감을 잃었고, 그다음 프레젠테이션 때도 나아진 게 별로 없었다. 팀장이 다음과 같이 말했다면 좋았을 것이다.

"프레드, 이 프레젠테이션은 여섯 개나 되는 논점을 제시했어요. 이해가 잘 안 되는군요. 더 짧고, 간단명료하고, 프로답게 보여야 해요. 당신이 전달하려는 논점에 대해 함께 대화를 나눈다면 도움이 될까요?"

불만도 없고 실망감도 없다. 그저 명확하게 자기 뜻을 전달하고 도움을 주겠다고 말하는 것뿐이다.

한 CEO가 예산이 전혀 반영되지 않은 사업 계획을 발표한 부하 직원들에게 화를 냈다. 그들이 직접 정한 예산이었다. 화를 내는 것도 이해가 되었다. 적절하기까지 했다. 그러나 도움은 되지 않았다. 다음과 같이 말했다면 나았을 것이다.

"여러분, 이 계획에는 우리가 합의한 예산이 반영되어 있지 않습니다. 그 예산은 변경 가능한 것이 아니에요. 원한다면 어느 부분이 잘 해결이 안 되는지 알려주고 함께 해결책을 브레인스토밍 해봅시다."

문제를 규명한다. 해야 할 일을 설명한다. 도움을 주겠다고 제안한다. 참 간단하지 않은가.

그러나 참으로 이상하게도, 나는 그렇게 할 수 없었다. 생각해 보니 문제가 무엇인지 알 수 있었다.

그것이 내 진심으로 느껴지지 않았기 때문이다.

나는 진정성을 가지고 살고, 사람들을 이끌어야 한다고 굳게 믿는 사람이다. 나는 아이에게 화가 났고 딸의 미래가 걱정되었다. 그러니 그 순간 차분하게 대응하려면 내 기분과 행동 사이에 단절이 있어야만 가능했다. 그건 진실이 아니다.

그러다가 문득 깨달았다. 어떤 것을 배울 때 감정 용기가 필요한 건 배움 자체가 거짓처럼 느껴지기 때문이다.

새로운 행동을 연습하고, 새로운 모습을 보이고, 다르게 행동하는 건 거짓처럼 느껴진다. 자신이 항상 해오던 것을 다른 식으로 바꾼다면 절대 자연스럽게 느껴지지 않을 것이다. 어색하고 가식적으로 느껴질 것이다. 헤지펀드 관리자는 화가 났고, CEO는 짜증이 났다. 그런 감정을 있는 그대로 표현하지 않는 건 가식이다.

그러나 그건 훨씬 더 똑똑한 방법이고, 주변 사람들에게 더욱 친근하게 가르침을 줄 수 있는 길이며, 그들이 비효과적인 행동을 바꾸도록 해줄 더 나은 접근법이다.

어떤 것을 배우고 싶다면, 그 새로운 방식이 우리의 삶에 녹아들 때까지, 그 새로운 방식이 자연스럽게 느껴질 때까지 거짓인 것만 같은 어색한 기분을 견뎌내야 한다. 그 새로운 방식이 효과가 있다면 당신 생각보다 빠르게 익숙해질 것이다.

어젯밤 딸아이가 밤늦게까지 숙제를 했다. 방을 함께 쓰는 여동생은 잠자리에 들어야 할 시간이기에 이이에게 식탁에 가서 하라고 말해야 했다.

나는 잠깐 멈춰서 생각했다. 아이가 느낄 어려움에 공감이 되었다. 동생을 위해 자기 방에서 나가야 하고, 편안하지 않은 곳에서 어려운 숙제를 해야 하는 것이다.

"우리 딸, 동생은 지금 자야 하니 네가 식탁에 가서 숙제를 하면 좋겠구나. 혹시 내가 도와줄 게 있니?"

내가 물었다. 문제를 규명하고, 해야 할 일을 전달하고, 도와주겠다고 제안한 것이다.

참으로 어색했다. 과도하게 배려하는 듯 느껴졌다. 가식 같았다. 그런데 효과가 있었다.

자리를 옮겨주자 아이가 곧장 숙제를 시작했다. 그러고 나서 그곳을 나오는데 아이가 날 부르는 소리가 들렸다.

"아빠?"

나는 문간에 멈춰 서서 아이를 돌아보았다.

"고마워요."

아이가 고개도 들지 않은 채 말했다.

그 순간을 떠올리는 지금도 따스함과 행복이 내 마음에 가득 찬다. 그건 자신감, 유대, 전념, 용기를 위한 모든 노력의 결과물이었다. 그 네 요소를 삶의 일부로 만들 때 얻는 가능성은 무한하다. 그건 단 하나의 순간으로 요약된다.

48
당신의 삶을 바꿀 수 있는 질문

→

지금 이 순간 무엇을 할 수 있는가

→

몇 년간 나는 근력 운동, 유산소 운동, 요가 등 매일 여러 운동을 했다. 그렇게 꾸준히 노력했지만 별다른 변화를 보지 못했다.

그런데 최근 들어 내 몸이 많이 달라졌다. 근육이 더 단단해지고 경계도 뚜렷해졌다. 체중도 2킬로그램 조금 넘게 빠지면서 지방이 한 꺼풀 벗겨진 듯 보였다. 내가 뭘 다르게 했을까?

일단 내가 하지 않은 일부터 이야기하겠다. 시간을 더 투자하진 않았다. 운동 시간은 오히려 줄었다. 운동 시간을 다르게 사용했을 뿐이다. 매일 똑같이 하는 대신 순서를 섞었다. 조금 더 현명하게 운동에 집중했다. 여러 운동을 번갈아 하고, 균형 운동과 단시간에 큰 힘이 필요한 운동, 인터벌 운동을 추가했다.

운동 순서와 방법을 바꾸고 난 뒤 빠르게 결과를 얻자 깨달은 것이 있었다. 우리는 원하는 결과를 향해 나아가는 데 별 도움을 주지 못하는 행동에 습관적으로 시간과 노력을 낭비한다. 텔레비전을 보며 러닝머신에서 한 시간 동안 걷는 건 내 건강에 눈에 띄는 영향을 주지 못했다. 그러나 그 한 시간을 다르게 사용하자 큰 변화가 나타났다.

우리가 게으르다는 뜻이 아니다. 우리는 우리가 하는 일에 노력을 기울인다. 나도 매일 러닝머신 위에서 달렸다. 그러나 노력은 종종 최적의 성과로 이어지지 않는다.

기본 원칙은 단순하다. 우리는 이미 특정한 일을 하면서 특정한 양의 시간을 쓰고 있다. 미팅을 하고, 사업을 관리하고, 이메일을 쓰고, 의사결정을 내린다. 그 시간에 조금만 더 강력한 효과를 낼 수 있다면 추가로 노력하지 않아도 이득을 보는 셈이다.

하루를 보내면서 스스로 질문을 던져보기 바란다. 지금 이 순간을 가장 효과적으로 이용하기 위해 할 수 있는 일은 무엇인가?

무슨 말을 할까? 무슨 행동을 할까? 무슨 질문을 할까? 무슨 문제를 제시할까? 어떤 결정을 해야 가장 큰 영향력을 미칠까?

이런 질문을 던지고 그에 솔직히 답하는 것이야말로 더 나은 결과물을 가져다줄 수 있는 새로운 행동을 선택하는 길이다. 어려운 건 그 대답을 따라 그 일을 끝까지 마무리하는 것과, 매 순간 최대 이득을 얻기 위해 위험을 감수하는 것이다. 그러려면 대담한 행동이 필요하다. 용기도 필요하다. 바로 그것이 원하는 결과를 가져다준다.

큰 은행의 CEO와 인사 담당 이사와 함께 미팅을 한 적이 있다. 미팅 바로 전에 CEO는 인사 담당 이사가 여러 번 큰 실수를 저지르고도 아무 책임도 지지 않으려 한 뒤부터 그를 믿을 수 없게 되었다고 내게 알려주었다. CEO가 말했다.

"그 사람은 회사를 나가야 해요."

그런데 미팅 중에 인사 담당 이사가 CEO에게 피드백을 요청했다. 나는 생각했다. '대화의 문을 여는군.' 그런데 CEO는 아무 말도 하지 않았다. 이사는 그 자리에 있으면서 실수를 더 저질렀고 CEO를 계속 실망시켰지만 직접적인 피드백을 전혀 받지 못했다.

CEO의 잘못이라고 비난하기는 쉽다. 당연히 그는 과감하게 피드백을 제공해야 했다. 그런데 그 CEO 말고도 얼마나 많은 사람이 두려움이나 긴장 때문에, 혹은 다른 사람의 감정을 다치게 할까 걱정하느라 비슷한 기회를 놓치는가?

CEO가 피드백을 제공하지 않아서 놓친 기회는 뼈아픈 결과를 가져왔지만 안타깝게도 그건 드문 일이 아니다. 거기에는 그럴 만한 이유가 있다. 대담한 행동은 때로 역효과를 가져온다. 조금 전에 이야기한 사례와 비슷한 상황을 알고 있다. 한 부사장이 부하 직원에게 피드백을 요청했는데 직원이 솔직하게 대답하자 그 후에 부사장이 그를 외면하고 푸대접을 한 것이다.

이처럼 자신에게 주어진 시간을 가장 강력하게 활용한 대가로 배제, 실패, 조롱을 당할 수도 있다. 그러나 내가 경험한 바로는 숙련된 의사소통과 결합한 대담함은 언제나 항상 합당한 결과를 가져온다. 그것이 그 상황에서 에너지를 움직여 새로운 가능성을 창출해주기 때문이다.

새로운 기회를 창출해내는 대담한 행동을 취할 용기는 리더, 팀장, 아니 우리 모두가 가질 수 있는 가장 중요한 기술일지 모른다. 일을 끝까지 마무리하는 법이 당신이 이 책에서 배운 기술이다. 자신감을 쌓고, 다른 사람과 유대를 맺고, 더 큰 목적의식에 전념하고, 감정 용기를 키우는 것 말이다.

얼마 전에 자신감과 유대, 전념, 용기에다가 순간을 이용하는 위험 감수가 어우러지면 어떤 힘을 발휘하는지 아주 잘 보여주는 짧은 영상을 보았다. 가수 빌리 조엘^{Billy Joel}이 밴더빌트대학교에서 강연을 하던 도중 마이클이라는 한 학생이 손을 들었다. 조엘이 무슨 일이냐고 묻자 마이클은 자신이 피아노를 연주할 테니 한 곡 불러주실 수 있느냐고 청했다. 잠시 모두가 조용해졌다. 마이클은 그 질문을 던진 것만으로도 큰 위험을 감수한 것이다. 강당 안에 긴장감이 감도는 것이 느껴졌다. 잠시 후 조엘이 대답했다. "좋아요." 그렇게 해서 탄생한 놀라운 즉흥 연주는 수백만의 조회 수를 기록했다.

당신이 겪은 상황과 비슷한가? 어떤 말이나 행동을 하고 싶은데 어찌 할 바 모르고 그냥 그 순간을 넘겨버린 적이 얼마나 많은가? 다음번에 또 그런 상황에 처하거든 정신을 집중하라. 어떤 감정이 함께 나타나는지 느껴보라. 몸에서 일어나는 신체적인 반응을 관찰하라. 심장이 쿵쾅대는 것이 느껴지는가? 행동을 하려는 충동과 하지 않으려는 충동이 부딪치는 것이 느껴지는가? 그런 감정을 인식하고 인정하는 것이야말로 그런 상황에서 행동에 나서는 첫 단계다.

우디 앨런Woody Allen은 "성공의 80퍼센트는 약속한 장소에 나타나는 것이다"라는 유명한 말을 했다. 그 말이 맞다면 나는 나머지 20퍼센트가 무엇보다도 중요하다고 덧붙이고 싶다. 그저 자신과의 약속을 지키려고 헬스클럽에 가서 러닝머신 위를 달리며 텔레비전을 보는 것만으로는 부족하다. 우리에게 가장 훌륭한 기회는 더 나은 생산적인 결과물을 얻도록 그 시간을 이용하는 것, 그리고 결과를 뒤흔들 위험을 감수하는 것이다.

당신은 지금 당장 무엇을 할 수 있는가? 지금 이 순간을 가장 강력하게 이용할 수 있는 방법은 무엇이겠는가?

당신에게 감사한다.

나는 우리가 자신감, 유대감, 목적의식, 용기를 가지고 매일 자기 모습을 그대로 드러낼 수 있는 세상에 살고 싶다. 그 세상은 변명을 늘어놓지 않고 귀를 기울이고, 명확하게 공감을 보이며, 진심을 말할 수 있는 세상일 것이다. 우리 자신에게 중요한 일을 추구하기 위해 위험을 감수하는 것은 물론, 그 일을 너무 잘 해내고 다른 사람들에게도 영감을 주어 그들도 우리와 함께하기를 바라는 세상 말이다.

나는 위험을 감수하고, 실패하고, 다시 일어설 수 있는 세상에 살고 싶다. 우리가 중요한 일을 이해하는 세상, 그 일을 추구하면서 기꺼이 실패를 감수하는 세상 말이다. 나는 우리가 자신의 감정을 깊이 느끼고, 타인의 감정을 편안히 받아들일 수 있기를 바란다. 설사 그들이 우리에게 분노를 발산하더라도 말이다. 나는 우리 모두가 감정을 억누르지 않고 그것을 극복하고, 온전히 느끼면서 신중하게 행동하기를, 그래서 두렵거나 불확실하더라도 옳은 일을 하기를 바란다. 그러한 행동이 우리 자신과 주변 사람들에게 깊은 신뢰를 심어주기를 바란다.

나는 우리가 결점과 문제점, 감정을 지닌 진짜 인간이기를, 리더로서 힘 있게 일어서기를, '인간적인 약점에도 불구하고'가 아니라 '인간적인 약점 덕분에' 우리에게 중요한 일을 하면서 전진할 수 있기를 바란다.

그것이야말로 내가 살고 싶은 세상이다. 그런 사람들이야말로 내가 함께 일하고 싶고 내가 이끌고 싶은 사람들이다. 이 책이 그런 일들을 이루어주기를 간절히 바란다.

이 여정에 나와 함께 해준 당신에게 다시 한 번 감사한다.

옮긴이 구세희

한양대학교 관광학과, 호주 호텔경영대학교(ICHM)를 졸업하고 국내외 호텔과 외국계 기업에서 근무하며 운영 관리 및 인사 업무를 담당했다. 번역에 매력을 느껴 하던 일을 과감히 그만둔 후 현재는 바른번역 소속 번역가로 영어를 훌륭한 우리글로 옮기는 데 매진하고 있다. 옮긴 책으로 《습관의 재발견》《원씽》《어른은 어떻게 성장하는가》《결정, 흔들리지 않고 마음먹은 대로》《혁신은 어떻게 일어나는가》《전략은 어디로 향하는가》《소리로 팔아라》《니얼 퍼거슨 위대한 퇴보》《나는 내가 행복했으면 좋겠어》《헤드헌터》 등이 있다.

하기 힘든 말을 꺼내고, 불편함을 기꺼이 마주하는

팀장 감정 수업

1판 1쇄 발행 2020년 5월 8일
1판 2쇄 발행 2020년 8월 10일

지은이 피터 브레그먼
옮긴이 구세희
펴낸이 고병욱

책임편집 장지연 **기획편집** 윤현주 유나경
마케팅 이일권 김윤성 김재욱 이애주 오정민
디자인 공희 진미나 백은주 **외서기획** 이슬
제작 김기창 **관리** 주동은 조재언 **총무** 문준기 노재경 송민진

펴낸곳 청림출판(주)
등록 제1989-000026호

본사 06048 서울시 강남구 도산대로 38길 11 청림출판(주) (논현동 63)
제2사옥 10881 경기도 파주시 회동길 173 청림아트스페이스 (문발동 518-6)
전화 02-546-4341 **팩스** 02-546-8053
홈페이지 www.chungrim.com
이메일 cr1@chungrim.com
블로그 blog.naver.com/chungrimpub
페이스북 www.facebook.com/chungrimpub

ISBN 978-89-352-1315-3 (03320)